KB164932

중국 근대 슈퍼 컬렉터와 미술사

배현진 지음

동문선 문예신서 401
중국 근대 슈퍼 컬렉터와 미술사

초판발행 2021년 9월 16일

지은이 배현진
펴낸곳 東文選
　　　　제10-64호, 1978년 12월 16일 등록
　　　　서울 종로구 인사동길40[110-300]
　　　　전화 02-737-2795
　　　　팩스 02-733-4901
　　　　이메일 dmspub@hanmail.net

ISBN 978-89-8038-943-8 94600
ISBN 978-80-8038-000-8 (세트)

중국 근대 슈퍼 컬렉터와 미술사

추천서문

최근 한국에서도 '이건희 컬렉션' 뉴스를 기점으로, 대규모 미술품 소장에 대한 관심이 증대하고 있다. 하지만 정작 이와 같은 컬렉션이 있기까지 역사나 과정에 대해서는 아직 관심이 미치지 못하고 있다. 예술경영 자체가 학문적으로 안정적이지 못한 상태에서 아직 우리 학계에서는 근·고대 이후 '아트컬렉션'으로서 '애호'와 '상찬(賞讚)', 컬렉터에 대한 연구가 미개척지로 남아 있었다.

프랑스를 중심으로 한 유럽과 미국의 컬렉션 역사는 이미 수백년 동안 이어져 오면서 사립뮤지엄으로 면모가 계승되거나, 국가에 기증한 사례가 다수이며, 그 기록 또한 많은 문헌으로 남아있다. 그러나 한국을 비롯하여 아시아의 사례에서는 이와 같은 기록이 중국을 제외하고는 극히 소수에 그치고 있는 것도 사실이다.

배현진 박사가 저술한 『중국 근대의 슈퍼 컬렉터와 미술사』는 16세기 이후 19세기까지 약 400여년에 걸쳐 무수한 컬렉션을 형성해온 중국 근대의 대표적 인물들을 선정하고, 미술사적 배경과 영향, 서화가들에 대한 후원 등에 대한 연구를 한 결과물이다.

이 저서는 국내에서는 최초로 시도된 연구내용으로서 불과 20여년 사이에 세계 1, 2위를 기록하는 수준으로 성장한 중국의 미술시장의 저력과, 역사적 배경, 저변의 인문적 근간을 파악할 수 있는 매우 의미 있는 결과물이다. 특히나 상하이, 수저우, 휘저우 등 근대 중국미술의 핵심 지역이었던 양쯔강 이남의 주요 도시들을 무대로 이루어진 서화 컬렉션과 작가 후원, 미술사적 영향은 그들의 예술 애호 정신의 진면목을 느낄 수 있다는 점에서 독창적인 면모를 더하고 있다.

최병식/미술평론가, 경희대 객원교수

책머리에

　최근 중국미술계의 역량은 세계 저명 미술관의 핵심적인 전시에 포함되고 있을 뿐 아니라, 미술시장의 확장세는 글로벌 마켓의 규모를 좌우하는 정도로 성장하였다. 이러한 성장세와 단기간 역량있는 작가들의 배출에는 애호가들과 후원 그룹, 개인과 회사의 다양한 컬렉션이 무엇보다 중요한 역할을 하였다.

　거대상인, 관료, 사대부, 예술가 등에 의하여 형성된 중국 컬렉션의 역사는 이미 고대에서 부터 여러 형태로 변화하면서 미술사적으로도 많은 영향력을 발휘하였으며, 그 시대의 화단이 활성화되는 데 밀접한 관계를 형성하였다.

　이 책에서는 중국 16-19세기, 그 중에서도 16-18세기를 중심으로 하는 명대 말엽, 청대 초엽 양쯔강 이남을 말하는 '강남 지역'을 중심으로 하여 애호적 차원을 넘어서 작가들과의 교류와 글씨, 그림을 포함하는 서화 컬렉션이 형성되는 과정과 규모, 성격, 미술사적 영향 등에 대하여 기술하였다.

　양쯔강(揚子江) 중・하류의 '강남(江南)' 지역은 원대(元代)를 거쳐 명대(明代)에 이르면서 정치・경제・군사 등의 중심지인 수도 베이징(北京)을 능가하는 새로운 경제 중심지이자 문화 중심지로 부상하며 서화 컬렉션에 대한 폭넓은 관심이 지속되었다. 강남 지역에서의 서화 컬렉션 애호 풍조는 단순한 감상이나 취미의 영역을 넘어서 컬렉션의 양과 질이 개인의 사회・경제적 지위와 품격 및 수양 정도를 상징하는 것으로 인식되었고 당시의 문화 예술 형성요인을 이해할 수 있는 대표적인 대상이 되었다는 점에서 사회적 관심이 얼마나 지대했는지를 유추할 수 있다.

　이 책의 핵심적 내용은 관련 문헌을 비롯하여 중국 여러 도시와 타이완의 현지 조사 및 자료 확보를 통해 진행되었다. 범위와 내용은 해당 시대를 특정하고, 지역과 슈퍼 컬렉터를 중심으로 하여 기술되었다. 「16-17세기 수저우(蘇州) 개인 서화 컬렉션과 미술」, 「16-17세기 강남 지역의 서화 시장」, 「16-17세기 중국의 도시문화 변화와 서화 컬렉션 취미」, 「17-18세기 휘저우(徽州) 상인의 서화 컬렉션과 후원」, 「슈퍼 컬렉터: 동기창(董其昌)의 교유 관계와 서화 컬렉션」, 「슈퍼 컬렉터: 항원변(項元汴)의 서화 컬렉션」, 「19세기 중반 이후 상하이(上海) 미술 시장과 미술사」의 7개 주제로 구성되어 있다. 연구형식은 『동양예술』에 수록된 6편을 보완하였으며, 최근 작성한 1편을 추가하였다.

주요 내용은 중국 전통 서화 컬렉션의 전개 과정과 명대 말기, 청대 초 강남 지역의 서화 컬렉션이 가지는 의미, 심미취향을 기술하였다. 수저우(蘇州) 지역을 중심으로 개인 컬렉터의 지역적 밀집 현상과 계층의 확대라는 결과에 주목할 수 있었으며, 휘저우(徽州) 상인들의 컬렉션을 포괄함으로서 강남 지역의 서화 컬렉션에 중요한 의미를 지닌 핵심 주제들을 살펴보았다.

강남 지역은 이 시기 중국 경제 성장의 대표적인 도시로서 부를 창출하는 상인들이 증가하였고, 이들의 참여는 중국미술사에서 가장 전성시기를 이루는 서화 시장의 활성화에 핵심적인 기여를 하였다. 한편, 작가가 직접 슈퍼 컬렉터로서 활약한 대표적인 사례로서 명대말 동기창을 들 수 있다. '남북분종론(南北分宗論)'으로 대표되는 그의 회화 이론은 명대뿐 아니라 청대, 한국, 일본 까지 영향을 미쳤고 서화 컬렉션과 평가의 기준을 제시하였다. 그의 이러한 관점과 영향력은 서화의 감상과 감정, 수집 및 보존은 물론, 애호취미를 결정지우는 막대한 영향력을 발휘하였다.

또한 강남 지역의 가장 큰 도시로서 상하이 미술 시장은 현재까지도 그 규모가 확장되어 이어지고 있으며, 서양자본의 유입, 경제 활성화를 통한 신흥 시민계급의 성장, 서화단체의 결성, 작품 거래방식의 변화를 통해 장수(江蘇)성과 저장(浙江)성 안후이(安徽)성 등 강남 지역에 막대한 영향력을 미치게 되었으며, 근대 중국 최대의 미술 시장으로 자리잡게 된다. 또한 이러한 영향력을 바탕으로하는 작가들과의 교류, 상찬회, 품평과 함께 후원의 역할을 하면서 미술사적으로도 적지 않은 기여를 하게된다는 점에서 '슈퍼 컬렉터와 미술사'라는 제목을 정하게 되었다.

졸고가 출간되는데 배려해주신 동문선 신성대 대표님과 편집진께 감사의 말씀을 드리며, 중국과 타이완에서 자료를 제공해주신 분들께 감사의 말씀을 드린다.

일러두기

- 한자 원어는 가급적 생략하였지만 인용문 · 각주는 내용 이해를 위해 한자를 병기하였다.
- 인명 · 지명의 한자 원어는 처음 나올 때만 병기하였고 필요에 따라 예외를 두었다.
- 외국어 고유명사 표기는 국립국어원의 표기를 따랐고 용례가 없는 경우 현지 발음을 따라 절충하여 표기하였다.
- 중국어는 혼돈을 피하기 위해 익숙한 한자 발음대로 표기하였다. 단, 20세기 이후 활동한 작가명과 현대의 박물관은 중국어 발음에 따라 표기하고 ( )안에 한자를 병기하였다. 예) 베이징(北京), 상하이(上海), 수저우(蘇州), 국립고궁박물원(國立故宮博物院), 치바이스(齊白石).
- 본문에서 작품명은 〈 〉, 서화 서책명은 《 》, 논문명은 「 」, 저서명은 『 』로 표시하였다.
- 관용적으로 함께 사용되는 두 왕조명의 경우 중앙에 점을 찍어 연결하였다. 예) 진 · 한대, 수 · 당대 등.
- 도판의 크기는 센티미터(㎝)이며 세로×가로의 순으로 표기하였다.
- 외화의 한화 표기는 내용과 관련한 해당 시기의 환율을 하나은행환율조회로 계산하였다.

차 례

추천서문
책머리에

Ⅰ. 16-17세기 수저우(蘇州) 개인 서화 컬렉션과 미술

1. 머리말

중국의 서화 컬렉션은 황실과 고위관료, 문인사대부들의 문예취향에서 시작되었다. 특히 개인 컬렉션 문화의 주축이였던 문인계층에게 미술품 컬렉션은 자신의 취향과 품위를 반영하는 동시에 사회적 지위를 가늠할 수 있는 문화적 지표가 되었다는 점에서 중요한 동기로 작용하였다. 더욱이 정치, 사회가 안정되는 시기에는 이러한 문화 활동을 즐기는 것이 사회적으로 더욱 크게 유행하고 있다는 것과 개인에 의해 진행되는 미술품 컬렉션은 황실을 중심으로 한 공공 컬렉션의 환경적 변화와도 밀접한 관련이 있다는 점도 주목할 만하다.

미술품 컬렉션은 크게 '공공 컬렉션'과 '개인 컬렉션'으로 구분하여 살펴볼 수 있다. 공공 컬렉션은 황실 내부를 중심으로 한 수집 활동을 말하며, 개인 컬렉션은 이를 제외한 나머지 민간에서 이루어진 컬렉션을 가리킨다. 개인 컬렉션은 중국의 송나라 때부터 활발히 이루어지기 시작하였는데 대표적인 컬렉터로는 소식(蘇軾, 1037-1101), 황정견(黃庭堅, 1045-1105), 이공린(李公麟, 1049-1106), 이청조(李淸照, 1084-약1156), 미불(米芾, 1051-1107) 등과 같이 대부분 문인사대부계층에 속하는 인물들이었다. 이들은 비교적 높은 문화 수준과 학식을 기초로 문화에 대한 이해와 일정 수준 이상의 경제력을 확보한 계층으로 대부분 미술품을 순수하게 스스로 만족하고 즐기기 위한 대상으로 생각하였다.

미술품 컬렉션에 대한 유행이 점차 확대되었던 중국의 명나라, 특히 명대 말기에는 문인사대부뿐 아니라 일부 상인들까지 이러한 컬렉션 문화에 참여하여 개인을 중심으로 한 컬렉션 열풍이 크게 일어났다.[1] 컬렉터의 범위가 확대된 배경에는 당시 사회, 경제적 상황을 통

---

1) 중국은 역사적으로 몇 번의 컬렉션 열풍을 경험하였고, 위진 시대와 당 · 송대 문인사대부들의 컬렉션 활동과 송대 황실과 관료들이 형성한 서화 컬렉션 열풍, 그리고 명말 민간에서 서화를 비롯한 다양한 고대 기물과 골동 등을 수집하는 것 역시 사회적으로 인정을 받았다. 청대 이르러 강희, 건륭 황제 때 궁정과 민간에서 모두 컬렉션 활동에 참여하였으며 청말 민간에서의 미술품 컬렉

해 짐작해 볼 수 있다. 예를 들어, 역사적으로 황실 내부의 공공 컬렉션은 왕권 교체기나 시대가 변화하는 시기와 맞물려 수집과 유실을 반복하는 경우가 많았고, 새로운 왕조가 기반을 다진 이후에는 다시 궁정으로 미술품들이 모이는 과정이 있어왔다.[2] 개인 컬렉션 열풍이 활발했던 16세기에서 17세기 초반에 이르는 명대 말기 역시 국가 재정에 대한 관리가 매우 혼란하여 황실 내부의 미술품들이 여러 경로를 통해 외부로 유실되는 사태가 발생하였다. 이는 공공 컬렉션이 그 힘을 상실하게 되었으며 이로 인해 명말 개인 컬렉터들의 컬렉션 공간과 범위가 더욱 확대되는 원인으로 작용하였다.

명말 개인 컬렉션 문화는 수저우(蘇州), 항저우(杭州), 자싱(嘉興), 휘저우(徽州), 양저우(揚州)로 통칭되는 '강남(江南)'[3] 지역을 중심으로

션 시장이 발전하면서 작품 컬렉션과 매매가 하나의 사업으로 자리를 잡게 된다. http://cathay. ce.cn/history/200904/17/t20090417_18833019_2.shtml 참조.

2) 중국 역대의 통치자 중 대량으로 예술품을 수집한 이들로는 우선 당(唐) 태종(太宗) 이세민(李世民, 599-649), 무측천(武則天, 624-705), 당(唐) 현종(玄宗) 이융기(李隆基, 685-762)가 서화 수집에 힘을 기울였다. 현종(玄宗)은 즉위 초 대신들을 파견해 내부에 소장된 역대 서적을 정리하였다. 송(宋) 휘종(徽宗) 조길(趙佶, 1082-1135)은 예술분야에서 뛰어난 재능을 가져 서화 컬렉션에 깊은 취미를 가지고 있었다. 그는 전문적인 표구 양식인 '선화장(宣和裝)'을 형성하였으며 『선화서보(宣和書譜)』와 『선화화보(宣和畵譜)』20권을 편찬하였다. 『선화화보』에는 위진 시대 이후 대가 231명의 6,396점을 10개 부문으로 구분하여 수록하였고 이는 가장 최초의 황실 컬렉션 목록이 된다. 청대에는 강희(康熙, 1661-1722)와 건륭(乾隆, 1735-1795) 연간의 황실 컬렉션이 최고였고, 특히 건륭 황제 때는 궁에서 소장된 서화 작품이 민간의 것과 비교할 수 없이 많았다. 이는 건륭제 때 편찬한 방대한 서화 기록서인 『비전주림(祕殿珠林)』24권과 1745년 완성된 『석거보급(石渠寶笈)』44권으로 증명할 수 있다. 자세한 내용은 梁江, 「隋唐時期的書畵收藏」 『中國書畵』(4), 2009, p.73; 胡建君, 「藝術皇帝宋徽宗」 『大美術』(1), 2005, pp.90-93; 梁江, 「宋元宮廷祕藏書畵撮要」 『美術觀察』(12), 2003, p.84; 梁江, 「宮廷庋藏蔚爲大觀-明淸時期的美術鑒藏」 『美術觀察』(1), 2001, p.65 참조.

3) '강남(江南)'이라는 지역범위의 변화는 각 시기마다 다르게 나타난다. 근대이후 강남은 장수(江蘇) 남부와 저장(浙江) 북부 지역을 가리켰는데 그 지역을 좀 더 축소해보면 장수성(江蘇省) 남동쪽에 위치한 타이후(太湖) 유역을 가리킨다. 정확한 강남의 지역적 개념이 형성된 것은 당대부터였고, 당대 이후부터 청대 초기에는 강북(江北)에 위치한 양저우(揚州)까지를 강남 지역으로 보았다. 명 · 청시기 중국인들에게 일반적으로 강남은 절서(浙西)와 오(吳) 혹은 '삼오(三吳)' 지역을 가리켰다. 명대 사람들은 수저우(蘇州), 송장(松江), 창저우(常州)를 모두 '삼오' 지역이라고 칭하였다. 그러나 더욱 광범위한 견해로 '오중(吳中)'이라는 말이 있었다. 가정(嘉靖, 1522-1566) 연간에 사람들의 견해에 따르면, 오중은 장수성 남동쪽에 위치한 타이후를 둘러싼 그 주변

형성되었다. 그 중에서도 수저우를 중심으로 미술품 컬렉터 그룹이 형성되며 주변 지역으로 확산되는 현상을 보이는데, 이러한 문화적 현상은 과거 중국의 어느 시대에도 볼 수 없었던 독특한 현상으로 그 지역의 정치, 경제, 문화적 배경과 관련이 있다고 판단된다. 즉, 일반적으로 컬렉터들은 정치, 문화의 중심지나 관료, 문인사대부들이 집결하는 지역으로 모이게 되는데, 명대 말기 강남 지역의 사회, 문화적인 환경 변화와 경제적 발전은 미술품을 수집하고 정리, 소장하는 컬렉션 문화의 성장을 주도할 수 있는 좋은 기반을 제공하고 있다.

컬렉션 활동은 일정한 경제력을 기반으로 한 문화행위로 명대 중엽 이후부터 강남 지역, 특히 수저우와 송장(松江) 등지는 상품경제가 가장 발전한 지역으로 직물, 제지, 제철 등이 흥성하였다. 전국 각지와의 활발한 교류로 인해 수저우 지역은 이미 전국에서 중요한 대도시로 성장하였다. 강남 일대의 이러한 경제적 성장과 발전은 중국의 아트마켓이 형성되는데 중요한 영향을 미쳤고 이 지역은 전국에서 경제, 문화의 중심지가 되어 많은 고대의 서화 작품이 모이는 집결지가 되었다.

사회·경제적 요인 외에 문화적으로 남송 시대부터 북방 지역의 문인사대부들이 남쪽으로 이동하면서 강남 지역의 문인적 취향과 정신을 형성하였으며 이는 컬렉션 문화에도 영향을 미쳤다. 수저우는 원나라 말기부터 문인사대부들과 많은 화가들이 활동하는 중심지가 되면서 문예 창작이 번영하였으며 서화 컬렉션 풍조의 흥성을 동시에 이루게 되면서 수저우는 명·청대 뛰어난 인재들이 많이 배출되었다.

따라서 본고는 명대 말기 개인 컬렉션 문화를 당시의 사회, 경제,

의 수저우, 송장, 창수(常熟), 전장(鎭江), 항저우(杭州), 자싱(嘉興), 후저우(湖州)를 포함하는 것으로 더욱 분명하다. 이러한 개념은 명·청 두 시대 사람들의 공통된 인식이었다. 그러나 청대 전기에 이른바 '강남'은 주로 오늘날 창강(長江) 이북의 장수(江蘇), 안후이(安徽) 두 성을 가리킨다. 명대에는 이미 일반적으로 소(蘇), 송(松), 상(常), 가(嘉), 호(湖)의 오부(五府)를 강남으로 보았는데 그 이유는 이들 지역의 경제 발전이 이미 전국에서 최고의 위치를 획득하였고 국가의 중시를 받았다. 馮賢亮,「史料與史學：明淸江南硏究的幾個面響」. http://xinxueshu.bokee.com/viewdiary.36113217.html 참조.

문화적 배경을 통해 살펴봄으로써 그들의 컬렉션 취미와 심미적 시각을 직, 간접적으로 경험할 수 있다는 것에 의미가 있고 당시 문화 형성 요인을 이해할 수 있는 방법이 되기도 한다. 특히 최근 일반 대중들의 서화 컬렉션에 대한 의식 변화와 시장을 중심으로 경계와 우려의 논지가 형성되고 있다는 점 등은 서화 컬렉션을 문화 발전과의 상관관계에서 고려해야 함을 시사한다.[4)]

또한 명말 수저우 지역을 중심으로 형성된 개인 컬렉션 문화를 주목하고 해당 지역에서 서화 작품이 어떤 방식으로 누구에 의해 컬렉션 되었는지를 파악함으로써 그들이 누렸던 시각적 경험과 심미적 요구를 짐작해 볼 수 있고, 그들의 이러한 행위가 당시 미술계에 미친 영향 관계를 확인해 볼 수 있다.

본고에서는 명대 말기를 16세기 중반 이후부터 17세기 중반까지인 융경(隆慶, 1567-1572), 만력(萬曆, 1573-1620), 태창(泰昌, 1620), 천계(天啓, 1621-1627), 숭정(崇禎, 1628-1644) 연간으로 규정하여 70여 년 동안 수저우를 중심으로 성행한 서화 컬렉션 활동

---

4) 중국의 개인 서화 컬렉션에 대한 연구는 다음과 같다. 1984년 명말청초 북방(北方)의 6대 감정가이자 컬렉터인 손승택(孫承澤, 1592-1676), 양청표(梁淸標, 1620-1691), 송락(宋犖, 1634-1713), 변영예(卞永譽, 1645-1712), 고사기(高士奇, 1645-1703), 안기(安岐, 1683-약 1744이후)에 대해 연구한 자오궈잉(趙國英)의 「명말청초 개인 서화 감장 약사(明末淸初私家書畫鑒藏史略)」과 항원변(項元汴, 1524-1590)의 서화 컬렉션에 대해 연구한 정인숙(鄭銀淑)의 「항원변의 서화 수장과 예술(項元汴之書畫收藏與藝術)」가 있다. 1990년대 들어 이에 대한 연구가 계속되었고, 선즌휘(沈振輝)는 15세기 후반 명나라 성화(成化, 1464-1487) 연간 이후 강남 일대에서 활동한 컬렉터들의 서화 컬렉션 풍조에 대한 논의로 「명대 사람들의 수장활동(明人的收藏活動)」과 「명대 수저우 지역 수장가에 대한 약술(明代蘇州地區收藏家述略)」이 있다. 이외 그의 '수장가명록(收藏家名錄)'을 바탕으로 107명의 명대 개인 컬렉터의 연대와 본적, 관직여부를 분석, 명대 컬렉터의 분포와 특징을 분석한 「명대 개인 수장가에 대한 고찰(明代私人收藏家百例辨析)」 등이 있다. 이외 최근에는 꾸공(顧工)의 「장축과 명말 서화 수장, 감상, 저록(張丑與明末書畫收藏, 賞鑒, 著錄之風)」이 있으며 심주의 서화예술성과와 그를 중심으로 한 서화 감정과 컬렉터 그룹의 활동을 다룬 박사학위 논문으로 황펑(黃朋)의 「심주 시대의 수저우 서화 수장가그룹(沈周時代的蘇州書畫鑒藏家群體)」가 있다. 또한 2008년 발표된 명말 개인 감정, 컬렉션 활동 중 문팽, 문가 형제가 항원변의 서화 감정과 컬렉션에 대한 작용한 글로 예메이(葉梅)의 「명말 문인들의 문화 활동 중 이익을 추구하는 현상-문씨 형제가 항씨의 수장 활동에 미친 영향을 중심으로(論晚明文人文化活動中的趨利現象-以文氏兄弟在項氏鑒藏活動中的作用爲例)」가 있다.

을 살펴보고자한다. 이 지역에서 활동한 대표적인 컬렉터인 왕세정(王世貞, 1526-1590), 한세능(韓世能, 1528-1598) 등의 컬렉션 상황을 통해 명말 컬렉션 문화의 특징과 당시 서화 컬렉션이 미술계에 미친 영향을 분석하고자 한다.

2. 16-17세기 수저우 개인 서화 컬렉션 배경

1) 사회, 경제적 배경

(1) 황실 내부 컬렉션의 유실

명대 강남 지역의 컬렉터 분포는 수저우를 중심으로 그 주변 지역으로 확대되는 지역적 특징을 보인다. 수저우에서 컬렉터들의 밀집현상과 지속적인 배출은 그 지역의 독특한 사회, 경제, 문화, 예술 형성을 위한 인문적 환경 조건이 되었다. 수저우 지역에 컬렉터들이 집중되는 현상은 명대의 사회·정치적 변화와 경제적 성장, 문화적 소양의 확대 등의 원인을 들 수 있다.

명나라 때 개인적으로 진행된 미술품 컬렉션은 명대 중기 이후부터 명왕조가 멸망할 때까지 이어졌고 그 주요 원인 중 하나는 황실 내부의 공공 컬렉션이 확대되지 못했다는 것에 있다. 게다가 국가 경제가 어려워 16세기 후반 이후인 융경, 만력 연간에는 서화 작품으로 대신들의 녹봉을 대체하거나 상으로 하사하는 등 대량의 황실 소속 미술품이 민간으로 흩어져 많은 서화 명작들이 대부분 힘을 가진 관료나 귀족들의 손에 들어가게 된다.

또한 황실 내부의 진귀한 미술품을 팔아 부족한 군비를 충당하였고, 소장하고 있던 동기(銅器)는 보원국(寶源局)에서 화폐를 주조하는데 사용하기도 하여 소장품 관리가 매우 혼란하였다. 따라서 명대 황실 컬렉션은 역사상 송대와 청대의 것을 따르지는 못했다.[5] 사실 황실 소장품의 유실은 16세기 중반 가정(嘉靖, 1522-1566) 연간에서부터 이미 시작되었다. 당시 정치적 부패와 몽골, 왜구의 침입을 당하는 혼란한 상황 속에서 서화작품은 가격을 측정할 수 없는 모호한 뇌물이 되기도 하였다. 특히 16세기 중반 강한 권력을 휘두른 고위 관료 엄숭(嚴嵩, 1480-1567)과 저명한 정치가였던 장거정(張居正, 1525-1582)은 모두 서화에 대한 취미가 높아 이를 아는 사람들의 뇌물이 끊이지 않았다.

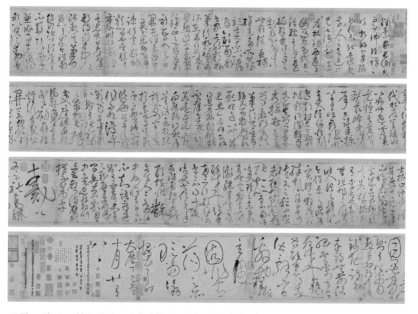

그림1. 당(唐), 회소(懷素), 〈자서첩(自敍帖)〉, 종이에 먹, 28.3×755㎝
타이베이 국립고궁박물원(國立故宮博物院).

　　예를 들어, 명대 때 유명한 컬렉터 왕세정의 부친 도어사(都御史) 왕여(王忬)는 엄숭에게 바치려고 송나라 때 화가가 그린 〈청명상하도(淸明上河圖)〉를 800냥 은자라는 큰 돈을 주고 구입하였지만 이는 위작으로 엄숭·엄세번(嚴世蕃, 1513-1565) 부자를 화나게 하였다. 엄

5) 沈振輝,「元明時期的收藏學」『中國典籍與文化』(1), 1999, p.55.

세번의 참모였던 나용문(羅龍文, 1516-1565)은 명나라 화가 문징명 (文徵明, 1470-1559)에게 1,200냥 은자에 구입한 당대 회소(懷素, 725-785)의 〈자서첩(自敍帖)〉을 바쳤다. 엄세번은 오성(吳城) 탕씨(湯氏)가 가지고 있었던 이소도(李昭道)의 〈해천락조도(海天落照圖)〉를 탐 냈는데 한 관리가 그를 위해 이를 구하기도 하였다.[6]

가정 44년(1565) 엄숭이 권력을 상실하고 관직에서 물러난 이후 그의 집에서 몰수된 중국 고대의 명작들은 그 수를 셀 수 없을 정도로 많았다.[7] 이를 심덕부(沈德符, 1578-1642)는 『만력야획편(萬曆野獲編)』에서 다음과 같이 기록하였다.

> 엄숭(嚴嵩)의 집이 몰수당했을 때 기타 컬렉션은 알 수 없고 유일하게 서화는 황실 내부에 들어와 초기에는 사당에 모셔두었다가 군관의 녹봉으로 충당하기 위해 나갔고, 한 점당 값을 정하는데 수 민(緡)[8]을 넘지 않았는데 즉 당(唐)·송(宋)대 명작도 그러하였다.[9]

동기창(董其昌, 1555-1636)은 『화선실수필(畫禪室隨筆)』에서 절 강총독(浙江總督) 호종헌(胡宗憲, 1512-1565)이 구입해 바친 엄숭의 소장품에 대해 다음과 같이 언급하였다.

---

6) 葉康寧,「明代中晚期的社會風氣對書畫交易的影響」『南京藝術學院學報』(4), 2009, pp.57-58 참조.

7) 엄씨(嚴氏) 집안에 소장된 옛 서예가의 작품을 나무나 돌에 새겨 만든 법첩은 358권이었고 고대 회화작품은 3,201점이 있었다. 그중 명나라 중기 강남 지역 화단을 대표하는 '오문화파(吳門畫派)'의 서화는 40여 점에 이르렀다. 예를 들어, 심주(沈周)의 〈만송도(萬松圖)〉, 〈오중가승십경(吳中佳勝十景)〉, 〈계산설제도(溪山雪霽圖)〉 등 15점, 문징명(文徵明)의 〈적벽전후부(赤壁前後賦)〉, 〈수묵운산도(水墨雲山圖)〉등 8점과 〈천자문(千字文)〉, 〈이소구가(離騷九歌)〉 등 서예 8점, 구영(仇英)의 〈한궁춘효도(漢宮春曉圖)〉 등 2점, 당인(唐寅)의 〈난정도(蘭亭圖)〉 1점, 축윤명(祝允明)의 〈추흥팔수(秋興八首)〉, 〈문부(文賦)〉 등 서예 4점 등이 있었다.

8) 민(緡)은 사슬로 엮은 동전 꿰미를 말한다. 민은 1관(貫)으로 1관은 1,000문(文)의 돈꿰미이다.

9) 沈德符,『萬曆野獲編』, "嚴氏被籍時, 其他玩好不經見, 惟書畫之屬, 入內府者, 穆廟初年, 出以充武官歲祿, 每卷軸作價不盈數緡, 卽唐宋名跡亦然." 沈德符,『萬曆野獲編』, 中華書局出版社, 1997, p.211.

곽충서(郭忠恕)의 〈월왕궁전(越王宮殿)〉은 엄숭(嚴嵩)의 소장품이었다가 후에 몰수당했다. 주국공(朱國公)은 녹봉을 대신하여 이를 받았고 오늘에 전해졌다.[10]

엄숭과 장거정의 컬렉션은 황실 내부로 들어가 다시 관리들의 녹봉을 대신하여 궁 밖으로 나오게 되었으며 민간에 흩어진 서화는 다시 개인 컬렉터들이 구입하기도 하였다. 심덕부는 『만력야획편』에서 이렇게 외부로 유실된 명화를 대량 구매한 이들이 한세능과 항원변(項元汴, 1524-1590)이라고 말한다.[11] 이와 같이 당시 여러 경로를 통해 개인 컬렉션이 황실의 내부 컬렉션을 초과하여 점차 민간으로 확산되었으며 이후 절대적인 우세를 차지하게 되었다.

당시 황실의 서화 컬렉션은 원나라 때 황실에서 소장한 작품과 대신들의 집안에서 몰수하거나 민간에 흩어져 있던 것들을 수집하는 것 외에 서화가들의 작품을 거두어들인 것으로 황실에서는 이러한 작품들을 감정하고 정리하는 작업도 진행한 적이 없어 이와 관련한 목록을 갖추고 있지 못했다. 또한 명대 황실에서는 수집된 서화를 감정하고 소장하는 직무를 담당하고 있는 기구를 두지 않았고 미술품은 황실의 '태감(太監)'이 총괄하여 관리하였다.[12]

명대 중기에는 일부 태감이 궁내의 소장품을 몰래 훔쳐 궁 밖으로

---

10) 董其昌, 『畫禪室隨筆』卷2, 「畫源」, "郭忠恕越王宮殿, 向爲嚴分宜物, 後籍沒. 朱節庵國公以折俸得之, 流傳至余處." 盧輔聖 主編, 『中國書畫全書』(第三冊), 上海書畫出版社, 1992, p.1016.

11) 沈德符, 『萬曆野獲編』卷8, "…於是成國朱氏兄弟, 以善價得之, 而長君希忠尤多, 上有寶善堂印記者是也. 後朱病亟, 漸以餉江陵相, 因得進封定襄王. 未幾張敗, 又遭籍沒入官. 不數年, 爲掌庫臣官盜出售之, 一時好事者, 如韓敬堂太史, 項太學墨林輩爭購之, 所蓄皆精絶." 沈德符, 『萬曆野獲編』, 中華書局出版社, 1997, p.211.

12) 명나라 이전 중국의 송나라 황실에서는 초기부터 '비각(祕閣)'을 설치하여 황실 소장품을 수집, 관리하였다. 원나라에는 각종 예술과 문학관련 사무를 관리하는 '비서감(祕書監)'에서 서화를 감별하고 소장하는 일을 담당하였다. 이후 원(元) 문종(文宗, 1328-1329)은 '규장각(奎章閣)'을 설치하여 전문적으로 서화와 고대 기물 등을 소장, 감정하였다. 1340년 원(元) 혜종(惠宗, 1333-1368)은 규장각을 철거하고 '선문각(宣文閣)'을 설립하였다.

내보내는 일이 일어나기도 하였다. 당시 태감은 명대에 권세를 갖춘 인물로 항상 조정의 임명으로 황제를 대신하여 지방에 파견되어 일을 처리하였고 탐욕스러운 마음이 관료들보다도 심했다. 이때 황실 태감의 수는 조정에서 정식으로 임명한 관리의 수보다도 많았다.

　이렇게 태감이 경제 분야에 관여한 것은 14세기 후반 홍무(洪武, 1368-1398) 연간 부터였고, 15세기 초 정통(正統, 1436-1449) 연간 이후에 가장 극심하였다. 16세기 후반 만력 6년(1577), 태감 풍보(馮保)는 송나라 때 장택단(張擇端)이 10년의 시간을 들여 제작한 〈청명상하도〉의 뒷면에 '흠차총독동창관교판사겸장어용간사사례감태감(欽差總督東廠官校辦事兼掌御用干事司禮監太監)'이라는 제발을 남기고 이를 훔쳐 궁 밖으로 빼돌렸는데 이후 이 작품은 민간으로 흘러들어 여러 곳을 떠돌아다니게 된다.[13)]

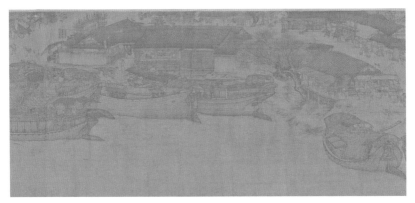

그림2. 송(宋) 장택단(張擇端), 〈청명상하도(淸明上河圖)〉부분, 비단에 채색
24.8×528.7㎝, 베이징고궁박물원(故宮博物院)

---

13) 〈청명상하도(淸明上河圖)〉는 송 휘종(徽宗) 황제 때 한림도화원(翰林圖畵院) 대조(待詔)를 지낸 장택단(張擇端)의 작품으로 처음에는 북송대의 궁정에 소장되어 있다가 1126년 송나라가 금나라 군의 침공을 받아 민간으로 흩어지게 되었다. 이후 남송대 가사도(賈似道, 1213-1275)에 의해 소장되었다가 원대에 다시 황실 소장품으로 들어가게 되었다. 지정(至正, 1341-1367) 연간에 몰래 바꿔치기하여 다시 민간에 떠돌아다니다 명대 재상 엄숭(嚴嵩, 1480-1567) · 엄세번(嚴世蕃, 1513-1565) 부자의 손에 들어갔다. 이후 엄숭이 권력을 상실하자 1565년 다시 명 황실에 수장되었다. 태감 풍보(馮保)가 훔쳐 궁 밖으로 빼돌린 후 200년이 지나 청대 호광총독(湖廣總督) 필원(畢沅, 1730-1797)이 소장하였다가 필원 사후 다시 청 황실에 소장되었다.

명대의 이러한 사회적 배경과 정치적 변동은 직접적으로 서화의 개인 컬렉션에 영향을 미치게 되었다. 황실 내부의 진귀한 고대 명화들이 외부 상인들의 손에 들어가 민간으로 흩어지게 되자, 명대 말기 개인 컬렉터들에게는 오히려 유리한 조건을 제공하게 되었다. 이들은 황실의 사정이 혼란하여 이에 주의를 기울이지 않을 때 서화를 수집하고 보관, 소장, 정리해 명대 말기 개인 컬렉션은 역사적으로 최고의 절정기에 이르게 되었다. 또한 이때 상인들의 왕성한 활동으로 미술 시장이 형성되었고 개인 컬렉터들의 서화 컬렉션을 더욱 편리하게 하였다.

(2) 상품경제의 발전과 서화 시장의 확대

명대 중기 이후 중국의 강남 지역은 과거에 비해 경제가 활성화되었고 상업의 비중이 점점 증가하였다. 강남 지역에서도 수저우와 그 주변의 송장 등지는 전국에서 상품 경제가 발전하여 직물업, 제지업, 제철업, 보석업 등이 흥성하였고 그 종류도 다양하였다. 특히 수저우는 전국에서 상인들이 모여 들었을 뿐 아니라 해외에서도 왕래가 활발하여 이미 경제 도시로 중요한 위치를 차지하고 있었다.

명대 성화 연간에 활동한 시인 막단(莫旦, 1429-?)은 『소주부(蘇州賦)』에서 "성벽이 연이어 그 길이가 1만치에 이르며 골목이 나열되어 큰길로 통하고 번화한 지역에는 비단 점포가 있고 거리와 시장이 바둑판처럼 배치되어 있으며 교량이 즐비하였다"[14]고 하며 번성한 상업도시의 모습을 묘사하였다. 수저우는 공상업이 크게 발전하여 명대와 청대 때 수저우에서 진행하고 있었던 중요한 공상업만 해도 1백여 종 이상으로 그중 대다수는 명대부터 이미 존재하고 있는 것들이었다.[15]

---

14) 莫旦, 『蘇州賦』, "城連萬雉, 列巷通衢, 華區錦肆, 坊市棋列, 橋梁櫛比." (沈振輝, 「明代蘇州地區收藏家述略」『蘇州大學學報』(1), 1999, p.103 재인용)

15) 沈振輝, 「明代蘇州地區收藏家述略」『蘇州大學學報』(1), 1999, p.103.

특히 15세기 후반부터 16세기 중반까지 강남 지역의 농업생산력 제고는 상업과 수공업의 발전을 촉진하였고 상업자본이 빠르게 확대되어 상인들의 경영범위도 넓어졌다. 당시 수저우, 송장, 항저우 등지에서 활동하는 행상과 수공업자 중에는 내부적으로 부유한 상공업자들이 포함되었고 이들은 점점 사회적으로 힘을 가진 계층이 되었다.[16] 이러한 사회, 경제적 변화로 상업에 종사하는 사람들의 수가 급증하였다. 이에 대해 명대 말기 학자이자 서화가, 이론가인 하량준(何良俊, 1506-1573)은 『사우재총설(四友齋叢說)』에서 다음과 같이 말하고 있다.

> 옛날에는 말업(末業)을 쫓는 사람이 오히려 적었는데 오늘날은 농업을 버리고 업을 바꾸어 공상업에 종사하는 자가 전에 비해 3배가 된다. 옛날에는 원래 일정한 직업이 없이 먹고 노는 사람이 없었는데 오늘날 농사를 짓지 않고 생계를 유지하는 자가 10명에 2-3명이다. 대체로 10명의 백성으로 말하면 이미 6-7명이 농업을 포기하였다.[17]

여기서 '말업'은 상업에 종사하는 자를 말하는 것으로 당시 민간에서는 농업을 버리고 상업에 종사하는 일이 매우 보편적이 되었다는 것을 알 수 있다. 또한 상업에 종사하는 것이 비천한 직업이라는 관념에서 벗어났음을 알 수 있다.

이러한 현상은 명대 초기부터 있었다. 조선의 관리인 최부(崔溥, 1454-1504)는 홍치(弘治, 1488-1505) 연간 중국 강남 지역을 견문하면서 "사람들은 모두 상업을 직업으로 삼아 비록 고위관리일지라도 몸소 저울을 소매 속에 넣고 다니면서 사소한 이익을 따진다"고 비판하였다.[18] 이는 당시 강남을 중심으로 시장 경제가 성장하였고 많은

---

16) http://www.confucianism.com.cn/html/lishi/1642082.html

17) 何良俊, 『四友齋叢說』卷13, 「史九」, "昔日逐末之人尙少, 今去農而改業爲工商者三倍于前矣. 昔日原無游手之人, 今去農而趁食又十之二三矣. 大抵以十分百姓言之, 已六七分去農矣." 何良俊, 『四友齋叢說』, 中華書局, 1997, p.112.

18) 최부(崔溥)는 1488년 제주에 부임하였다가 부친상을 당하여 고향으로 돌아가던 중 중국 절강성의 어느 해안에 표착하여 고초를 겪었고 조선인임이 밝혀져 항저우로 이송되었다가 대운하를

사람들이 상업을 통한 이익을 중시하였음을 짐작할 수 있다.

따라서 강남 지역에서 상업을 중시하는 경향이 강해진 것이 단순히 시장 경제의 확대가 가져온 결과만은 아니었으며 명대 정부가 시행한 높은 부세정책과 관련이 있었다는 것을 확인할 수 있다. 사조제(謝肇淛, 1567-1624)는 『오잡조(五雜俎)』에서 "강남의 큰 부자들 반 이상이 땅이 없는데 대개 이익은 적고 부역은 무거웠다"[19]라고 하였는데 이러한 농업세와 비교한다면 상대적으로 상업세는 낮았다. 따라서 많은 지주들과 퇴직한 관리들은 점차 자금을 상업에 투자하게 되었다. 이로 인해 지역별 상인계층이 크게 형성되었으며 이들은 사회적으로 중요한 위치를 차지하게 되었다.[20]

또한 상업에 종사하는 인구가 증가한 것은 농민들이 과중한 부세와 잦은 재해로 토지를 버리고 수공업이나 상업으로 전환함으로써 강남 지역에 농업 인구가 대거 유입되었고 이들이 수공업과 상업 활동에 종사하게 됨으로써 강남 지역의 시장 경제 발전을 촉진하였다.[21] 명대 중엽 이후부터 많은 사람들이 더 이상 토지에 투자를 하려 하지 않았는데 그 원인 중 하나는 땅이 많은 가구의 세금 등급은 매우 높아 농업세로 부담해야 하는 식량 등급도 증가하게 되었고 또 다른 하나는 토지는 자금 전환이 느리고 이자수익이 낮았다.[22]

이와 반대로 상업에 투자하는 것은 일반적으로 요역을 복무할 필요가 없었고 어떤 지방에서는 '부유한 자들이 자금을 최대한 축소하였고', '상업으로 나가는 것이 이미 많아서 토지는 중요하게 다루어지지

거쳐 베이징에서 조선으로 귀환하였다. 그가 저술한 『표해록(漂海錄)』은 한양에 도착한 후 성종(成宗, 1470-1494)의 명에 따라 쓴 일기 형식의 기록서이다. 홍성구,「두 外國人의 눈에 비친 15 ·16세기의 中國」『명청사연구』(24), 2005.10, pp.142-143.

19) 謝肇淛,『五雜俎』卷4,「地部二」, "江南大賈强半無田, 蓋利息薄而賦役重也." 謝肇淛,『五雜俎』, 上海書店出版社, 2001, p.79.

20) 王衛平,「明淸時期江南地區的重商思潮」『徐州師範大學學報』26(2), 2000.6, p.73.

21) 김문기,「明代 江南의 水利環境과 農業의 변화」『명청사연구』(11), 1999.10, pp.78-79.

22) 葉梅,「晚明私家鑒藏興盛原因考:以嘉興項氏家族爲例」『山西大同大學學報』22(5), 2008.10, p.30.

않았으며', '상업으로 부를 이룬 사람이 많고 농업으로 부를 이룬 사람이 매우 적은' 현상이 나타나게 되었다. 이는 명말 유명한 컬렉터 항원변을 중심으로 한 항씨(項氏) 가문이 컬렉션 활동에 참여하게 된 동기가 되었다. 항원변의 부친 항전(項銓)은 토지 구입을 원하지 않았고 전답을 자손들에게 남기는 것에 대해 찬성하지 않았다. 이는 당시 경제 발전에 따른 상업 활동의 증가와 관련이 있었을 것이다.[23]

명대 말기 강남 지역은 시장 경제와 도시의 발전으로 국가재정의 의존도가 높았고 많은 사람들과 상품이 모이고 흩어지는 장소가 되었다. 당시 토지를 많이 보유한 부농은 이장, 갑장호가 되어 세금 징수를 청부받았는데 청부받는 세금 액수를 채우지 못하면 자신의 재산을 털어 보충해야 했기 때문에 1-2년의 부역으로 몰락하는 경우가 빈발하였다. 이에 반해 상인에 부가하는 상업세는 많지 않았기 때문에 토지를 버리고 상업으로 나아가는 부자들이 많았다.

따라서 당시 강남 지역에서 상업으로 재산을 축적한 이들은 자금을 융통하여 서화 작품을 매매에 투자하는 사람들이 증가하였다. 이러한 경향이 서화 컬렉션 활동에 미친 영향은 더욱 직접적이라고 할 수 있다. 즉, 명대 말기 큰 화폭의 서화 작품이 많이 제작되었는데 이 또한 이전에는 보기 드문 현상으로 16-17세기 중국의 경제 발전과 관련지을 수 있다.[24]

상품경제의 발전은 서화 컬렉션의 유통과 매매에 있어서도 큰 번영을 가져왔다. 『계암노인만필(戒庵老人漫筆)』에 따르면 소주의 골동상 김극화(金克和)는 '오문화파(吳門畵派)'를 대표하는 심주(沈周, 1427-1509)에게 그의 서점을 위한 대련(對聯)을 써줄 것을 부탁하였

23) 葉梅, 「晚明私家鑒藏興盛原因考:以嘉興項氏家族爲例」『山西大同大學學報』22(5), 2008.10, p.30.

24) 예를 들어, 현재 상하이박물관(上海博物館)에 소장되어 있는 축윤명(祝允明)의 〈초서칠율시(草書七律詩)〉는 세로와 가로의 크기가 363.5×111.2㎝였다. 또한 진순(陳淳)의 〈초서왕유시(草書王維詩)〉는 98.5×351.1㎝였으며, 창저우박물관(常州博物館)에 소장되어 있는 문징명(文徵明)의 〈행서칠언시(行書七言詩)〉는 348×91㎝인 대폭의 작품이었다. 陸宇澄, 「明代商品經濟對吳門畵派的影響」『東華大學學報』(4), 2002, p.7.

고, 심주는 부를 가진 관리나 권세를 가진 호족들을 위한 돈벌이의 대상이 되었음을 해학적인 말로 담기도 하였다.[25] 이는 당시 골동상인들이 이미 지역을 선택해 점포를 개설하고 있었으며, 유명인을 이용해 광고의 수단으로 드러내는 상황을 언급한 것이었다.

2) 문화적 배경

명대 중기 이후 수저우의 경제 발전은 시민 계층에게 경제적 여유를 가져다주었고, 이로 인해 사람들은 물질적인 것뿐 아니라 문화와 예술을 즐기며 더욱 더 정신적 만족을 추구하게 되었다. 심덕부는 이를 『만력야획편』에서 다음과 같이 기록하고 있다.

가정(嘉靖) 연간 말년에 이르러 국내가 안정되자 부를 쌓은 사대부들은 정원과 정자를 가꾸고 노래와 춤을 즐기며 골동품 수집에 이르게 되니, 예를 들어 오중(吳中)의 오문각(吳文恪)의 손자와 율양(溧陽)의 사상보(史尙寶)의 자식들은 모두 집안에 진귀한 것을 소장하고 있었다.[26]

당시 문화 활동을 즐기는 지식인들은 당대와 송대 때부터 전해 내려오는 전기(傳記) 및 일반 서민들의 관심사나 사회상을 담은 통속적인 대본인 화본(話本)을 기초로 대량의 소설과 극본을 만들었고, 이는 시민 계층과 돈 있는 부호들의 '여가'를 즐기고자 하는 욕구를 만족시켰다. 그러나 소설을 읽고 연극을 관람하는 것은 개인적인 행위로 각자의 문화적 수준이나 품위를 드러낼 수는 없었다.

따라서 그들은 서화 작품으로 외관을 장식하기를 원했고, 서화에 대한 수요가 많아지면서 서화가들의 회화 창작으로 생활을 보장받게

---

25) 沈振輝, 「明代蘇州地區收藏家述略」, 『蘇州大學學報』(1), 1999, pp.103-104.

26) 沈德符, 『萬曆野獲編』卷26, "嘉靖末年, 海內宴安. 士大夫富厚者, 以治園亭, 敎歌舞之隙, 間及古玩. 如吳中吳文恪之孫, 溧陽史尙寶之子, 皆世藏珍祕." 沈德符, 『萬曆野獲編』, 中華書局出版社, 1997, p.654.

된다. 이는 명대 중기이후 심주를 중심으로 수저우에서 활동한 '오문화파'가 화단의 중심이 되어 15세기 중반이후 약 100여 년에 이르는 성화(成化, 1465-1487)와 가정 연간 동안 그 영향력을 행사할 수 있었던 원인이 되기도 한다.[27]

　　수저우 지역을 중심으로 많은 컬렉터들이 배출된 것은 당시의 문화 풍습과도 관련이 있다. 이곳에서 거주한 선비들은 시를 읊거나 그림을 제작하고 원림(園林)을 조성하였으며 서적 컬렉션과 서화 감상을 통해 자신들의 우아함을 숭상하는 생활 풍조가 유행하였다. 수저우 문인들의 이러한 문화 심리는 16세기 초, 중반 이후에 형성되었고 이 시기 수저우 지역을 중심으로 많은 컬렉터들이 배출되었다. 이는 문화적 욕구가 증가함에 따라 이와 관련된 서화 컬렉션 활동이 확대된 것으로 볼 수 있다. 또 한편으로는 수저우의 컬렉터가 왜 문인계층에서 광범위하게 존재하였고 끊임없이 지속되었는지 짐작할 수 있는 부분이다.

　　컬렉터들이 대거 출현한 후 수저우는 전국에서 컬렉션 풍조를 주도하는 중심지가 되었으며 그 주변 지역까지 확대되면서 청대로 이어졌다. 수저우 지역은 외부에서 온 여러 문인 컬렉터들의 활동에 영향을 받았고 이들은 오랫동안 이곳에서 거주하였다. 원대 문인들의 서화 창작과 수집은 수저우를 중심으로 강남 지역의 컬렉션 경향이 활발히 일어나는데 중요한 역할을 하였고 후대에 수저우에서 컬렉터들이 크게 성장할 수 있는 기반이 되었다.

　　16세기 말에서 17세기 초 명나라 말기에 수저우에서 성행한 개인 컬렉터들의 활동은 무의식중에 전통 문화를 경험하고 문화적 소양을 높이는 동시에 인재를 키울 수 있는 기초를 마련하게 하였는데 이는 이후 서화 컬렉션의 원동력이 되었다. 경제활동을 통해 집안을 일으킨 이들은 그들의 자식에게 공부와 벼슬에 오를 것을 격려하였다. 따라서 수저우의 일반 백성들도 학문에 정진해 과거에 급제하는 것을 최종목

---

27) 陸宇澄, 「明代商品經濟對吳門畵派的影響」『東華大學學報』(4), 2000, pp.5-6.

표로 삼았으며 그중 고위관리가 된 가문은 경제력과 권력을 갖추며 수저우 제일의 이름 있는 가문을 이루게 되었다.

명나라 때 사람들은 '공부를 하지 않으면 처자를 보호하기 어렵다(不讀書不足以保妻, 子)'[28]라고 말하기도 하였다. 이로써 당시 과거시험에 응시하고 학문에 정진하는 이들이 증가하였고 이와 함께 문화적 소질이 제고되어 시와 글, 그리고 그림과 서예를 제작하는 문화 활동에 몰두하는 문인 출신 서화가가 급증하는 계기가 된다.

3. 16-17세기 수저우 개인 서화 컬렉터

1) 명대 말기 이전 수저우의 서화 컬렉터

명대 말기 수저우 지역의 서화 컬렉션 문화가 흥성한 것은 이 지역의 문화 사업이 성장하여 전국에서 가장 영향력 있는 도시가 된 것과 관련이 있다. 특히 수저우 지역의 서화가들과 컬렉터 그룹은 서로에게 영향관계를 형성하고 있었으며 직접적으로 이 지역의 문화적 자양분을 형성하는데 도움을 주었다. 또 한편으로 이들 서화가들은 당시 컬렉터들의 핵심적인 수집 대상이 되었으며 그들의 뛰어난 감정 능력으로 작품의 등급 표준을 정하기도 하였다.

당시 오파에 서화가들에 대한 서화 컬렉션 수요가 높아지면서 심주의 주변에는 다양한 계층의 사람들이 모이게 되었다. 그중에는 주존리(朱存理, 1444-1513), 도목(都穆, 1458-1525), 문징명, 축윤명 등의 서화가를 비롯한 골동상이나 표구장 및 여러 서화 애호가들이 포함되었다. 심주는 당시 수저우 지역의 서화 컬렉터로도 유명하였다.

그의 소장품 중에는 황공망(黃公望, 1269-1354)의 〈부춘산거도(富春山居圖)〉와 왕몽(王蒙, 1308-1385)의 〈태백산도(太白山圖)〉와 같은 뛰어난 작품들이 다수 포함되었다. 현재 랴오닝성박물관(遼寧省博

---

28) 談晟廣, 「明初期政治和明前中期江南畫壇」『國畫家』(3), 2005, pp.34-35.

物館)에 소장되어 있는 왕몽의 〈태백산도〉는 심주가 15세기 중반 성화 연간 초기에 손에 넣은 작품이었다. 이는 왕몽이 저장(浙江) 동부의 영파(寧波)에 위치한 유명한 사찰인 천동사(天童寺)를 그린 것으로 심주는 이를 30년 동안 소장하였고 사람들에게도 잘 보여주지 않았다.[29]

심주는 고대의 여러 서예 작품도 소장하였는데 북송시대 '송사가(宋四家)'로 불리는 네 명의 서예가 소식, 황정견, 미불, 채양(蔡襄, 1012-1067)의 작품을 주로 수집하였다. 특히 황정견의 작품을 중시하여 〈경복파신사시(經伏波神祠詩)〉, 〈두보율시이수(杜甫律詩二首)〉 등을 소장하였으며 심주의 행서(行書)는 황정견의 서체를 배운 것으로 그의 다른 작품에도 영향을 미쳤다.

문징명을 중심으로 한 서화 컬렉터로는 황운(黃雲), 심율(沈津), 진순(陳淳, 1484-1544), 축윤명이 있고, 그 주변지역에도 영향을 미쳐 수저우 북서쪽에 위치한 우시(無錫)와 자싱(嘉興), 송장(松江), 휘저우(徽州) 등지에서도 서화 컬렉션 분위기가 흥성하였다. 특히 문징명과 교류가 있었던 이들로는 우시의 화하(華夏, 1494-1567)와 화운(華雲, 1488-1560), 안국(安國, 1481-1534)이 있었으며, 송장의 하양준(何良俊, 1506-1572), 고종의(顧從義, 1523-1588), 자싱의 항원변 등이 대표적이다.

문징명의 경우 소장한 작품의 수량으로는 그 명성이 높지 않았지만 뛰어난 서화 감정 안목으로 주변 지역의 컬렉터들에게 영향력을 행사하였다. 따라서 그의 안목을 믿고 전국에서 작품에 대한 글을 받으려는 이들이 많았다. 문징명의 컬렉션 중에는 동진 시대 왕헌지(王獻之, 344-386)의 〈지황탕첩(地黃湯帖)〉, 당대 회소의 〈초서천문(草書千文)〉, 송대 장즉지(張卽之, 1186-1263)의 〈왕씨보본암기권(汪氏報本庵記卷)〉, 원대 조맹부(趙孟頫, 1254-1322)의 〈이체천문(二體千文)〉과 〈추성부권(秋聲賦卷)〉 등의 서예 작품이 포함되어 있었다.

당시 강남 지역에서 문징명 집안은 대대로 서화 컬렉션으로 이름

---

29) 黃朋,「沈周時代的蘇州書畵鑒藏家群體」『中國書畵』(1), 2005, p.24.

을 알렸고 문징명의 큰 아들 문팽(文彭, 1498-1573)은 화가이자 서적 수집으로도 유명하였으며 문징명의 둘째 아들인 문가(文嘉, 1501-1583)도 서화와 돌에 새긴 글자나 그림인 석각(石刻)에 뛰어났다. 문가는 가정 8년(1529)에 엄숭 부자가 힘을 잃고 자리에서 물러난 후 그들 집안에 소장되어 있는 서화를 기록 정리하여 『검산당서화기(鈐山堂書畵記)』를 제작하였다.

2) 명대 말기 수저우의 서화 컬렉터

명대 중·후기의 심주와 문징명을 중심으로 형성된 수저우의 서화 컬렉션 풍조는 지속적으로 이어졌고 그 주변의 우시, 자싱, 송장, 휘저우 지역으로 확대되었다. 특히 명대 말기에는 역대 서화가들이 제작한 많은 작품들이 세상에 전해지면서 개인 컬렉터들은 상당한 규모의 소장품을 갖출 수 있었다. 당시 수저우의 컬렉터들 중에는 세대에 걸쳐 부자가 함께 이름을 알리거나 형제가 컬렉터로 활동하는 예가 많았다. 이 시기 수저우의 컬렉터로 한세능·한봉희 부자와 문학가로도 잘 알려진 왕세정과 그의 동생 왕세무 형제 등을 들 수 있다.

(1) 왕세정, 왕세무 형제

왕세정의 자는 원미(元美)이고 호는 봉주(鳳洲) 혹은 엄주산인(弇州山人)이라 하였다. 수저우 타이창(太倉) 사람으로 가정 26년(1547) 진사(進士)에 올라 관직이 형부상서(刑部尙書)에 이르렀다. 그는 이반용(李攀龍)과 함께 문학계에서 평생 '복고(復古)'를 외치며 세상 사람들에게 '후칠자(後七子)'[30] 를 대표하는 인물로 불렸다.

---

30) '후칠자(後七子)'는 이반용(李攀龍), 왕세정(王世貞), 사진(謝榛), 종신(宗臣), 양유예(梁有譽), 서중행(徐中行), 오국윤(吳國倫)을 이르고 이반용과 왕세정을 대표로 하는 16세기 명대 가정(嘉靖, 1522-1566)과 융경(隆慶, 1567-1572) 연간까지의 문학유파를 가리키는 것이다. 이는 이몽양(李夢陽), 하경명(何景明)을 대표로 하는 문학유파인 '전칠자(前七子)'의 '문은 반드시 진대와 한대를, 시는 반드시 성당시기(文必秦漢, 詩必盛唐)'를 따라야 한다는 '복고(復古)'이론을 계승

그의 서화 관련 저서로는 1576년에 완성한 『엄주산인사부고(弇州山人四部稿)』와 그의 사후에 출판된 『엄주산인속고(弇州山人續稿)』가 있다. 『엄주산인사부고』에는 서예와 전각, 회화 작품의 제발과 서명이 기록되어 있다. 또한 왕세정의 『예원치언(藝苑巵言)』의 마지막 장에는 회화사와 화가들에 대한 평론으로 구성되어 있고 그와 교우 관계를 맺은 사람들을 위한 시와 문장이 포함되었다.[31]

그의 동생 왕세무(王世懋, 1536-1588)의 자는 경미(敬美)이고 호는 린주(麟洲), 손재(損齋), 장동생(墻東生)이라 하였다. 가정 38년 (1559) 진사에 올라 벼슬이 남경태상소경(南京太常少卿)에 이르렀으며 저서로는 『봉상집(奉常集)』, 『담포화품(澹圃畵品)』, 『담포서품(澹圃書品)』 등이 있다.

왕세정이 소장했던 진·당·송·원·명대 이후 서예 작품 중에는 종요(鐘繇, 151-230)의 〈천계직표(薦季直表)〉, 동진 시대 왕헌지의 〈송리첩(送梨帖)〉, 당대 안진경(顔眞卿, 709-785)의 〈송배장군시(送裵將軍詩)〉, 송대 범중엄(范仲淹, 989-1052)의 〈도복찬(道服贊)〉, 사마광(司馬光, 1019-1086)의 〈영주첩(寧州帖)〉, 소식의 〈연강첩장가(煙江疊嶂歌)〉, 〈제황기도문첩(祭黃幾道文帖)〉, 〈동정춘색부(洞庭春色賦)〉, 〈중산송료부(中山松醪賦)〉, 그리고 11세기 후반에 활동한 서예가 설소팽(薛紹彭, 1065-1130)의 〈대년첩(大年帖)〉, 조맹부의 〈초서천자문(草書千字文)〉, 〈낙신부(洛神賦)〉 등이 있다.

이외에도 8세기 중반 이후 활동한 주방(周昉, 약730-800)의 〈미인조금도(美人調琴圖)〉, 송대 곽희(郭熙, 1023-1085)의 〈수색평원도(樹色平遠圖)〉, 이공린(李公麟, 1049-1106)의 〈십육응진도(十六應眞圖)〉, 북송 시대 휘종(徽宗) 황제 조길(趙佶, 1082-1135)의 〈설강귀도도(雪江歸棹圖)〉, 왕선(王詵, 1036-1093)의 〈연강첩장도(煙江疊嶂圖)〉, 장택단의 〈청명상하도〉, 마원(馬遠, 1160-1225)의 〈십이수도

한다고 하여 '후칠자'라 칭하였고, '가정칠자(嘉靖七子)'라 불리기도 하였다.

31) 路易斯·耶華, 石莉, 陳傳席, 「中國畵家與贊助人(八)-贊助人王世貞」 『榮寶齋』(6), 2004, pp.233-243.

〈十二水圖〉), 고극공(高克恭, 1248-1310)의 〈야산도(夜山圖)〉, 명대 왕리(王履, 1332-1391)의 〈화산도(華山圖)〉, 두근(杜菫, 1465-1509) 의 〈구가도(九歌圖)〉, 문징명의 〈석호청승도(石湖淸勝圖)〉 및 심주, 당인(唐寅, 1470-1524), 구영(仇英, 1494-1552) 등의 작품과 왕불(王紱, 1362-1416), 하창(夏㫤, 1388-1470)의 역대 명작을 소장하였다. 왕세정이 컬렉션한 작품에는 '왕원미인(王元美印)', '천도거사(天韜居士)', '세정(世貞)', '원미씨(元美氏)' 등의 인장이 있었다.[32]

그림3. 송(宋), 왕선(王詵), 〈연강첩장도(煙江疊嶂圖)〉 부분, 비단에 수묵, 26×138.5㎝, 상하이박물관

그림4. 송(宋), 조길(趙佶), 〈설강귀도도(雪江歸棹圖)〉 부분, 비단에 채색, 30.3×190.8㎝, 베이징고궁박물원

왕세정은 작품을 소장할 수 있는 곳을 설립하였는데 그중 '소유관(小酉館)'에는 3만여 권의 서적을 보관하였으며 '이아루(爾雅樓)'에는 전문적으로 송대 판본과 원대의 서화를 소장하였다. 그가 가지고 있던 송대 판본은 3천여 권이 넘었다.[33] 왕세무가 소장한 회화 작품으로는 조맹부의 〈작화추색도(鵲華秋色圖)〉, 〈수촌도(水村圖)〉, 왕몽의 〈화계어은도(花溪漁隱圖)〉, 명대 서분(徐賁, 1335-1378)의 〈사자림도(獅子

32) 葉三寶 主編, 『中國書畵投資與收藏』, 上海人民美術出版社, 2003, p.393.

33) 沈振輝, 「元明時期的收藏學」『中國典籍與文化』(1), 1999, pp.55-56.

林圖)〉및 '오문화파'의 작품이 포함되었으며, 서예 작품으로는 구양순(歐陽詢, 557-641)의 〈천자문(千字文)〉, 승려 출신 서예가인 지영(智永)의 〈초서천자문(草書千字文)〉 등이 포함되어 있었다.[34]

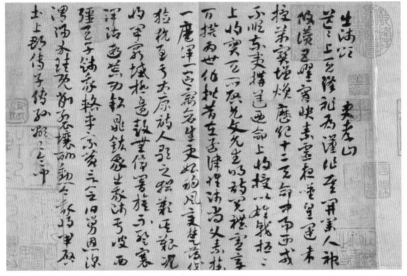

그림5. 수(隋), 색정(索靖), 〈출사송(出師頌)〉 부분, 21.2×127.8cm, 베이징고궁박물원.

왕세무의 컬렉션 인장으로는 '경미(敬美)', '손재도인(損齋道人)' 등이 있다. 현재 베이징고궁박물원(北京故宮博物院)에 소장되어 있는 색정(索靖, 239-303)의 〈출사송(出師頌)〉은 남송대 황실 내부에 소장되었다가 명나라 때 왕세무에게 이어졌고, '낭야왕경미씨수장도서(琅琊王敬美氏收藏圖書)'라는 왕세무의 컬렉션 인장이 남겨져 있다.

왕세정, 왕세무 형제는 당대 유명한 서화가이자 컬렉터인 동기창, 첨경봉(詹景鳳, 1532-1602), 막시룡(莫是龍, 1537-1587) 등과 교류를 하였고 그들이 소장했던 작품들은 모두 두 사람의 제발이 있다. 첨경봉의 『동도현람편(東圖玄覽編)』에서 항원변이 왕씨 형제가 소장한 작품에 대해 평론하며 왕세정 형제의 안목을 낮게 보기도 하였다.[35]

34) 葉三寶 主編,『中國書畫投資與收藏』, 上海人民美術出版社, 2003, p.394.

35) 詹景鳳,『詹東圖玄覽編』「附錄題跋」, "今天下誰具雙眼者. 王氏二美則瞎漢. 顧氏二汝眇視者爾. 唯文徵仲具雙眼. 則死已久." 盧輔聖 主編,『中國書畫全書』(第四冊), 上海書畫出版社,

이는 동시대 강남 지역에서 활동한 컬렉터들이 각자의 심미 취향에 따라 서로 다른 작품을 소장하였다는 것을 짐작할 수 있는 부분이다.

(2) 한세능, 한봉희 부자

한세능의 자는 존량(存良)이고 호는 경당(敬堂)으로 소주 사람이다. 융경 2년(1568) 진사에 급제하여 오랫동안 도성에서 관직을 맡았고 벼슬이 예부시랑(禮部侍郞)에 이르렀다. 그는 서화에 대한 높은 안목으로 당시 적지 않은 서화 명작들을 수집하였는데 당시 서화 컬렉터로 잘 알려진 왕세무와 동기창, 왕긍당(王肯堂, 1549-1638), 진계유(陳繼儒, 1558-1639) 등과 교류하였고 동기창의 스승이 되기도 하였다.

한세능이 컬렉션한 작품들은 주로 그가 도성에서 관리를 하고 있을 때 수집한 것이었다. 융경 연간 국고의 부족으로 황실 소장 서화 작품을 녹봉으로 대신하는 '절봉사건(折俸事件)'의 최대 수혜자는 한세능과 성국공(成國公)이었던 주희충(朱希忠, 1516-1573)과 주희효(朱希孝, ?-약1574) 형제였다. 한세능과 주희효는 동시대에 관직을 하면서 많은 서화 작품 거래를 하였다.

그는 장축(張丑, 1577-1643)과도 밀접한 관계를 유지하였는데 장축의 『청하서화방(淸河書畵舫)』의 기록에 따르면, 한세능이 주희효 사후 그의 집에 소장되어 있던 서화 진품을 소장하였는데 여기에는 왕희지(王羲之, 303-361)의 〈사상첩(思想帖)〉, 고개지(顧愷之, 345-406)의 〈낙신도(洛神圖)〉, 전자건(展子虔, 약545-618)의 〈춘유도(春游圖)〉, 손과정(孫過庭, 646-691)의 초서 〈서보(書譜)〉 및 마화지(馬和之, 1130-1170)의 〈이남도(二南圖)〉 등의 작품들이 포함되어 있다.

또한 장축은 한세능이 평생 다른 취미가 없었고 다만 진·당·송·원대의 유명한 작품들을 구입하였다고 전한다.[36] 한세능은 고향인 수저우

1992, p.54.

36) 張丑, 「南陽法書表序」, "生平別無嗜好 , 絶意(斷絶某種意念)求田間余事 , 奉薪所人 , 悉市

지역에서 서화 작품을 수집하였고 그중에는 청하(淸河) 장씨(張氏)의 소장품도 있었다. 장상(張祥)이 소장한 조맹부의 〈단파비(膽巴碑)〉와 명대 서화가이자 장서가였던 장응문(張應文, 약1524-1585)이 소장한 주방의 〈서이직공도(西夷職貢圖)〉 및 미불의 〈연산도(硯山圖)〉 등이 있었다. 당시 서화 컬렉션에 대한 사람들의 수요가 높아 작품의 이동이 빈번하였다.

한세능의 큰 아들 한봉희(韓逢禧, 1576-?)의 호는 고주(古洲) 혹은 반산노인(牛山老人)이라 하였다. 그는 부친이 세상을 떠난 후에도 계속해서 서화 컬렉션 활동을 진행하였고 휘종 황제의 〈고사도(高士圖)〉, 당대 태종(太宗) 연간인 7세기 중에 활동하였던 이회림(李懷琳)의 〈절교서(絶交書)〉 등의 몇몇 서화 작품을 소장하였다. 이들의 서화 작품은 후대의 감정, 컬렉터들에게 안목을 키울 수 있는 자료가 되었고 동기창과 장축은 이러한 부분에서 성과를 얻은 이들이다. 동기창이 높은 안목을 가진 서화가로 성장할 수 있었던 것은 젊은 시절 한세능과 항원변의 집에서 본 고대의 많은 서화 명작들이 있었기 때문에 가능한 것이었다.[37)

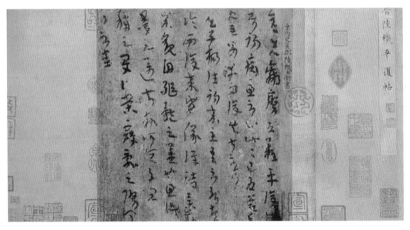

그림6. 진(晉), 육기(陸機), 〈평복첩(平復帖)〉, 23.7×20.6㎝, 베이징 고궁박물원

寶章 , 晉, 唐, 宋, 元之奇 , 所收不下數百本. 多與名流品定甲乙." 盧輔聖 主編, 『中國書畫全書』 (第四冊), 上海書畫出版社, 1992, p.122.

37) http://news.sc001.com.cn/info/06/20081013/031221.shtml

특히 한세능의 서화 컬렉션 중에는 엄숭·엄세번 부자가 세력을 상실한 후 엄씨 집안의 컬렉션 대부분을 구입한 것이 포함되었는데 이는 장축의 기록에서도 짐작할 수 있다.

전하는 말에 엄씨(嚴氏)의 집에 있는 고개지(顧愷之)의 〈청야유서원도(淸夜游西園圖)〉는 독특하고 소박하며 저속한 정취가 없다. 또한 진(晉)대 사람의 그림인 장무선(張茂先)의 〈여사잠도(女史箴圖)〉, 도홍경(陶弘景)의 〈산거도(山居圖)〉, 종병(宗炳)의 〈추산도(秋山圖)〉, 전자건(展子虔)의 〈유춘도(游春圖)〉, 염립본(閻立本)의 〈직공도(職工圖)〉, 왕유(王維)의 〈망천도(輞川圖)〉, 이사훈(李思訓)의 〈해천락조도(海天落照圖)〉, 왕흡(王洽)의 〈발묵산수(潑墨山水)〉, 당나라 사람이 그린 〈포어도(捕魚圖)〉, 형호(荊浩)의 〈고송도(古松圖)〉, 이성(李成)의 〈한림평야도(寒林平野圖)〉, 고굉중(顧閎中)의 〈한희재야연도(韓熙載夜宴圖)〉, 장택단(張擇端)의 〈청명상하도(淸明上河圖)〉, 연숙(燕肅)의 〈우두산망도(牛頭山望圖)〉, 이공린(李公麟)의 〈편교수강도(便橋受降圖)〉, 미불(米芾)의 〈정명재도(淨名齋圖)〉, 조영양(趙令穰)의 〈강향설의도(江鄕雪意圖)〉, 조백구(趙伯驌)의 〈도원도(桃園圖)〉, 마화지(馬和之)의 〈당풍도(唐風圖)〉, 조자앙(趙子昂)의 〈중강첩장도(重江疊嶂圖)〉, 황공망(黃公望)의 〈만학추성도(萬壑秋聲圖)〉, 왕몽(王蒙)의 〈청우누도(聽雨樓圖)〉, 예찬(倪瓚)의 〈황학산거도(黃鶴山居圖)〉가 소장되어 있는데 모두 진품이고 절묘하다.······오늘날 대부분은 한세능의 집에 들어갔다.[38]

장축은 『남양법서표(南陽法書表)』와 『남양명화표(南陽名畵表)』에서 한세능의 집에 소장된 위대와 진대, 수·당대의 서화 작품을 기록

---

38) 張丑, 『淸河書畵舫』, "傳聞嚴氏藏顧愷之淸夜游西園圖, 奇古無俗韻. 又晉人畫張茂先女史箴圖, 陶弘景山居圖, 宗少文秋山圖, 展子虔游春圖, 吳道玄水月觀音變相, 閻立本職工圖, 王維輞川圖, 李思訓海天落照圖, 王洽潑墨山水, 唐人捕魚圖, 荊浩古松圖, 李成寒林平野圖, 顧閎中韓熙載夜宴圖, 張擇端淸明上河圖, 燕肅牛頭山望圖, 李公麟便橋受降圖, 米芾淨名齋圖, 趙令穰江鄕雪意圖, 趙伯驌桃園圖, 馬和之唐風圖, 趙子昂重江疊嶂圖, 黃公望萬壑秋聲圖, 王蒙聽雨樓圖, 倪元鎭黃鶴山居圖, 皆眞迹妙絶······今大半歸韓太史家矣." 盧輔聖 主編, 『中國書畵全書』(第四冊), 上海書畵出版社, 1992, pp.140-141.

그림7. 오(五), 고굉중(顧閎中), 〈한희재야연도(韓熙載夜宴圖)〉(송대 임모본) 부분, 비단에 채색
28.7×335.5㎝, 베이징 고궁박물원

하고 있는데 '남양(南陽)'은 한세능의 집안을 가리키는 것으로 명대 서화 컬렉터는 대부분 소장품 목록이 전하지 않았는데 장축이 기록한 이 두 권의 '서화표'는 후세 사람들에게 한세능의 소장품 전모를 알릴 수 있는 유용한 자료가 된다.

『남양법서표』의 서예 작품으로는 서진 시대 육기(陸機, 261-303)의 〈평복첩(平復帖)〉, 왕희지의 〈행양첩(行穰帖)〉, 왕헌지의 〈관군첩(冠軍帖)〉, 남조 양무제(梁武帝, 464-549)의 〈이취첩(異趣帖)〉, 당대 안진경의 〈자서리부상서고형첩(自書吏部尙書誥兄帖)〉, 〈골등첩(鶻等帖)〉, 회소의 〈논서첩(論書帖)〉, 유공권(柳公權, 778-865)의 〈한림첩(翰林帖)〉 등 25명의 작품 72점이 포함되어 있다.[39]

『남양명화표』는 '도석인물(道釋人物)' 부분과 '산수계화(山水界畵)', '화과조수(花果鳥獸)', '충어묵희(蟲魚墨戱)' 등으로 구성되어 있다. '도석인물'에는 위대의 조불흥(曹不興)부터 원대의 전선(錢選, 1239-1301)까지 42점의 작품이 포함되어 있고, '산수계화'에는 수대 전자건부터 원대 예찬(倪瓚, 1301-1374)까지 38점이, '화과조수'에는 당대 진굉(陳閎)부터 원대 전선까지 13점이, '충어묵희'에는 송대 미불과 원대 공개(龔開, 1222-약1302)의 작품만이 포함되어 있다.[40]

이중에는 여러 명작들이 수록되어 있었는데 예를 들어, 위대 조불흥의 〈병부도(兵符圖)〉, 진대 고개지의 〈낙신도(洛神圖)〉, 장승요(張僧繇, 479-?)의 〈오성이십팔숙도(五星二十八宿圖)〉, 수대 전자건의 〈유춘도(游春圖)〉, 당대 염립본의 〈소익잠난정도(蕭翼賺蘭亭圖)〉, 오도자(吳道子, 685-758)의 〈천왕송자도(天王送子圖)〉, 한간(韓幹, 약706-783)의 〈조야백도(照夜白圖)〉와 〈쌍기도(雙騎圖)〉, 오대 왕제한(王齊翰)의 〈감서도(勘書圖)〉, 주문거(周文矩, 917-975)의 〈문회도(文會圖)〉, 이공린의 〈구가도(九歌圖)〉, 하규(夏珪, 1195-1224)의 〈강산청원도(江山淸遠圖)〉, 황공망의 〈중산첩장도(重山疊嶂圖)〉 등 모두 47명

---

39) 盧輔聖 主編, 『中國書畵全書』(第四冊), 上海書畵出版社, 1992, pp.122-123.

40) 盧輔聖 主編, 『中國書畵全書』(第四冊), 上海書畵出版社, 1992, pp.123-124.

의 작품 95점이 기록되어 있다.

그림8. 당(唐), 주방(周昉), 〈휘선사녀도(揮扇仕女圖)〉, 비단에 채색, 33.7×204.8㎝, 베이징 고궁박물원

현재까지 전하는 것 중에는 개인이 소유하고 있는 것도 있지만 대부분 중국의 박물관에 소장되어있다. 한세능과 한봉희 부자는 소장한 작품에 대해 컬렉션 인장을 잘 찍지 않았고 일반적으로 '한세능인(韓世能印)', '한봉희인(韓逢禧印)', '종백학사지인(宗伯學士之印)', '한중자인(韓仲子印)' 등이라고만 찍었다. 당대 주방의 〈휘선사녀도(揮扇仕女圖)〉에는 '한세능인(韓世能印)', '한중자씨(韓仲子氏)', '세능(世能)'이라는 인도장이 찍혀있다.

(3) 장축

장축의 원명은 겸덕(謙德), 자는 숙익(叔益)이었다. 10세 때 이름을 축(丑)이라 바꿨고 자는 광덕(廣德)이며 말년의 호는 미암(米庵)이었다. 장수성 쿤산(昆山) 사람으로 초기에는 숭명(崇明), 즉 오늘날의 상하이에 거주하다 후에 수저우에서 거주하였다. 장축은 명나라 말기의 유명한 컬렉터인 엄숭이나 한세능, 동기창과 같이 권력이나 많은 재산을 가지고 있지는 않았지만 명문세가의 자제로 컬렉션 활동에 참여하였다.

장씨 집안은 고조부와 증조부 이후 6대가 컬렉터로 활동하였고, 장축의 고조부인 장원소(張元素)와 큰 증조할아버지인 장유경(張維慶), 증조부인 장자화(張子和), 조부인 장약지(張約之), 작은 할아버지인 장성지(張誠之), 부친인 장무실(張茂實), 형인 장이승(張以繩) 및 조카인 장정가(張誕嘉), 그리고 장축까지 모두 9명이 서화를 소장하였다. 이들은 모두 수저우의 여러 서화가 및 컬렉터와 교유관계를 맺었다.

예를 들어, 장축의 증조부 장자화는 심주와 교류하였고 조부는 문징명과 교류하였다. 심주는 장자화를 위해 그의 집에 있던 문인들의 모임 장소였던 〈춘초당도(春草堂圖)〉를 제작하였고, 문징명은 그 조부를 위해 〈소봉도(少峰圖)〉를 남겼다. 그리고 부친인 장무실은 문징명의 아들인 문팽, 문가와 교류하면서 안목을 높였고 장축은 수저우의 한세능, 한봉희 부자와 교류하였다. 이러한 관계는 당시 서화 컬렉션에 있어 중요한 위치를 유지할 수 있는데 도움이 되었다.

그림9. 송(宋), 황정견(黃庭堅), 〈경복파신사시(經伏波神祠詩)〉 행서(行書) 부분, 33.6×82.6㎝, 일본 동경 개인소장.

장축은 『청하비협서화표(淸河祕篋書畵表)』에서 그의 집안에서 컬렉션한 역대 명작들을 기록하였다. 진대 이후 명대까지 모두 164점이 기록되었고 그중 회화는 115점, 서예는 49점이 있었다.[41] 육기의 〈평복첩(平復帖)〉, 왕희지의 〈이사첩(二謝帖)〉, 왕헌지의 〈중추첩(中秋帖)〉, 전자건의 〈유춘도〉, 장욱(張旭, 675-750)의 〈춘초첩(春草帖)〉, 안진경의 〈유중사첩(劉中使帖)〉, 황정견의 〈경복파

41) 盧輔聖 主編, 『中國書畵全書』(第四冊), 上海書畵出版社, 1992, pp.125-126.

신사시〉, 이성(李成, 919-967)의 〈층만소사도(層巒蘇寺圖)〉, 미불의 〈소해보장대방록(小楷寶章待訪錄)〉, 조맹부의 〈단파비〉, 심주의 〈도화서옥도(桃花書屋圖)〉, 문징명의 〈강산청제도(江山淸霽圖)〉 등이 포함되어 있었는데 이는 그의 서화 감정에 있어 풍부한 실물참고 자료를 제공하였다.

또한 장축이 소장한 작품 중에는 한세능 집안의 소장품을 구입한 것도 포함되어 있었다. 예를 들어, 육기의 〈평복첩〉은 만력 연간에 한세능, 한봉희 부자가 소장하였다가 다시 장축의 손에 들어갔다. 양무제의 〈이취첩〉 등과 현재 일본 오사카시립미술관(大阪市立美術館)에 소장된 당대 오도자의 〈송자천왕도〉, 원대 왕진붕(王振鵬, 1275-1328)의 〈금명치도(金明池圖)〉도 한세능으로 부터 구입한 장축 집안의 소장품이었다. 이들 작품은 다시 한세능의 아들 한봉희가 장축 형제에게 판매되기도 하였는데 이는 당시 서화의 이동과 전래 과정을 볼 수 있다.

서화 컬렉션의 역사에서 장축이 이룬 가장 큰 공헌은 그가 풍부한 저서를 남겼다는 것에 있다. 서화 감상 분야에서는 『청하서화방』, 『진적일록(眞迹日錄)』, 『장씨서화사표(張氏書畵四表)』, 즉 『법서명화견문표(法書名畵見聞表)』, 『남양법서표』, 『남양명화표』, 『청하비협서화표』의 총 4권 및 『미암감고백일시(米庵鑒古百一詩)』가 있다. 그 중 장축의 유명한 저서인 『청하서화방』은 그의 나이 39세인 만력 44년(1616)에 완성하였으며 그의 저서를 집대성한 것이라 할 수 있다. 여기서 '청하(淸河)'는 장축이 집안을 가리키는 것이고 '서화방(書畵舫)'은 황정견의 '미가서화반(米家書畵船)'에서 그 의미를 가져온 것이다. 삼국시대 종요와 조불흥에서 명대 당인과 구영에 이르기까지 시대 순으로 86명의 작품이 수록되어 있다.[42]

여기서 장축은 그의 집에 소장된 작품과 간단한 인물 소개, 선대 사람들의 평론, 제발, 감정, 소장 인장, 컬렉션 경로 등을 상세하게 서

---

42) 盧輔聖 主編, 『中國書畵全書』(第四冊), 上海書畵出版社, 1992, pp.127-384.

술하였고 출처에 대해 하나하나 주를 달아 설명하였다. 이에 더해 장축은 평론과 고증으로 부연설명을 하였고 작품이 전해내려 온 경위를 기술하거나 선대 사람들의 기록에서 잘못된 점을 지적하였다. 또한 서화 감정 방법에 대해서도 서술하고 있다.

장축은 『청하서화방』의 저술로 명성을 알렸고 각지의 컬렉터들은 자신이 소장한 작품을 감정과 감상으로 제공하였고, 장축은 수시로 이를 기록해 1620년부터 1636년까지 『진적일록』을 완성하였다. 이는 작품의 느낌이나 요점을 기록한 글로 서화의 내용이나 제발, 인장 및 장축 자신의 평가와 제발을 포함하고 있으며 역대 서화 150여 점을 수록하였다.[43]

4. 16-17세기 수저우 개인 서화 컬렉션이 미술계에 미친 영향

1) 서화가와 서화 컬렉터의 연계

역대 중국의 컬렉터들 중에는 서화 창작에도 뛰어나면서 서화 감정과 컬렉션 활동도 활발해 유명한 서화가이면서 동시에 컬렉터로 활동한 이들이 적지 않다. 명대 수저우의 서화가들은 자신이 서화가이자 컬렉터로 활동하며 서화 수집과 창작을 유기적으로 결합하고 있었다. 청나라 때 문학가로 활동한 서심(徐沁, 1626-1683)의 『명화록(明畵錄)』에는 800여명의 이름 있는 화가들이 기록되어 있고 370명의 장수(江蘇) 지역의 화가 중 특히 수저우는 150여명으로 전체 수치의 40%에 이르렀고 이 지역은 명대에 가장 많은 컬렉터를 배출하였던 곳이기도 하였다.

수저우의 서화가들 중에는 컬렉터로도 이름을 알린 이들이 많았

---

43) 顧工, 「張丑與明末書畵收藏, 賞鑒, 著錄之風」 『中國書畵』(9), 2005, p.53.

는데 심주와 문징명을 대표로 들 수 있고, 이들을 제외하고도 진순, 축윤명, 당인, 문팽, 문가, 문백인(文伯仁, 1502-1575), 왕총(王寵, 1494-1533), 전곡(錢谷, 1509-1578), 육사도(陸師道, 1517-1574), 육치(陸治, 1496-1576) 등이 서화가이자 컬렉터로 활동하였다. 서화가는 대부분 풍부한 서화 감별 능력으로 서화의 진위를 감정하는데 뛰어나 위작을 식별하는데 탁월한 안목을 가지고 있어 일반 컬렉터보다 서화 컬렉션에 있어 유리한 조건을 갖추고 있었다.

또한 이들은 세대를 거듭하며 컬렉션 활동을 하였던 집안 출신으로 고조부 혹은 증조부 때부터 미술품 컬렉션을 하였고 한 집안에서 아버지와 아들 혹은 형제가 함께 컬렉터로 이름을 알렸으며 그 손자와 조카에게 까지 이어졌다. 예를 들어, 문징명의 집안은 그를 포함한 그의 아들 문팽과 문가는 서화가이자 컬렉터로 이름을 알렸고, 문팽의 장남인 문조지(文肇祉, 1519-1587)와 둘째 아들인 문원발(文元發, 1529-1605), 그리고 문징명의 증손자인 문진맹(文震孟, 1574-1636)과 그의 동생 문진형(文震亨, 1585-1645) 등도 컬렉터로 활동하였다.[44] 문징명의 집안은 문징명을 시작으로 증손자 문진형까지 4대에 걸쳐 7명의 컬렉터들에 의해 100여 년 동안 이어진다.

이와 같이 미술품 소장이 집안 대대로 전해져 내려오며 확대되는 경우도 있었지만 수저우와 난징(南京), 송장(松江), 자싱(嘉興), 창수(常熟) 등지에 컬렉터들이 집중되어 있는 특징으로 지역적으로 서화가와 컬렉터들의 교류가 밀접하였다. 이들은 수저우뿐 아니라 다른 지역을 오가며 서로가 수집한 미술품을 즐기고 감상하였으며 수저우로 작품

---

44) 이외에도 도목(都穆)의 집안은 고조부 때부터 서화 컬렉션을 좋아하여 그 취미가 도목까지 이미 5대에 이르렀다고 한다. 명대 정덕(正德, 1506-1521) 연간의 재상으로 시인이자 서예가였던 왕오(王鏊, 1449-1524)와 그의 큰 아들 왕정길(王延喆, 1483-1541), 셋째 아들 왕정릉(王廷陵)이 서화 컬렉션에 참여하였고, 장서가 전곡(錢谷, 1508-1578)과 그의 아들 전윤치(錢允治, 1541-?), 그리고 형량(邢量)과 그의 손자 형참(邢參) 등을 들 수 있다. 또한 창수(常熟)의 풍씨(馮氏) 집안을 들 수 있다. 풍복경(馮復京, 1573-1622)과 그 아들 풍서(馮舒, 1592-1649), 풍반(馮班, 1602-1671), 풍지십(馮知十, ?-1645) 형제, 그리고 손자 풍무(馮武)는 이름 있는 장서가이자 서화가였다. 沈振輝, 「明代私人收藏家百例辨析」『東南文化』124(2), 1999, pp.110-111 참조.

을 구하러 오기도 하였다.

　이러한 예는 고대의 많은 작품들이 이들에게 소장되었다가 다른 사람의 컬렉션이 된 것을 통해 살펴볼 수 있다. 송대 황정견의 〈경복파신사시〉는 일찍이 수저우의 심주가 소장하였다가 후에 수저우 북서쪽에 위치한 우시 지역 화하의 손에 들어갔고 다시 수저우의 장축에게 전해진다. 또한 장축은 한세능 집안의 소장품을 손에 넣기도 하였다.

　당시 서화가들은 컬렉터들이 소장하고 있는 작품을 빌려 감상하고 제발을 남겼는데 문징명은 화하에게 안진경의 〈호주첩(湖州帖)〉을 빌려 감상하였고, 그 필법과 의미를 모방해 화하에게 답신을 보냈다. 또한 서화가이자 컬렉터였던 동기창은 베이징에 있을 때 한세능의 집에서 고대 작품을 빌려 임모하기도 하였다.[45] 이러한 교유 관계를 통해 안목과 감상 능력을 높일 수 있었기 때문에 이들의 서화 컬렉션뿐 아니라 서화 창작과 감상에도 유리한 조건이 되었다.

　문징명의 아들 문팽은 자싱 지역에서 서화 감정과 컬렉션으로 유명한 항원변과 교류가 깊었는데 두 사람의 관계가 밀접하였음은 명나라 말기와 청나라 초기의 유명한 장서가였던 전증(錢曾, 1629-1701)의 『독서민구기(讀書敏求記)』에서 확인할 수 있다.

　　항원변(項元汴)은 매번 송각(宋刻)본을 얻으면 바로 문팽(文彭)과 문가(文嘉)를 초대해 그것을 감별하도록 하여 장서는 모두 정교하고 뛰어났다.46)

　동기창 역시 항원변과 깊은 교유관계를 형성하였고 동기창은 『화선실수필(畵禪室隨筆)』에서 다음과 같이 말하였다.

　　… 자싱(嘉興) 지역을 돌아다니며 항원변(項元汴)의 집에 소장된 작품을 보았고 또 금릉(金陵)에서 왕희지(王羲之)의 〈관노첩(官奴帖)〉을

---

45) 顧工,「張丑與明末書畵收藏, 賞鑒, 著錄之風」『中國書畵』(9), 2005, p.54.

46) 錢曾, 『讀書敏求記』卷4, “然我聞墨林項氏, 每遇宋刻卽邀文氏二承鑒別之, 故藏書皆精妙絶倫.” 錢曾, 丁瑜 點校, 『讀書敏求記』, 書目文獻出版社, 1983, p.148.

보고 비로소 이전에 스스로 평한 것이 터무니없는 것이라는 것을 깨달았다. [47]

이는 항원변의 집에 소장되어 있던 작품이 그에게 미친 영향이 컸다는 것을 알 수 있다. 이렇게 명대 수저우의 컬렉터들은 공통된 문화적 취미를 기초로 지역적으로 광범위한 교유관계를 형성할 수 있었고 이는 이후 지역 화파의 형성에도 영향을 미쳤다.

2) 지역 화파의 활성화

명대 서화가들은 수저우와 항저우 지역을 중심으로 많이 배출되었고 서화 컬렉션과 교역 역시 대부분 이 범위를 벗어나지 않았다. 왕세정은 『예원치언(藝苑巵言)』에서 "천하의 서예는 우리 수저우 지역으로 돌아왔다"[48]고 할 정도였다. 이는 미술사상 보기 드문 현상이 되었고 수저우의 서화 컬렉션이 활발해지면서 많은 직업 화가들이 생활할 수 있게 하였으며 또한 그 주변 지역으로 까지 서화 교역이 확대되었다.

특히 수저우는 명나라 중기 이후 '오파(吳派)'의 발원지로 심주와 문징명을 중심으로 많은 서화가들이 배출되었다. 화파의 형성은 명대 이전에는 볼 수 없었던 현상으로 이는 명대 초기 대진(戴進, 1388-1462)이 이끄는 '절파(浙派)' 화가들과 대별되면서 수저우를 비롯한 강남 지역에서 17세기 초까지 한 세기에 걸쳐 화단을 장악하였다.

이와 같이 수저우 지역에서 서화 제작이 성행한 것은 작품을 필요로 하는 컬렉터들이 존재하였고 상품경제의 발전으로 서화가들은 생활상 보장을 받을 수 있었기 때문에 가능하였다. 이러한 경향은 강남 주변 지역 서화가들의 활동에도 영향을 미치게 되었다.

---

47) 董其昌, 『畵禪室隨筆』卷1, "…比游嘉興, 得盡睹項子京家藏眞迹, 又見右軍官奴帖, 于金陵, 方悟從前妄自標評." 盧輔聖 主編, 『中國書畵全書』(第三冊), 上海書畵出版社, 1992, p.1001.

48) 王世貞, 『藝苑巵言』, "天下法書歸吾吳." 華人德 主編, 『歷代筆記書論彙編』, 江蘇教育出版社, 1996, p.187.

특히 오늘날 상하이에 해당하는 송장 지역은 원나라 말기부터 많은 문인사대부들이 전란을 피해 이곳에 모여들어 서화 감정과 컬렉션 문화가 활발하게 진행되었다. 송장은 교통이 편리하고 상공업이 발전하여 경제적으로 부유하고 도시가 번영하면서 '송강파(松江派)'[49]가 형성된 곳이다.

'송강파'는 만력 연간 후반인 17세기 초에 이르러 '오파'의 쇠퇴와 함께 등장하였다. 송강파의 중심에 있었던 동기창은 고위관료이자 서화가, 컬렉터로 활동하였고 만력 7년(1589) 진사에 급제하여 한림원서길사(翰林院庶吉士)에 올랐으며 관직이 남경예부상서(南京禮部尙書)에 이르렀다. 그는 각지를 돌아다니면서 고대의 서화를 접하고 여러 작품을 소장하였으며 동기창의 출현은 송장 지역의 문화적 지위를 확립하게 하였다.

동기창은 동원(董源, 934-962)과 이성, '원사대가(元四大家)'인 황공망, 예찬, 왕몽 등의 작품을 자신의 주요 컬렉션 대상으로 삼았다. 이 중에서도 특히 '원사대가'의 시조라 할 수 있는 동원의 작품을 벼슬에 오른 뒤 30대 이후부터 70세 이후의 말년까지 평생 동안 수집하였다. 현재 타이베이 국립고궁박물원(國立故宮博物院)에 소장되어 있는 〈용숙교민도(龍宿郊民圖)〉는 그의 나이 43세인 만력 25년(1597) 겨울에 소장한 것이다.[50] 동기창의 이러한 컬렉션 경향은 그의 회화 창작과 이론에 영향을 미쳤을 뿐 아니라 이후 청나라 화단으로 까지 확대

49) 이 명칭은 명대 말기 유명한 화가들의 출생지가 송강현(松江縣)이기 때문이다. 미술평론가 샤위천(夏玉琛)은 송강파를 다음의 세 단계로 나누었다. 즉, 고정의(顧正誼, 16-17세기)가 이끄는 '화정파(華亭派)'를 1단계로 조좌(趙左, 약1573-1636)를 대표로 하는 '소송파(蘇松派)'를 2단계, 심사충(沈士充, 16-17세기)을 창시자로 하며 송강의 별칭인 '운간파(雲間派)'를 3단계로 하였다. 이 세 화파는 서로 사승 관계를 가지며 그 대표 인물이 모두 송장, 즉 송강 사람이라 모두 '송강파'라 칭하였다.

50) 동기창(董其昌)의 감정과 소장을 거친 역대 서화 작품은 500-600점에 이르렀다. 그는 평생에 걸쳐 동원(董源, 934-962)의 화법을 배우고 그의 작품을 감상, 수집하였다. 〈용숙교민도(龍宿郊民圖)〉와 같은 해인 1597년 여름, 장안(長安)에서 얻은 〈소상도(蘇湘圖)〉, 숭정(崇禎) 5년(1632)인 그의 나이 78세에 북경에서 얻은 〈하산도(夏山圖)〉 등이 있다. 胡建君, 「玩物不喪志-董其昌與收藏」『大美術』(4), 2005, p.88 참조.

되었다.

그림10. 오(五), 동원
(董源), 〈용숙교민도(龍
宿郊民圖)〉, 비단에 채
색, 156×160㎝, 타이
베이 국립고궁박물원

　　결론적으로 수저우의 서화 컬렉션은 지역적으로 서화가들의 활동
을 활성화하여 자신들의 예술적 성과를 높이는 결과를 가져왔다. 즉,
서화가들은 수저우뿐 아니라 그 주변 지역의 여러 유명한 컬렉터들과
교류하면서 고대 서화 감상과 학습의 기회를 높였는데 이는 서화 연구
와 창작에 까지 영향을 미치게 된다.

3) 서화가에 대한 후원

　　수저우 지역의 컬렉션 문화 활성화는 컬렉터 계층의 확대를 가져
왔고, 크게 관료나 문인사대부이자 컬렉터인 부류와 상인이면서 컬렉
터인 부류로 나누어 볼 수 있다. 이들이 모두 서화 컬렉션 활동에 참여

할 수 있었던 것은 공통적으로 충분한 경제력을 바탕으로 가능한 것이었다. 예를 들어, 16세기 초, 중반인 명나라 가정 연간 이후 강남 지역에서 활동한 한세능과 동기창은 높은 벼슬을 지냈고 항원변은 벼슬을 포기하였지만 집안에 많은 재산을 가지고 있었다.

이는 서화 컬렉션 문화가 사회적으로 특권과 재력을 가진 고위 관료나 부유한 선비들에서 상인들에게로 확대되었고 당시 서화 작품 가격은 일반 지식인들이나 서화가들이 구입하기에는 높은 가격에 거래되었으며 서화 작품을 단순히 감상하고 즐기는 대상을 넘어 높은 가치를 가진 상품이 되었음을 알 수 있다. 따라서 명대에 미술품 컬렉션 문화가 활발히 진행되었다는 것은 당시의 부유한 상인들의 역할과 서화가들에 대한 경제적 지원에 주목해 볼 수 있다.

특히 명대 말기에는 집안이 풍족하고 재산이 많은 휘저우 상인들이 미술 시장에 개입하여 고가의 서화 작품들을 수집, 구매하는 일이 성행하였다. 그러나 이들 상인의 서화 컬렉션에 대해 항목(項穆)은 『서법아언(書法雅言)』에서 '컬렉션을 과시하기 위해 귀로만 감상하는 것'이라며 경시하기도 하였다.[51] 이는 비록 문인들의 편견이 내포되어 있기도 하지만 당시 휘상들의 컬렉션 문화와 관련한 활동이 크게 흥성하였음을 짐작할 수 있는 부분이다.

자싱(嘉興)에 거주하는 휘저우 사람인 왕가옥(汪珂玉, 1587-1645)[52]은 『산호망(珊瑚網)』에서 왕가옥이 친구들과 왕래한 서신을 수록하고 있는데 여기서 그가 서화가들을 후원하기도 하였음을 확인할 수 있다. 예를 들어, 서화 제작을 위한 돈을 먼저 지불하기도 하였고 설명익(薛明益, 1563-1640)은 붓이 없어 왕가옥이 예약한 작품을 완성할 수 없자 왕가옥이 그를 도와주었는데 설명익은 이를 매우 고마

---

51) 項穆, 「書法雅言」, "若據若賢有若帖, 某卷在某處, 不恤貲財而遠購焉, 此嬴錢之徒收藏以夸耀, 耳鑒也." 盧輔聖 主編, 『中國書畫全書』(第四冊), 上海書畫出版社, 1992, p.81.

52) 왕가옥(汪珂玉)의 자는 옥수(玉水), 호는 악경(樂卿), 용척자(龍惕子), 계미자(繼美子)라 하였다. 숭정(崇禎, 1628-1644) 연간에 관직이 산동염운사(山東鹽運使)에 이르렀고, 1643년 『산호망(珊瑚網)』을 완성하였다.

워하였다.[53]

　또한 1628년 가을, 왕가옥은 당대 시인이자 서화가인 왕유(王維, 699-759)의 시구를 주제로 자신의 유명한 화가들의 회화 작품 1백여 점을 모아 《마힐구도책(摩詰句圖册)》을 만들었고, 이때의 대형 후원 활동을 위해 작품 응모 공고를 제작하였다.[54] 그의 기록에 따르면, 기사(己巳)년(1629)까지 여기에 참여한 화가로 이일화(李日華, 1565-1635), 항성모(項聖謨, 1597-1658), 주영(朱瑛, 1574-?), 대진(戴晉), 요사린(姚士磷), 이조형(李肇亨), 진용(陳墉), 서영(徐榮), 서백령(徐伯齡), 요체(姚潛), 주대정(朱大定), 만조형(萬祚亨), 오홍유(吳弘猷), 오필영(吳必榮), 조가(趙珂), 왕열(王烈), 구세상(仇世祥), 황원개(黃媛介) 등이 포함되었다. 항성모는 왕가옥에서 편지를 보내 가장 정교하고 오묘한 작품을 선별해 가격을 더 주는 것에 대해 언급하기도 하였다.[55]

　위의 기록들을 통해 당시 상인들은 컬렉터 및 서화가들과 밀접한 관계를 형성하며 컬렉터들에게 작품을 판매해 이익을 취하거나 작품 구매를 통해 서화가들을 후원하기도 하였다. 또한 16세기에서 17세기에 이르는 명나라 말기 때 미술품 소비의 그룹이 점차 확대되면서 서화 시장이 번영하였고 전문적으로 예술품을 중개하거나 거래하는 이들이 출현하게 되었음을 알 수 있다.

---

53) 汪珂玉,「珊瑚網」, "不揣下里, 晉謁龍門, 逐蒙款遇, 錫以佳玩, 頓使頹筆增妍, 俚言獻笑, 不復藏拙……承委三扇, 俱送在諸名公案頭矣. 圖書亦未就手, 少容數日, 盡附薛仲召兄完工也." 盧輔聖 主編, 『中國書畫全書』(第四冊), 上海書畫出版社, 1992, p.870.

54) 汪珂玉,「珊瑚網」, "余嘗得蔡虢父所繪畫册, 俱寫右丞詩意, 以摩詰詩中有畫也；乃吳下諸先哲, 則畫中有詩矣. 因憶都中數年, 每見吾禾諸君子點染之妙, 竊謂東吳一帶, 不能專美. 余不揣, 敢遍求巨筆, 一暢輞川遺韻, 絶胜嗜白香山者刻句盈肌乎！藉是以開就李崇禎畫社, 庶令梅道人, 姚侍御諸公不致久落寞也. 勿靳吮毫而夷鄙人之請, 幸甚. 社弟汪珂玉拜徵." 盧輔聖 主編, 『中國書畫全書』(第五冊), 上海書畫出版社, 1992, p.1188.

55) 汪珂玉,「珊瑚網」, "所委寫右丞詩意, 先以二幀奉覽, 未識有合於尊意否？想右丞見之必鼓掌. 在當世或可寓目, 兄翁以爲然否？右丞句再乞付三四聯, 擇其最精妙者補之何如？" 盧輔聖 主編, 『中國書畫全書』(第五冊), 上海書畫出版社, 1992, p.872.

5. 맺음말

16-17세기, 명대 말기 중국의 개인 서화 컬렉션은 사회적 동요와 정치적 혼란으로 황실 내부의 컬렉션들이 대량 유실되는 과정에서 미술품 컬렉션을 확대할 수 있는 기회를 제공하게 되었다. 또한 수저우는 경제적 흥성과 서화 시장의 확대로 전국에서 경제, 문화의 중심지가 되었고 대량의 서화 작품이 유입된다. 이는 개인 서화 컬렉션 활동에 직접적인 영향을 미쳐 컬렉션을 더욱 편리하게 이어나갈 수 있는 결과를 가져왔다.

특히 수저우의 경제 성장과 서화 시장의 흥성은 컬렉션 문화의 번영과 독특한 연관관계를 가진다. 문인 서화가들은 공개적으로 자신의 작품을 판매하였고 서로의 필요에 부합하기 위해 서화 시장이 성행하게 되었다. 상인의 형상도 변화하였고 문인, 관리들이 상업에 종사하며 문인과 관리의 상인화와 상인의 문인화 현상이 출현하였다. 이러한 현상은 어떤 측면에서 명대 말기 여러 화파를 형성할 수 있는 조건으로 작용하였고 서화 시장의 번영을 보장하였다.

중국에서 서화 작품이 상품으로 시장에 유입되고 일종의 경제활동이 된 것은 역사적으로 오랜 과정을 거쳤다. 원대 이후 명대 말기까지 유명한 서화가들이 강남 지역에서 많이 배출되었고 서화 컬렉션과 교역 역시 대부분 이 범위를 벗어나지 않았다. 수저우는 당시 전국에서 서화 컬렉션이 가장 흥성하였고 학식이 깊은 문인들과 서화를 즐기고 감상하는 풍조가 성행하면서 유명한 컬렉터들이 배출되었다.

당시 수저우의 컬렉터로 이름을 알린 이들로는 문징명과 그의 아들 문팽, 문가, 한세능, 왕세정, 왕세무 형제, 장축 등을 들 수 있다. 이들은 집안 대대로 작품 컬렉션을 계승하거나 중개인을 통해 구매가 이루어지기도 하였다. 이러한 과정에서 서화 컬렉션 계층은 점점 문인들의 전유물이 아닌 일반 서민층에까지 확대되었다.

서화 컬렉션 풍조의 성행은 정치, 경제적 기복에 따른다고 할 수 있다. 사회가 안정되고 경제적으로 번성할 때는 황실에서 수집한 작품이 개인이 컬렉션한 작품 보다 양적으로나 질적으로 우수하였고 이와 반대일 때는 개인 컬렉션이 우수한 경우가 많았다. 이는 당시 활동한 개인 컬렉터들의 작품 수집을 통해서도 짐작해 볼 수 있다. 예를 들어, 한세능은 명대 고위관료였던 엄숭이 힘을 잃은 후 그의 집에 소장되었던 고대의 뛰어난 서화 작품을 손에 넣을 수 있었고, 명나라가 멸망한 후 황실 내부의 미술품은 대부분 명대 말기에서 청대 초기에 활동한 컬렉터 손승택(孫承澤, 1592-1676)의 집에 소장되었다가 청대 건륭(乾隆, 1735-1795) 연간에 황실로 유입되었다.

　　따라서 개인 서화 컬렉션 문화는 고대 서화 작품을 보존, 계승하고 황실의 공공 컬렉션을 보완하는 힘을 가졌으며, 광범위한 의미에서 개인 컬렉션 없이 황실 컬렉션의 확장도 불가능하다고 할 수 있다. 결국 컬렉터들의 서화 수집과 감상에 대한 취미와 욕구는 명대 상품경제의 발전과 함께 실천됨으로써 동시대 화가들에게 다양한 작품을 감상하고 제작할 수 있는 기회와 동기를 제공하였다는 것은 큰 의미를 가진다.

Ⅱ. 16-17세기 강남 지역의 서화 시장

1. 머리말

16세기 말 17세기 초에 해당하는 명대 말기 개인 서화 컬렉션이 강남의 각 지역을 중심으로 성행한 배경은 당시의 사회, 경제, 문화적 배경과 더불어 생각해 볼 수 있다. 서화 컬렉션을 함에 있어 가장 기본적인 재정적 바탕은 강남 지역의 경제적 발전으로 가능하였으며 이에 따라 문화 향유층이 확대되고 도시 문화의 풍상이 변화하였기 때문이다.

강남의 각 지역들은 강과 운하를 중심으로 거대한 내륙의 상업 지구가 되었는데 이러한 현상은 당대 말기에서부터 송대를 거쳐 명·청대에 가속화되었다. 이 지역 내에서 도시화 정도는 다른 지역보다 더욱 두드러졌으며 수저우(蘇州), 난징(南京), 양저우(揚州), 항저우(杭州)는 명·청대에 가장 상업화된 거대 도시의 정점에 있었다. 강남의 심장부이자 벼와 차, 비단, 면화 등의 생산지로 유명한 수저우는 원대에 이미 학자와 문인들의 은거지로 유명하였고 이를 바탕으로 풍부한 예술적 소양을 갖춘 거대 도시가 되었다.[56]

즉, 수저우를 중심으로 한 강남 지역의 경제적 발전은 상인 계층의 부상을 가져왔고 이들은 자신이 축적한 부를 통해 문화적 욕구를 충족할 수 있었으며 서화 컬렉션 문화에도 관심이 높였다. 강남 지역의 문인사대부들과 상인들은 경제적 여유와 함께 정신적, 심미적 만족을 위해 집안에 자연을 담아 놓은 듯 거대한 정원 공간인 원림(園林)을 조성하였고 연극을 관람하였다. 이러한 문화 예술에 대한 개인적 관심이 좀 더 적극적인 방식으로 확대되며 개인적인 안목과 취향이 직접적으로 반영될 수 있었던 것이 서화 컬렉션이었다. 따라서 명대 중기 이후 서화 컬렉션은 더 이상 문인들의 특권이 아니라 점점 더 일반 사람들의 문화적 만족과 더불어 생활의 일부가 된다.

---

56) 벤저민 엘먼, 양휘웅 역, 『성리학에서 고증학으로』, 예문서원, 2004, pp.63-64.

또한 당시 황실을 중심으로 한 중앙에서의 많은 서화 컬렉션이 유실되면서 민간으로 흩어지고 대부분 강남 지역으로 이동되는 결과를 초래하면서 이들의 컬렉션 범위와 선택은 더욱 확장될 수 있었다. 명나라를 세운 태조(太祖) 주원장(朱元璋, 1328-1398)은 원나라를 넘어 중국이 가장 번성하였던 송대의 정치, 경제, 문화적 시스템을 모방하고자 하였다. 이때 황실 내 미술학교라고 할 수 있는 화원(畵院) 제도를 부활시켰지만 송나라 때처럼 왕이 주도하고 참여하였던 황실 컬렉션을 전문적으로 감정하고 정리하는 기구는 따로 없었고 황실 컬렉션은 태감(太監)이 총괄하여 관리하였다.

황제들은 역대의 황실 컬렉션과 대신들의 집안에 소장된 작품을 몰수하거나 각지에서 헌납하고 수집한 서화 명작들을 대신들에게 상으로 하사함에 따라 황실 소유 미술품은 대부분 권력을 가진 귀족들의 손에 들어가게 된다. 이에 본고는 16세기 후반에서 17세기 초반에 이르는 시기 동안 명대 말기 강남 지역의 경제적 성장과 소비문화의 확대는 서화 매매가 활발하게 진행될 수 있는 기반을 만들었고 이로 인한 개인 서화 컬렉션의 전개와 명대 말기 강남 지역 서화 컬렉션의 의미를 살펴보고자 한다.

2. 명대 말기 강남 지역 서화 시장의 형성

명대 강남 지역의 경제적 성장과 함께 개인 서화 컬렉션 풍조는 더욱 성행하였고 이들은 화폐나 물품 제공, 물물교환 등의 방식을 통해 원하는 서화를 손에 넣었다. 당시 수저우, 송장, 자싱, 후저우, 난징 등지는 문화 예술의 중심지로 독립적으로 서화를 판매하는 상점이 출현하였다. 명나라 말기 전란으로 인해 황실 내부와 개인 컬렉터들의 소장품은 외부로 유실되었고 이러한 명말 청초 왕조 교체기에 컬렉터로 활동한 손승택(孫承澤, 1592-1676)은 "세상이 크게 변한 후, 권문

세가의 서화 컬렉션은 모두 시장 상인들의 손에 들어가게 되었다(滄桑後, 世家收藏盡在市賈手)"[57]고 하였다. 이는 상인들에 의해 서화가 매매되었음을 짐작해볼 수 있는 기록이다.

　　명대 서화 시장은 고정적인 점포를 가지고 매매를 하는 상점이 대부분 도시에 설치되었고 서적과 향료, 서화를 판매하는 상점 등이 있었다. 이들은 판매 외에 구매를 담당하거나 어떤 곳은 고객의 요구에 따라 제작을 겸하기도 하였다.[58] 상점 외에 음력 1월 15일의 상원(上元)이나 양력 4월 5일 전후의 청명절(淸明節) 등 일정한 시기에 노점을 벌이거나 물건을 가지고 돌아다니면서 장사를 하는 상인들도 있었다. 항저우 서호(西湖) 일대는 고정적으로 서화 작품이 교역되는 소형 상점들이 있었다.

　　당시 항저우는 강남의 중요한 도시로 경제가 발달하고 지리적으로 우세하였으며 자연풍광이 뛰어나 고대부터 미술품 시장이 활발하였다. 명나라 말기 청나라 초기에 활동한 산문작가인 장대(張岱, 1597-1679)는 『도암몽억(陶庵夢憶)』에서 항저우의 대형 향시의 중심은 소경사(昭慶寺)이며 판매하는 물건은 베이징의 등시와 성황묘 묘시 등과 유사하다고 전하였다. 그는 소경사에 대해 다음과 같이 기록하고 있다.

　　　　소경사(昭慶寺)의 양쪽 회랑에 시장이 서지 않는 날이 없었고 하(夏)
　　　　· 상(商) · 주(周)와 한(漢) · 위(魏) · 진(晉) · 송(宋) · 제(齊) · 양(梁)
　　　　· 진(陳) · 수(隋)에 이르는 여덟 왕조의 고대 골동과 고대 동북방 민
　　　　족의 진귀한 물건이 모두 모였다.[59]

　　명대 말기에 서화 컬렉터이자 서화가로 활동하였던 이일화(李日華, 1565-1635)는 만력(萬曆) 37년(1609) 정월부터 만력 44년

---

57) 盧輔聖 主編, 『中國書畫全書』(第七冊), 上海書畫出版社, 1994, p.1078.

58) 沈振輝, 「明代民間收藏品市場和藏品賣買」『學術月刊』(4), 1999, p.104.

59) 李日華, 『味水軒日記』, "昭慶寺兩廊, 故無日不市者, 三代八朝之古董, 蠻夷閩貊之珍異, 皆集焉." 張岱, 『陶庵夢憶 西湖夢尋』(卷7), 上海古籍出版社, 1982, p.61.

(1616) 12월까지 8년 동안 『미수헌일기(味水軒日記)』를 기록하였다. 그의 만력 40년(1612) 7월 29일의 일기를 보면 항저우의 소경사 회랑의 점포 배치에 대해 자세하게 소개하고 있다.

> 소경사(昭慶寺)의 양쪽 복도에 점포 100여 개가 있었는데 승려들이 시장을 세우는 것을 허락하여 승모, 신발, 방석, 유리, 염주와 같은 것을 팔았다. 또한 전국 각지 상인들도 모였는데 노점을 벌여 진귀한 골동을 늘어놓고 거래를 기다렸다.[60]

이일화는 시장에 나가 고대 서화 작품을 보거나 구입하였는데 소경사에서 명대 중기 서화가인 심주(沈周, 1427-1509)가 모방한 동원(董源, 934-962)의 산수 작품과 곽희(郭熙, 1023-1085)의 〈부상효일도(扶桑曉日圖)〉도 구입하였다. 또한 만력 40년(1612) 9월 7일, 공원 앞을 지나다 줄 지은 상점에서 원대 서화가 예찬(倪瓚, 1301-1374)의 그림이 있었다고 기록하고 있다.[61]

명대 말기 고대의 유명한 작품이 여러 컬렉터들의 손을 거쳐 지역적으로 이동하였는데 첨경봉(詹景鳳, 1532-1602)의 『동도현람편(東圖玄覽編)』에서도 이를 확인할 수 있다. 그는 송대 서화가 미불(米芾, 1051-1107)을 비롯해 송대와 원대 사람들의 제발이 있는 왕유(王維, 699-759)의 〈산음도(山陰圖)〉는 과거 흡현(歙縣)의 임하(臨河) 정씨(程氏)가 소유하였고 허난(河南)에서 판매하였는데 지금은 송장(松江)의 동기창(董其昌, 1555-1636)에게 있다는 말을 들었다고 기록하고 있다.[62]

수저우와 난징의 서책을 판매하는 시장은 전국에서 최대 규모로

---

60) 李日華, 『味水軒日記』卷4, "昭慶寺兩廊置店肆百余, 容僧作市, 鬻僧帽鞋履蒲團琉璃數珠之屬. 而四方異賈亦集, 以珍奇玩物懸列待價, 謂之擺攤." 李日華, 屠友祥 校注, 『味水軒日記』, 上海遠東出版社, 1996, p.251.

61) 李日華, 屠友祥 校注, 『味水軒日記』, 上海遠東出版社, 1996, p.263.

62) 詹景鳳, 『詹東圖玄覽編』卷2, "王摩詰山陰圖一卷. 後有米元章與宋元諸賢題跋, 舊在吾歙臨河程氏, 今聞鬻於河南. 吾郡汪司馬伯玉曾見, 語予, 今聞此卷歸雲間董翰林思白." 盧輔聖 主編, 『中國書畫全書』(第四冊), 上海書畫出版社, 1992, p.5.

호응린(胡應麟)은 "국내 장사치들의 모든 자본은 수저우와 난징이 10분의 7이다(海內商賈所資, 二方十七)"[63]라고 하였다. 다시 말해, 강남 지역 전체 서적 유통의 대부분을 차지하고 있는 것이었는데 이는 한편으로 서화의 유통과도 연결지을 수 있다. 서화의 유통이 활발하였던 이유는 고정적인 상점이나 노점에서 컬렉터가 직접 작품을 구매하기도 하지만 대리인이 부탁을 받고 대신 구매해거나 상인들이 물건을 가지고 돌아다니며 판매를 요구하였기 때문이다.

이일화는 외부에 나가 작품을 구입하는 것 외에 아는 사람이 소개하거나 작품을 가지고 찾아와 구입한 경우도 있었다.

> 만력(萬曆) 38년(1610) 10월 24일, 허숙중(許叔重)이 데려온 송장(松江) 지역에서 온 손님이 동기창(董其昌)의 〈보정재법첩(寶鼎齋法帖)〉을 가지고 와서 팔았고 이는 모두 6권이었으며 동기창이 고대 사람들의 유명한 필치를 돌이나 나무에 새겨 책으로 만든 법첩(法帖)을 임모한 것이었다.[64]

이외에도 이일화의 『미수헌일기』의 기록에 따르면, 여러 사람들이 물건을 가지고 그를 찾아왔다. 그중에는 성씨에 따라 하씨(夏氏) 상인, 소씨(蘇氏) 상인, 종씨(鐘氏) 상인으로 불리는 사람이 있었고 지역에 따라 휘저우(徽州) 상인, 항저우(杭州) 상인, 후저우(湖州) 상인, 상하이(上海) 상인으로 기록하였다.

이일화의 집에 자주 출입하는 상인 중 하씨 상인은 그의 일기에 가장 많이 등장한다. 그가 가져온 작품 역시 명작과 위작이 모두 포함되어 있었는데 이일화는 그 작품들에 대한 설명을 덧붙여 기록하기도 하였다.[65] 당시 상인들은 이렇게 도시와 농촌을 돌아다니며 상점이나

---

63) 胡應麟, 『少室山房筆叢』卷4, 「經籍會通四」, 中華書局出版社, 1958, p.55.

64) 李日華, 『味水軒日記』卷2, "(萬曆38年 10月24日)許叔重導松客以董氏《寶鼎齋法帖》來售, 凡六卷, 皆思白臨古帖也." 李日華, 屠友祥 校注, 『味水軒日記』, 上海遠東出版社, 1996, p.139.

65) 예를 들어, 이일화(李日華)는 『미수헌일기(味水軒日記)』 1권에서 만력(萬曆) 37년(1609) 정월 14일에 본 문징명(文徵明)의 〈고목한천도(古木寒泉圖)〉는 "늙고 오랜 뿌리는 생기(生氣)를 가지고 있었다"고 기록하였다. 李日華, 屠友祥 校注, 『味水軒日記』, 上海遠東出版社, 1996, p.7.

시장에서의 서화 거래를 보충해주었고 컬렉터와 지속적으로 관계를 유지하였다. 특히 휘저우 상인들은 다른 도시로 이주하거나 타 지역의 시장으로 나가 상업에 종사하였는데 이들은 각지에서 많은 골동과 서화 작품을 구입해 돌아갔다.

휘저우 상인인 오기정(吳其貞, 약1607-1681), 왕월석(王越石) 등은 당시 예술품 시장에서 중요한 역할을 하였으며 컬렉터들과 밀접한 관계를 형성하였다. 휘저우에서도 서화 판매가 이루어졌는데 오기정은 "나의 고향에서 8월과 9월은 전국 각지의 고대 미술품이 모두 용궁사(龍宮寺)에 모여 판매된다"[66]고 전하였다. 오기정은 자주 용궁사에 갔고 그곳의 골동 상인들과 교류하였다. 서화를 거래하는 사람들은 좋은 작품에 대한 구매 욕구와 경쟁구조도 형성하고 있었는데 이는 당시 서화 컬렉션에 대한 활기를 짐작할 수 있는 부분이다.

3. 명대 말기 강남 지역의 서화 매매

명대 말기 강남 지역의 서화 수집 방식은 주로 집안 대대로 세대를 거듭하며 전해져 내려오는 방식과 규모를 갖춘 미술 시장에서 작품을 구입하는 방식이 있다. 이외에 컬렉터들이 동시대 서화가들에게 주문하는 방식과 중간 상인을 통해 대신 구매를 의뢰하거나 상인들이 직접 물건을 가지고 컬렉터의 집을 방문하여 작품 구매를 유도하였다. 또한 컬렉터들은 매매를 통한 금전적 거래가 아닌 서화 작품을 서로 교환하는 방식으로 자신들이 원하는 작품을 수집할 수 있었다.

당시 서화 작품은 관리들의 녹봉이나 하사품으로도 사용되었고 명나라 황실에서 유실된 서화는 골동 상인들에 의해 각지로 이동하게 된다. 진정한 의미에서 서화에 대한 일정한 판매망과 매매 행위가 형성된 것은 16세기 중엽 이후 강남 지역을 중심으로 이루어졌다. 이러

---

66) 吳其貞, 『書畫記』卷2, "余鄉八九月, 四方古玩皆集售于龍宮寺中." 盧輔聖 主編, 『中國書畫全書』(第八册), 上海書畫出版社, 1994, p.47.

한 활동은 명나라 말기와 청나라 초기의 여러 서화 기록서와 문인사대부의 필기와 일기 혹은 서화가와 컬렉터들의 제발을 통해 살펴볼 수 있다.

1) 서화 매매와 작품 가격

수요자 입장에서 16세기 후반 미술 시장에서 거래된 서화 작품의 가치와 가격은 작품을 컬렉션하는 중요한 요소가 되었을 것이다. 명대 말기 서화와 서적, 고대 기물 등을 다루는 골동 사업은 특수한 업종으로 그것의 소비 그룹이나 고객들은 제한되어 있었다. 당시 높은 가격의 예술품을 구입할 수 있는 컬렉터는 경제적인 여유가 필수적이었다.

명대의 고대 기물과 서화 등 미술품은 일반적으로 고정된 가격이 있는 것이 아니었다. 안목을 가진 사람이라면 낮은 가격으로 고가의 서화 작품을 구입해 이익을 얻을 수 있었고 실제로 심덕부(沈德符)의 『만력야획편(萬曆野獲編)』에서는 이와 같은 예를 기록하고 있다.

내가 최근 베이징(北京)에서 골동상 서계항(徐季恒)과 시장을 걷다가 찢어진 두루마리 한 점을 보았다. 종이 질이 견고하여 마치 고려지(高麗紙) 같았다. 순전히 인물만 그렸는데 길이가 몇 척(尺)에 이르렀으며 젊은 여인들 10여 명은 모두 취해서 눕거나 일어나있고 나이든 여인을 옆에서 부축하거나 등에 업고 가는 그림이었는데 나는 이를 급히 구입하여 집으로 돌아왔다. 서계항이 힐난하면서 그 이유를 묻자 나는 말했다. '과거 염립본(閻立本)이 〈취승도(醉僧圖)〉를 제작하였는데 후에 이로 인해 취도사도(醉道士圖)와 취학구도(醉學究圖)가 그려졌다. 이는 필시 취사녀(醉仕女)이다. 옷의 주름이 간일(簡逸)하고 필법이 생동한 것은 사람의 옷이 바람에 날리는 모습을 이르는 중국 인물화의 한 화풍인 오대당풍(吳帶當風)의 뜻이 남아 있어서 이는 분명 마화지(馬和之)의 〈취사녀도(醉仕女圖)〉다'라고 말하였다. 서계항이 매우 좋아하였는데 당시 생활이 어려워 나에게 달라고 간청하자 그것을 주었으며 서계항은 주능(朱陵)에게 판매해 큰 이익을 얻었

다.[67]

이와 반대로 서명이 없는 작품에 고대 유명한 사람들의 서명을 넣어 작품 가격을 올리기도 하였는데 이러한 작품을 원가의 몇 배에 이르는 돈을 주고 구입하기도 하였다. 또한 첨경봉은 『동도현람편』에서 작품에 있는 제작자의 관(款), 즉 작가 이름을 바꾸어 가격을 높이기도 하였다.

> 미우인(米友人)의 묵적(墨迹)은 경중(京中) 근씨(靳氏)의 물건이다. …… 그러나 작품 끝 부분에 관(款) 1행시(行詩) 3구(句)가 없어졌으며 종이는 모두 5장을 사용하였는데 각 장의 길이가 1척(尺) 8촌(寸)이었고 첫 장만 3촌(寸), 즉 3㎝ 정도 짧았으니 이는 수저우(蘇州) 골동 판매자가 미우인의 관을 잘라내고 그의 부친인 미불(米芾)의 것으로 속여 더 많은 돈을 얻으려는 것으로 여겨진다.[68]

첨경봉의 기록에서 연대가 높은 작품으로 이익을 취하려한 상인들의 행위와 그 가치 또한 미우인의 작품보다 그의 부친 미불의 작품이 높았음을 짐작할 수 있다.

이일화는 『미수헌일기』에서 베이징의 노점에서 판매한 〈청명상하도(淸明上河圖)〉가 1냥인 것에 대해 기록하였는데, 여기서 주목할 점은 이 작품에 대한 일반 사람들의 서화 소비가 활발하게 진행되는 상황이다. 이일화가 말한 1냥은 명대 말기 판매된 서화 가격과 비교해보면 매우 낮은 가격으로 고대에 이름 있는 화가들의 몇 백 몇 천에 이르

---

67) 沈德符, 『萬曆野獲編』卷26, "予頃在京貫城市中, 同老古董徐季恒步閱, 見一破碎手卷. 紙質堅瑩, 似高麗舊箋. 純畵人物, 長幾及尺, 女郎十餘曹, 皆倚醉偃仰, 老嫗旁掖之, 或背負以趣, 予急貿得歸寓. 徐怪詰所以, 予曰, 昔閻立本作醉僧圖, 後因有醉道士·醉學究圖, 此必醉仕女也, 衣摺簡逸, 筆法生動, 有吳帶當風遺意, 是馬和之筆無疑. 徐大喜, 正窘迫, 從予哀乞, 因以貽之, 售於朱戶部朱陵, 得重價." 沈德符, 『萬曆野獲編』, 中華書局出版社, 1997, p.658.

68) 詹景鳳, 『詹東圖玄覽編』卷3, "米友人墨迹一卷, 京中靳氏物……但書末失却款一行詩三句, 用紙共五張, 每張長一尺八寸, 獨首張短三寸, 想吳人賣骨董者割去友仁款, 欲詭爲元章, 冀多得錢耳." 盧輔聖 主編, 『中國書畫全書』(第四冊), 上海書畫出版社, 1992, p.33.

는 그림 값과도 차이가 있는 것이었다.[69]

　명대 중기 이후 강남 지역에서의 서화 매매에는 서화가들이 직접 자신의 작품에 대해 일정 가격을 요구하기도 하였다. 특히 명나라 때 활동한 당인(唐寅, 1470-1524)은 30대 초반과 49세 때 경제적으로 어려움을 겪었고, 전하는 그의 시를 보면 '그림을 사는 사람이 없다' 혹은 '그림 값은 비록 싸지만 급한 대로 임시변통할 수 있다'거나 '그림 장사가 잘 안 된다', '그림을 요구하는 사람은 화가의 생활을 고려해야 한다'는 등의 내용을 전하기도 하였다.[70]

　명대의 유명한 컬렉터인 항원변(項元汴, 1524-1590)의 집안은 전당포를 가지고 있어 자금 사정이 원활하여 서화 작품을 구매함에 있어 보기 드물고 잘 알려진 고대의 작품들에 대해서 가격을 따지지 않았고 작품에 가격을 기록해두기도 하였다. 항원변이 소장한 서화 작품 중 가격을 표시한 것은 서예가 16점, 그림이 13점 있다. 이들 작품 중 서예는 진대 왕희지(王羲之, 303-361)의 〈첨근첩(瞻近帖)〉의 가격이 2,000냥, 그 다음은 높은 것은 당대 회소(懷素, 725-785)의 〈자서첩(自敍帖)〉 1,000냥이었다.

　당대 서예가인 풍승소(馮承素, 617-672)의 〈모난정첩권(摹蘭亭帖卷)〉은 550냥이었다. 회화 작품으로는 구영(仇英, 1494-1552)의 〈한궁춘효도(漢宮春曉圖)〉가 200냥으로 가장 높았고, 송대 조맹견(趙孟堅, 1199-1264)의 〈묵난(墨蘭)〉은 120냥, 황전(黃筌, 903-965)의 〈유당취금도(柳塘聚禽圖)〉는 80냥, 전선(錢選, 1239-1301)의 〈이화도(梨花圖)〉는 10냥이었다. 명대 당인의 〈화고산십경책(畫篙山十景冊)〉은 24냥, 문징명(文徵明, 1470-1559)의 〈원안와설도(袁安卧雪圖)〉는 16냥이었다.[71]

---

69)　당시 서화 골동의 가격은 Clunas, C., *Superfluous Things : Material Culture and Social Status in Early Modern China*. Cambridge : Polity Press, 1999, pp.178-182 참고.

70)　江兆申, 『關於唐寅的研究』, 國立故宮博物院印行, 1976, pp.15-17 참조.

71)　항원변(項元汴)이 컬렉션한 다른 작품들의 작품 가격에 대한 자세한 내용은 鄭銀淑, 「項元汴收藏的書畫中記錄價格的情況」 『當代韓國』(1), 2002, pp.65-67 참조.

여기서 연대가 오래된 진대의 작품이 높은 가격을 기록하였고 회화보다 서예 작품의 가격이 비교적 고가였음을 알 수 있다. 또한 구영과 동시대 작가인 당인, 문징명의 작품이 각각 24냥과 16냥인 것에 비해 구영의 작품 가격이 상대적으로 높았던 것은 항원변이 구영을 높게 평가하였다는 것을 의미한다.

그러나 당시 구영의 그림 값이 비교적 높았던 것은 그가 작품에 들인 많은 시간과도 관련된다. 예를 들어, 쿤산(昆山)의 부호 주육관(周六觀)이 모친의 90수를 축하하기 위해 여러 해 동안 제작한 〈자허상림도(子虛上林圖)〉[72]를 두고 주육관은 구영에게 100냥을 주었다.[73] 이와 달리 구영이 임모한 송대 조백구(趙伯駒, 1120-1182)의 〈부만난취도(浮巒暖翠圖)〉에 대해 항원변이 정한 정가(定價)는 8냥이었다.[74] 이로 미루어 보아 같은 작가가 제작하였더라도 임모한 작품의 가격은 비교적 낮았다는 것을 알 수 있다.[75]

문진형(文震亨, 1585-1645)의 『장물지(長物志)』에 「서화가(書畵價)」를 보면 서예 작품의 정가에 대해 다음과 같이 언급하고 있다.

---

72) "周六觀吳中富人, 聘仇十洲主其家凡六年, 畵子虛上林圖爲其母慶九十歲, 奉千金, 飮饌之牛於逾上方, 月必張燈集女伶歌宴數次."(單國强, 『明代繪畵史』, 人民美術出版社, 2001, p.97 재인용)

73) 張丑, 『淸河書畵舫』, "子虛上林賦圖一, 仇畵贈昆山周六觀, 經年始就, 酬以百金, 復請先待詔小楷書二賦於後." 盧輔聖 主編, 『中國書畵全書』(第四冊), 上海書畵出版社, 1992, p.264.

74) 張丑, 『眞迹日錄』, "宋趙伯駒浮巒暖翠圖. 仇英臨. 墨林項元汴淸玩, 原價八兩." 盧輔聖 主編, 『中國書畵全書』(第四冊), 上海書畵出版社, 1992, p.386.

75) 현재 구영(仇英)의 작품 가격은 명·청대 작가 중 비교적 높게 거래되고 있다. 구영의 경매 작품 중 가장 높은 낙찰가를 보인 작품은 1540년에 비단 위에 제작한 〈문희귀한장권(文姬歸漢長卷)〉으로 크기는 28×467.5cm이다. 이 작품은 2009년 5월 26일 중국 장펑(長風)경매에서 8,905만 6,000위안(한화 약 163억 4,600만원)에 낙찰되었다. 세로와 가로가 각각 27.5×99.5cm인 구영의 〈부만난취도〉는 2010년 6월 6일 베이징 한하이(北京翰海)경매에서 7,280만 위안(한화 약 128억 4,400만원)에 거래되었다. 이외 구영의 〈자허상림도〉는 여러 본이 있는데 2004년 5월 16일 중국 쟈더(嘉德)경매에서는 예상가 10만-16만 위안보다 높은 39만 6,000위안(한화 약 5,700만원)에 거래되었다. 이러한 차이는 현재 작품 가격이 크기에 관계없이 예술적·학술적 가치 및 소장 가치 등이 높은 것과 관련 있는 것으로 보인다. 작품의 경매가격은 아트론(雅昌藝術網)의 자료 참고. http://index.artron.net/auctionpic.php

그림11. 명(明), 구영(仇英), 〈한궁춘효도(漢宮春曉圖)〉, 비단에 채색, 30.6×574.1㎝
타이베이 국립고궁박물원

서예 가격은 정서(正書)를 표준으로 하는데 예를 들어, 왕희지(王羲之)의 초서(草書) 100자는 1행의 행서(行書)에 맞먹고 3행의 행서는 1행의 해서(楷書)와 견줄 만하다. 〈낙의(樂毅)〉, 〈황정(黃庭)〉, 〈화찬(畵贊)〉, 〈고서(告誓)〉는 전편(全篇)으로 자수(字數)를 기록하지 않는다.[76]

여기서 정서(正書)는 해서(楷書)를 말하는 것으로 서예 가격의 표준을 해서로 삼고 가격 차이를 정하였으며 초서(草書)보다 행서(行書)의 가격이 높고 행서보다 해서의 가격이 높았음을 알 수 있다. 문진형의 『장물지』는 1621년에 완성한 것으로 당시 서예 작품 가격을 짐작할 수 있는 자료가 된다. 실제로 항원변의 컬렉션이었던 송대 황정견(黃庭堅, 1045-1105)의 〈정서법어진적(正書法語眞迹)〉의 정가는 100냥이었다.[77]

서예 작품 중 해서에 대한 높은 가격 산정은 이미 당대부터 있었고 컬렉터였던 장회관(張懷瓘)은 『서고(書估)』라는 저서에서 당시 종소경(鍾紹京, 7-8세기 초)이 서화 수집과 소장을 좋아해 돈을 아끼지 않고 가산을 탕진해 글씨를 구입하였는데 수백만 관전(貫錢)을 들여 겨우 왕희지의 행서 다섯 장을 구입하였고 해서는 한글자도 구입할 수 없었다[78]고 하여 당대부터 해서의 가치는 행서보다 높았다는 것을 알 수 있다.

장회관은 왕희지의 작품 가격을 서체별로 언급하였는데 해서의 가치가 가장 높고 그 다음은 행서, 초서의 순임을 알 수 있다. 예컨

---

76) 文震亨, 『長物志』, "書價以正書爲標準, 如右軍草書一百字, 乃敵一行行書, 三行行書, 敵一行正書. 至於樂毅黃庭畵贊告擔, 但得成篇, 不可計以字數." 文震亨, 陳植 校注, 『長物志校柱』, 江蘇科學技術出版社, 1984, p.221.

77) 張丑, 『眞迹日錄』, "宋黃文節公庭堅正書法語眞迹, 項元汴家藏神品珍祕. 嘉靖四十五年得於吳門黃氏. 原價壹佰金. 右帖高尺許, 長五丈, 竟一紙七十六行. 自元符以下每行卄一字. 作擘窠. 大奇大奇." 盧輔聖 主編, 『中國書畵全書』(第四冊), 上海書畵出版社, 1992, p.399

78) 張懷瓘, 『書估』, "近日有鐘尙書紹京, 亦爲好事, 不惜大費, 破産求書, 計用數百萬貫錢, 惟市得右軍行書五紙, 不能致眞書一字." 崔爾平 選編, 『歷代書法論文選』, 上海書畵出版社, 1979, p.150.

68 중국 근대 슈퍼 컬렉터와 미술사

대 "왕희지의 초서 진본 105자는 1행의 행서와 가격이 비슷하고 3행
의 행서는 1행의 해서와 맞먹는다"[79]라고 하였다. 또한 고대 서예 작
품의 예상가를 상, 중, 하의 '세 가지 등급'으로 나누었을 때 전서(篆
書)와 주서(籒書)는 상에 해당하고 종요(鍾繇, 151-230)와 장지(張芝,
?-192)는 중에, 왕희지와 왕헌지(王獻之, 344-386)는 하라고 하였다.
즉, "상고(上估)는 상(象)만 있을 뿐 흔적은 없으며 중고(中估)는 보기
드문 기이한 자취로 귀중히 여길 만하여 구매자는 마땅히 천금을 건
다"[80]고 설명하였다.

　　이는 당대에 이미 서화 작품에 대한 등급과 시장 거래 가격이 형
성되고 있었고 이러한 기준은 명대에 까지 이어진 것으로 보인다. 장
축(張丑, 1577-1643)은 『청하서화방(淸河書畵舫)』에서 원래 가치보다
낮은 가격이 책정된 작품을 안타깝게 생각하는 글을 남기기도 하였다.

　　왕희지(王羲之)의 〈이사첩(二謝帖)〉 진품은 대체로 76자이고 뒤에 송
　　대 조변(趙抃, 1008-1084)과 소식(蘇軾) 등의 발문이 있다.……이는
　　나의 고향 고산(顧山) 주씨(周氏) 집안 선대의 물건으로 그 자손이 판
　　매하려고 하였고 특별히 문징명(文徵明)에게 그것을 가지고 가서 가
　　격을 문의하였다. 문징명이 이는 세상에 드문 보물이며 각 1자마다
　　금 1냥이고 뒤에 31개의 발문은 각 발문이 은 1냥이라고 하였다. 이
　　후 소주 창문(閶門)의 부잣집에 저당을 잡혔고 쌀 120곡(穀)을 얻는
　　데 그쳤으며 그 다음은 알지 못한다. 애석하다.[81]

79)　張懷瓘, 『書估』, "如大王草書眞字, 一百五字乃敵一行行書, 三行行書敵一行眞正." 崔爾平
選編, 『歷代書法論文選』, 上海書畵出版社, 1979, p.150.

80)　張懷瓘, 『書估』, "三估者, 篆·籒爲上估, 鐘·張爲中估, 羲·獻爲下估. 上估但有其象, 蓋無
其迹 ; 中估乃曠世奇迹, 可貴可重, 有購求者, 宜懸之千金. 或時不尙書, 薰猶同器, 假如委諸衢路,
猶可字價千金." 崔爾平 選編, 『歷代書法論文選』, 上海書畵出版社, 1979, p.151.

81)　張丑, 『淸河書畵舫』卷1, "王逸少二謝帖眞迹 凡七十六字, 後有趙淸獻公抃蘇子容等跋……
此余鄕顧山周氏先世物, 子孫欲求售, 特携以問價於文衡山, 衡山曰, 此希世之寶也, 每字當得
黃金一兩, 其後三十一跋, 每跋當得百銀一兩, 更有肯出高價者不論也. 後典於閶門富家, 止得米
一百二十穀, 竟不知下落, 惜哉." 盧輔聖 主編, 『中國書畵全書』(第四冊), 上海書畵出版社, 1992,
pp.151-152.

문징명이 생활한 정덕(正德, 1506-1521), 가정(嘉靖, 1522-1566) 연간에 강남 지역의 쌀 가격이 가장 높았던 것이 1석(石)에 1냥 34전이었다. 120곡(穀), 즉 쌀 60석은 은으로 환산하면 가장 많아도 80냥 정도로 문징명이 원래 가격에 비해 낮은 것이었다.[82]

명대 말기 강남 지역에 거래되고 있는 작품의 가격은 당시 여러 저서에서 그 단서를 찾을 수 있다. 이일화는 『미수헌일기』에서 만력 40년(1612) 오경운(吳卿雲)이 원나라 때 활동한 조맹부(趙孟頫, 1254-1322)가 당나라 때 활동한 장욱(張旭, 675-750)의 작품을 임모한 〈추심첩(秋深帖)〉을 4냥에 구입하였다.[83] 만력 38년(1610) 12월 4일의 기록에는 고여회(高如晦)가 이일화의 친구 오공보(吳公甫)가 소장한 송대 문인 서화가 미불의 〈천마부(天馬賦)〉를 100냥 정도를 주고 구입하였다고 전하고 있다.[84]

또한 이일화는 만력 40년(1612), 2월 21일에 승려 인남(印南)이 그의 스승의 스승이 구입해 소장하고 있던 황공망(黃公望, 1269-1354)의 〈송계초정도(松溪草亭圖)〉를 가져와 보았고 미불의 〈운산(雲山)〉은 부르는 값이 50냥이었다. 이일화는 이날 이 작품과 함께 명대 중기의 서화가 문징명의 아들 문팽(文彭, 1498-1573)의 초서 작품을 구입하였다.[85]

〈표1〉 이일화(李日華)의 『미수헌일기(味水軒日記)』에 기록된 서화 작품 가격

---

82) 王正華,「過眼繁華 : 晚明城市圖, 城市觀與文化消費的研究」『中國的城市生活』(李孝悌 編), 新星出版社, 2006, pp.46-47.

83) 李日華, 『味水軒日記』卷4, "杭客潘琴台, 吳卿雲來, 袖示趙子昂臨張長史秋深帖, 白宋箋紙, 長幅, 作掛軸……余以四金購之." 李日華, 屠友祥 校注, 『味水軒日記』, 上海遠東出版社, 1996, p.219.

84) 李日華, 『味水軒日記』卷2, "同亨兒過高如晦寸齋, 出觀米書大《天馬賦》……本余亡友吳公甫物, 如晦以百餘金購得之" 李日華, 屠友祥 校注, 『味水軒日記』, 上海遠東出版社, 1996, p.150.

85) 李日華, 『味水軒日記』卷4, "印南雲是其師祖號桐石者購藏, 索價五十金, 以紙色可疑卻之……又文壽承, 草書一絶,……以上二軸, 余購之, 以酬印南僕僕." 李日華, 屠友祥 校注, 『味水軒日記』, 上海遠東出版社, 1996, p.220.

가격	시대	작가와 작품명	매매 상황	출처
4은냥 (銀兩)	원(元)	조맹부(趙孟頫) 〈임장장사추심첩 (臨張長史秋深 帖)〉	이일화가 만력(萬曆) 40 년(1612)에 구입	『미수헌일기』 권4, p.219
4-5은냥 (銀兩)	명(明)	두경(杜瓊) 〈추림 취귀도(秋林醉歸 圖)〉	이일화가 항승은(項承恩) 의 가게에서 보고 구입하 려 했지만 거래가 성사되 지 못함	『미수헌일기』 권4, p.222
50은냥 (銀兩)	송(宋)	미불(米芾) 〈운산 (雲山)〉	승려 인남(印南)이 이일 화에게 가져와 구입	『미수헌일기』 권4, p.220
60은냥 (銀兩)	당(唐)	육간지(陸柬之) 〈난정시오수(蘭亭 詩五首)〉	항원변(項元汴)의 셋째아 들 항덕신(項德新)이 첫째 아들 항목(項穆)에게 30냥 에 구입	『미수헌일기』 권4, p.212
100여 은 냥(銀兩)	송(宋)	미불(米芾) 〈천마 부(天馬賦)〉	고여회(高如晦)가 오공보 (吳公甫)에게 구입	『미수헌일기』 권2, p.150

이일화의 기록에 근거해 보면 당·송대 작품은 비교적 가격이 높고 연대가 가까운 원대와 이일화가 살았던 명대의 작품은 가격이 비교적 낮다. 이는 그가 만력 43년(1615) 12월 20일에 쓴 일기에서 타이창(太倉)의 손씨(孫氏) 성을 가진 이에게 이일화는 명대 심주의 〈파교시사(灞橋詩思)〉를 구입하였는데 은자 몇 냥에 불과하였다는 기록으로도 짐작할 수 있다.[86]

왕가옥(汪珂玉, 1587-1645)의 『산호망(珊瑚網)』에는 서화 거래의 상황 등에 대해 기록하고 있는데 항씨(項氏) 집안의 항독수(項篤壽, 1531-1586)에게서 얻은 조맹부의 〈도덕경(道德經)〉의 정가가 70냥이라 하였고[87] 북송 시대 문학가이자 서예가인 석연년(石延年, 994-

---

86) 李日華, 『味水軒日記』卷2, "太倉孫姓者, 携白定水中丞一靑東磁夔紋小彝爐來看. 又石田《灞橋詩思》畵卷一. ……捐數金購之." 李日華, 屠友祥 校注, 『味水軒日記』, 上海遠東出版社, 1996, p.502.

87) 汪珂玉, 『珊瑚網』 「法書題跋卷8」, "余觀趙翰林書法, 深得晉人之旨. ……墨林山人得之仲兄少溪子長手授. 其値七十金. 元汴記." 盧輔聖 主編, 『中國書畵全書』(第五冊), 上海書畵出版社,

1041)의 해서 〈고송시(古松詩)〉의 정가가 15냥이라 하였다.[88] 이외에
도 그는 자신이 송대 조맹견의 〈수선도(水仙圖)〉를 20냥에 구입하였음
을 기록하고 있다.[89]

〈표2〉 왕가옥(汪珂玉)의 『산호망(珊瑚網)』에 기록된 서화 작품 가격

가격	시대	작가와 작품명	매매 상황	출처
15은냥 (銀兩)	송(宋)	석연년(石延年) 〈고송시(古松詩)〉	가정(嘉靖) 25년(1546), 항원변(項元汴)이 구입	『산호망』 권5, p.762
20은냥 (銀兩)	명(明)	축윤명(祝允明) 행초서(行草書) 〈회지시첩(懷知詩帖)〉	가정(嘉靖) 42년(1563), 항원변(項元汴)이 문가(文嘉)에게 구입	『산호망』 권16, p.850
20은냥 (銀兩)	송(宋)	조맹견(趙孟堅) 〈수선도(水仙圖)〉	왕가옥(汪珂玉)이 풍씨(馮氏)에게 구입	『산호망』 권19, pp.1168-1169
22은냥 (銀兩)	송(宋)	범충선(范忠宣) 수간(手簡), 사마온공사초(司馬溫公史草) 〈단계첩(短啓帖)〉	융경(隆慶) 5년(1571), 왕가옥(汪珂玉)이 무석(無錫) 안씨(安氏)에게 구입	『산호망』 권3, p.741
30은냥 (銀兩)	송(宋)	왕안석(王安石) 〈능엄경요지(楞嚴經要旨)〉	항원변(項元汴) 소장 정가(定價)	『산호망』 권3, p.742
50은냥 (銀兩)	진(晉)	왕희지(王羲之) 〈매사첩(每思帖)〉	융경(隆慶) 3년(1569) 8월, 항원변(項元汴)이 무석(無錫) 안씨(安氏)에게 구입	『산호망』 권1, p.722
60은냥 (銀兩)	진(晉)	왕희지(王羲之) 〈악의론(樂毅論)〉 양대(梁代) 모본(摹本)	숭정(崇禎) 12년(1639), 왕가옥(汪珂玉)이 항원변(項元汴)에게서 봄	『산호망』 권1, p.723

---

88) 汪珂玉, 『珊瑚網』 「法書題跋卷5」, "石曼卿大字楷書古松詩墨迹⋯⋯嘉靖二十五年, 墨林子
裝襲. 原値十五金." 盧輔聖 主編, 『中國書畫全書』(第五冊), 上海書畫出版社, 1992, p.762.

89) 汪珂玉, 『珊瑚網』 「名畫題跋卷19」, "趙子固水仙⋯⋯此係掛幅, 用價二十金得之. 馮氏裝冊
時, 無端中湊入其詩題滿紙. 不能盡留之. 至今追悔不已." 盧輔聖 主編, 『中國書畫全書』(第五冊),
上海書畫出版社, 1992, pp.1168-1169.

70은냥(銀兩)	원(元)	조맹부(趙孟頫) 〈도덕경(道德經)〉 2권	항원변(項元汴)이 형인 항독수(項篤壽)에게 구입	『산호망』권8, p.781
80은냥(銀兩)	송(宋)	미우인(米友仁) 〈운산(雲山)〉	남서(南徐) 양씨(楊氏)가 원가(原價)에 구입	『산호망』권4, p.1029
300일(鎰)	진(晉)	왕희지(王羲之) 〈경화첩(敬和帖)〉	항원변(項元汴)의 소장 정가(定價)	『산호망』권1, p.722
500은냥(銀兩)	당(唐)	왕유(王維) 〈설계도(雪溪圖)〉	만력(萬曆) 47년(1614), 정계백(程季白)이 청포(靑浦) 조계신(曹啓新)에게 구입	『산호망』권19, p.1166
1,000은냥(銀兩)	당(唐)	회소(懷素) 〈천문(千文)〉	항원변(項元汴)의 소장 정가(定價)	『산호망』권21, p.901

그림12. 송(宋), 미우인(米友仁), 〈운산도(雲山圖)〉 부분 , 종이에 수묵, 27.6×57㎝, 메트로폴리탄 미술관

　『산호망』에 가격이 기록된 서화 작품을 살펴보면 그 중 가장 가격이 높은 것은 당나라 때 회소의 행초서인 〈천문(千文)〉으로 항원변이 구입하였다.[90] 그 다음으로 비싼 작품은 역시 당나라 때 왕유의 〈설계도(雪溪圖)〉이며 17세기 초반, 만력 47년(1619)에 휘저우의 정계백(程季白)이 조계신(曹啓新)에게서 얻은 것이었다.[91]

---

90) 汪珂玉, 『珊瑚網』「法書題跋卷21」, "懷素千文, 作小行草, 號千金帖. 貴在藏鋒." 盧輔聖 主編, 『中國書畫全書』(第五冊), 上海書畫出版社, 1992, p.901.

91) 汪珂玉, 『珊瑚網』「名畫題跋卷19」, "於已未秋……王摩詰雪溪圖, 用五百金, 得之靑浦曹啓新者." 盧輔聖 主編, 『中國書畫全書』(第五冊), 上海書畫出版社, 1992, p.1166.

가격	시대	작가와 작품명	매매 상황	출처
2은냥 (銀兩)	당(唐)	저수량(褚遂良) 《모왕희지난정서 (摹王羲之蘭亭 序)》	직자안(稷子安)이 왕백안(王伯安) 집의 종에게 구입	『첨동도현람편』 권2, p.17
5은냥 (銀兩)	송(宋)	미불(米芾)《운산 (雲山)》	첨경봉(詹景鳳)이 종후정길(宗候貞吉)에서 봄. 정가가 4냥이었는데 후에 휘저우 상인 오치(吳治)가 5냥에 구입	『첨동도현람편』 권1, p.13
5은냥 (銀兩)	원(元)	조맹부(趙孟頫) 《난정십삼발(蘭亭 十三跋)》	첨경봉(詹景鳳)이 지금의 북경 시인 연경(燕京)에서 봄	『첨동도현람편』 권2, p.21
5은냥 (銀兩)	원(元)	조맹부(趙孟頫) 《하목수음도(夏木 垂陰圖)》	원래 나용문(羅龍文)의 것으로 이후 관(官)에서 정한 가격이 5냥이었고 왕도곤(汪道昆)의 동생 왕도관(汪道貫)이 구입	『첨동도현람편』 권2, pp.24-25
6은냥 (銀兩)	송(宋)	휘종(徽宗)《백응 (白鷹)》	곽구계(郭衢階)가 도하(都下)에서 구입	『첨동도현람편』 권3, pp.35-36
7은냥 (銀兩)	당(唐)	이사훈(李思訓) 《산수(山水)》	첨경봉(詹景鳳)이 장안(長安) 어도(禦道)에서 봄. 주희효(朱希孝) 집안의 종이 7냥이라 하였고 후에 산서(山西) 왕생(王生)이 구입	『첨동도현람편』 권2, p.24
20은냥 (銀兩)	명(明)	《오수부화책이십 편(吳水部畵冊 二十片)》	한세능(韓世能) 구입가	『첨동도현람편』 권1, p.6
36은냥 (銀兩)	원(元)	왕몽(王蒙)《죽석 (竹石)》2폭	왕자고(汪子固)가 소장	『첨동도현람편』 권1, pp.12-13
50은냥 (銀兩)	진(晉)	왕헌지(王獻之) 《채감첩(采甘帖)》 모본(摹本)	왕세무(王世懋) 구입가	『첨동도현람편』 권2, pp.23-24
50은냥 (銀兩)	원(元)	왕몽(王蒙)《화계 어은(花溪漁隱)》	동기창(董其昌)이 황개선(黃開先)에게 판매	『첨동도현람편』 권4, p.51

70은냥 (銀兩)	진(晉)	색정(索靖) 〈출사 송(出師頌)〉	두 개의 본(本)이 있고 하나를 문팽(文彭)이 도하(都下)에서 구입, 몇 년 후 항원변(項元汴) 에게 판매	『첨동도현람편』 권3, p.26
90은냥 (銀兩)	당(唐)	오도자(吳道子) 〈관음칠십이화신 (觀音七十二化 身)〉	고종의(顧從義)가 주희효(朱 希孝) 집안의 종에게 구입	『첨동도현람편』 권2, p.23
100여 냥(兩)	당(唐)	안진경(顏眞卿) 〈제질계명문고(祭 姪季明文稿)〉	섭쌍강(聶雙江) 집안의 물건	『첨동도현람편』 권1, p.13
300은 냥(銀兩)		〈송원인화육십책 (宋元人畫六十 冊)〉	항원변(項元汴) 구입가	『첨동도현람편』 권1, p.7

진·당대 작품의 가격이 비교적 높은데 진대의 작품으로 왕희지의 〈경화첩(敬和帖)〉은 300냥에, 양조(梁朝)의 모사본인 〈악의론(樂毅論)〉 및 〈매사첩(每思帖)〉이 각각 60냥과 50냥에 거래되었다. 이는 모두 항원변이 소유한 적이 있거나 그가 구입한 작품이었다. 특히 왕희지의 해서 〈악의론〉은 왕가옥이 숭정(崇禎) 12년(1639) 항원변에게서 보았는데 그가 정가 60냥이라고 한 것은 휘저우 상인 오정(吳廷)이 300일(鎰)[92]이라고 한 것에 비해 매우 저렴하다고 하였다.[93] 왕희지의 초서 〈매사첩〉은 융경(隆慶) 3년(1569), 우시(無錫) 안씨(安氏)에게서 구입하였다.[94]

장축은 『청하서화방』에서 서예 가격에 대해 "왕희지의 초서 10행은 행서 1자에 상당하며 행서 10행은 해서 1자와 맞먹는다"[95]라고 하

---

92) 1일(鎰)은 무게를 표시하는 단위로 1일은 은(銀) 20냥 혹은 24냥의 무게를 가졌다.

93) 汪珂玉, 『珊瑚網』 「法書題跋卷1」, "梁摹樂毅論眞迹……時崇禎己卯夏仲, 項氏出此帖, 索價六十金, 較吳江村定值三百鎰廉矣." 盧輔聖 主編, 『中國書畫全書』(第五冊), 上海書畫出版社, 1992, p.723.

94) 汪珂玉, 『珊瑚網』 「法書題跋卷1」, "墨林主人項元汴用價五十金, 得於無錫安氏. 時隆慶三年八月朔日." 盧輔聖 主編, 『中國書畫全書』(第五冊), 上海書畫出版社, 1992, p.722.

95) 張丑, 『淸河書畫舫』, "王羲之草十行敵行書一字, 行十行敵眞書一字耳." 盧輔聖 主編, 『中國

였다. 여기서 왕희지의 서예 가격은 해서의 가격이 가장 높고 그 다음은 행서, 초서의 순서로 나타난다는 것을 알 수 있다. 따라서 위에서 왕가옥이 기록한 왕희지의 서예 작품 가격을 근거로 〈악의론〉은 모본이지만 해서이고 진품이지만 초서인 왕희지의 〈매사첩〉보다 가격이 10냥 정도 높았을 것이다.

연대가 가장 늦은 작품으로는 명나라 때 서예가 축윤명(祝允明, 1460-1526)의 작품이 포함되어 있는데 왕가옥은 이를 숭정 연간 초에 본 적이 있었으며 항원변의 것으로 20냥의 가치가 있다고 기록하였고 문징명의 둘째 아들 문가(文嘉, 1501-1583)에게 구입하였다. 그 가격은 다른 작품에 비해 비교적 낮고 16세기 중반 이후 가정 42년(1563)에 거래되었다.[96]

왕가옥의 『산호망』에서 가격이 가장 낮은 작품은 석연년의 해서 〈고송시〉로 가정 25년(1546) 항원변이 15냥에 구입하였다.[97] 즉, 왕가옥의 기록에 따르면 진·당대의 작품이 송대와 명대의 작품보다 높은 가격에 거래되었다. 첨경봉의 『동도현람편』의 기록에서는 당대 저수량(褚遂良, 597-658)이 임모한 왕희지의 〈난정서(蘭亭序)〉가 2냥으로 가격이 가장 낮은 작품이었다. 직자안(稷子安)은 이 작품이 왕백안(王伯安)의 소장품이었는데 그 집에서 일하는 종에게 2냥에 구입하였다.[98]

첨경봉의 기록 중 50냥 이상에 거래된 작품은 모두 6점으로 그중 최고가는 300냥인 〈송원인화육십책(宋元人畵六十冊)〉[99]이었다. 이 작

書畵全書』(第四冊), 上海書畵出版社, 1992, p.145.

96) 汪珂玉, 『珊瑚網』 「法書題跋卷16」, "祝希哲急就行草懷知詩帖……此卷爲項氏物, 後識其値二十金, 購於文文水氏, 嘉靖甲子年重裝, 崇禎初, 予獲一觀." 盧輔聖 主編, 『中國書畵全書』(第五冊), 上海書畵出版社, 1992, p.850.

97) 汪珂玉, 『珊瑚網』 「法書題跋卷5」, "石曼卿大字楷書古松詩墨迹……嘉靖二十五年, 墨林子裝襲, 原値十五金." 盧輔聖 主編, 『中國書畵全書』(第五冊), 上海書畵出版社, 1992, p.762.

98) 詹景鳳, 『詹東圖玄覽編』卷2, "褚登善摹蘭亭……(稷)子安語予, 此王新建伯安家藏物, 其奴偶持來鬻, 予以二金得之." 盧輔聖 主編, 『中國書畵全書』(第四冊), 上海書畵出版社, 1992, p.17.

99) 詹景鳳, 『詹東圖玄覽編』卷1, "橋李項元汴一冊, 聚宋元人畵六十冊, 合爲一大部, 片片夜玉, 非子大所藏可能議議. 內宋人畵紫牡丹二片……原雲間名家所集, 項以三百金購得之." 盧輔聖 主

품과 원나라 때 왕몽(王蒙, 1308-1385)의 〈화계어은도(花溪漁隱圖)〉를 제외하면 나머지는 모두 진·당대 작품으로 왕헌지와 중국 서진 시대 서예가인 색정(索靖, 239-303)과 안진경(顔眞卿, 709-785), 오도자(吳道子, 685-758)의 작품이 포함되어 있다. 또한 같은 원대의 작품 중 왕몽의 작품이 조맹부의 작품보다 높게 거래되었음을 알 수 있다. 조맹부의 〈난정십삼발(蘭亭十三跋)〉과 〈하목수음도(夏木垂陰圖)〉는 각각 5냥이었다.

조맹부의 〈난정십삼발〉을 첨경봉은 16세기 후반 융경 5년(1571)에 지금의 베이징인 연경(燕京)에서 보았고 정가가 5냥이었다고 기록하였다. 첨경봉은 조맹부의 이 작품이 운간(雲間) 반씨(潘氏)가 소장하고 있는 한 점뿐인 것을 알고 작품의 진위를 의심하였는데 후에 고종의(顧從義, 1523-1588)에게서 이 작품이 모두 세 개의 본이 있다는 것을 알았다.[100]

송대의 작품 중에는 미불의 〈운산(雲山)〉과 북송 말기의 재상이자 서예가였던 채경(蔡京, 1047-1126)의 찬문(贊文)이 있는 북송대 제8대 황제인 조길(趙佶, 1082-1135)의 〈백응도(白鷹圖)〉가 다른 시대의 작품에 비해 비교적 낮은 가격인 5냥과 6냥에 거래되었다. 이외에도 첨경봉은 기록에서 서명이 없는 〈갈선옹이거도(葛仙翁移居圖)〉는 오도자의 필법이라고 전하는데 그는 이를 장승요(張僧繇, 479-?)의 작품 같다고 하였고 황희수(黃姬水)가 20냥에 그것을 구입하려하였지만 엽씨(葉氏)가 주지 않아 거래가 이루어지지 못한 경우도 있었다.[101]

編, 『中國書畫全書』(第五冊), 上海書畫出版社, 1992, p.7.

100) 詹景鳳, 『詹東圖玄覽編』卷2, "子昂書蘭亭十三跋, 辛未年於燕市見之, 疑子昂十三跋僅一本, 藏雲間潘氏. 奈何此又一本, 後問之顧汝和, 雲子昂十三跋有三本……予所見燕市本, 其人索五金." 盧輔聖 主編, 『中國書畫全書』(第四冊), 上海書畫出版社, 1992, p.21.

101) 詹景鳳, 『詹東圖玄覽編』卷2, "葛仙翁移居圖一卷, 絹細密如紙, 無款, 相傳爲吳道子筆, 予看衣折, 却似張僧繇……本吾邑汪氏物, 葉氏易得, 持入吳裝潢, 黃淳父見之, 以二十金求易, 令裝潢人執匿不還葉, 葉持泌不與. 遂珍祕不復示人, 晚年貧欲售, 乃獲見." 盧輔聖 主編, 『中國書畫全書』(第五冊), 上海書畫出版社, 1992, p.25.

〈표4〉 오기정(吳其貞)의 『서화기(書畵記)』에 기록된 서화 작품 가격

가격	시대	작가와 작품명	매매 상황	출처
60은냥 (銀兩)	송(宋)	조맹견(趙孟堅) 〈수선도(水仙圖)〉 종이 1권 8장	강희(康熙) 16년(1677), 오기정(吳其貞)이 동정산(洞庭山) 심자녕(沈子寧)에게 구입, 정가의 반액에 구입	『서화기』 권6, p.123
100은냥 (銀兩)	명(明)	심주(沈周) 〈광산제색도(匡山霽色圖)〉 종이 1폭	오기정(吳其貞)이 정한 가격	『서화기』 권2, p.51
120은화 (錠)	송(宋)	염차평(閻次平) 〈한암적설도(寒岩積雪圖)〉 비단 1대폭	항원변(項元汴)이 구입	『서화기』 권6, p.114
250은냥 (銀兩)	송(宋)	황정견(黃庭堅) 〈영창호상창수시첩(穎昌湖上唱酬試帖)〉	육숙천(陸叔泉) 정가(定價)	『서화기』 권6, p.121
300은냥 (銀兩)	진(晉)	육기(陸機) 〈평복첩(平復帖)〉	풍전(馮銓)이 왕제지(王際之)에게 구입	『서화기』 권4, p.82
700은냥 (銀兩)	송(宋)	휘종(徽宗) 〈문회도(文會圖)〉	육완(陸完)은 1,000냥에 구입	『서화기』 권2, p.39
800은냥 (銀兩)	당(唐)	회소(懷素) 초서(草書) 〈천모음(天姥吟)〉	항원변(項元汴)의 소장 정가(定價)	『서화기』 권3, p.67
1,000은냥(銀兩)	진(晉)	왕희지(王羲之) 해서(楷書) 〈황정경(黃庭經)〉	마유선(馬惟善)이 반당(半塘) 한고주(韓古周)에게 구입	『서화기』 권3, p.58
1,000은냥(銀兩)	당(唐)	회소(懷素) 초서(草書) 〈자서첩(自敍帖)〉	정계백(程季白)이 항원변(項元汴)에게 구입	『서화기』 권4, pp.74-75
1,000은냥(銀兩)	송(宋)	이공린(李公麟) 〈연사도(蓮社圖)〉	오기정(吳其貞)이 소흥 주씨(周氏)에게서 봄	『서화기』 권5, pp.99-100

오기정의 『서화기(書畵記)』에 기록된 작품 가격 중 가장 높은 값을 기록한 회화 작품은 이공린(李公麟, 1049-1106)이 비단에 그린 〈연사도(蓮社圖)〉이다. 이 작품은 동진시대 승려인 혜원(惠遠)이 18명의 승려와 일반 사람들을 모아 중국 장시성(江西省)의 명산인 여산(盧

山)의 동림사(東林寺)에서 염불하는 모임인 '연사(蓮社)'를 만든 것을 내용으로 한 종교화이다. 오기정은 이 작품을 고대에도 오늘날에도 없는 신품(神品) 중 제일이라 극찬하였다.[102]

또한 서예 작품 중 가장 높은 가격을 보이는 것은 회소와 왕희지의 작품으로 그중 왕희지의 해서 〈황정경(黃庭經)〉은 오기정이 임진년(壬辰年), 즉 1652년 4월 22일 한세능(韓世能, 1528-1598)의 아들 한봉희(韓逢禧, 1576-?)의 집에서 보았다. 그가 소장한 것은 모두 한세능의 것이었는데 이후 전국의 군사를 통솔하는 총융(總戎)직을 담당한 마유선(馬惟善)이 1,000냥에 구입하여 임금이 거처하는 대내(大內)에 진상하였다.[103]

당대 회소의 〈자서첩〉은 명대의 문징명이 소장하고 있었으며 나용문(羅龍文)은 이를 엄숭(嚴嵩, 1480-1567)에게 바치려 중개상인을 통해 1,000냥에 구입하였다.[104] 동기창의 『화선실수필(畵禪室隨筆)』에서도 그 소장 경로를 언급하고 있는데 그 내용은 다음과 같다.

회소(懷素)의 〈자서첩(自敍帖)〉은 자싱(嘉興) 항씨(項氏)가 600냥에 주금의(朱錦衣)의 집에서 구입하였다. 그는 이를 황실 내부에서 얻었고, 엄숭(嚴嵩)의 물건으로 황실에 몰수되었으며 이후 후백(侯伯)에게 월급으로 주었다. 태위(太尉) 주희효(朱希孝)가 그것을 밖으로 내놓지 않았고 처음에는 수저우의 육완(陸完)이 소장하였다.[105]

---

102) 吳其貞, 『書畵記』卷5, "李伯時蓮社圖絹畵一幅……可謂前無古後無今爲神品第一. 名著當代價値千金." 盧輔聖 主編, 『中國書畵全書』(第八冊), 上海書畵出版社, 1994, pp.99-100.

103) 吳其貞. 『書畵記』卷3, "王右軍內景黃庭經小楷書一卷……宋徽宗臨衛協高士圖絹畵一幅……此二卷於壬辰四月二十二日同莊淡庵王元照觀於半塘韓古周家. 古周宗伯之子, 所藏皆宗伯物. 尤寶此二卷寢食不離者數十年. 右軍卷後爲馬惟善總戎以千金購去進奉大內." 盧輔聖 主編, 『中國書畵全書』(第八冊), 上海書畵出版社, 1994, p.58.

104) 詹景鳳, 『東圖玄覽編』卷1, "懷素自敍, 舊在文待詔家, 吾歙羅舍人龍文幸於嚴相國, 欲買獻相國, 托黃淳父許元復二人先商定所値. 二人主爲千金, 羅遂致千金, 文得千金." 盧輔聖 主編, 『中國書畵全書』(第四冊), 上海書畵出版社, 1992, pp.5-6.

105) 董其昌, 『畵禪室隨筆』卷1, "跋自書", "懷素自敍帖眞迹, 嘉興項氏以六百金購之朱錦衣家. 朱得之內府, 蓋嚴分宜物, 沒入大內, 後給侯伯爲月俸. 朱太尉希孝旋收之. 其初吳郡陸完所藏也." 盧輔聖 主編, 『中國書畵全書』(第三冊), 上海書畵出版社, 1992, p.1004.

이를 휘저우의 정계백(程季白)은 항원변에게 다시 1,000냥에 구입하였다.[106] 즉, 엄숭의 손에 들어간 회소의 〈자서첩〉은 엄숭이 실각한 후 주희효(朱希孝)의 것이 되었고 항원변이 주희효에게 600냥에 구입하였다. 휘저우의 정계백은 이를 항원변에게서 1,000냥에 구입하였다. 장축의 『청하서화방(淸河書畵舫)』에서 "회소(懷素)의 비단에 쓴 초서(草書) 천문(千文)은 처음에는 해염(海鹽) 요씨(姚氏)가 소장하였고 그 집에서 말하기를 글자 한 자가 1금(金)의 가치가 있어 이를 천금첩(千金帖)이라고 부르기도 한다"[107]는 기록은 회소의 초서가 가지는 가치가 높았다는 것을 짐작할 수 있다.

〈자서첩〉은 회소의 광초서(狂草書)를 대표하는 작품으로 당대 대력(大歷) 12년(777)에 제작하였고 전체 126행에 698자로 되어있다. 이 중 앞에 6행은 손실되어 송대 소순흠(蘇舜欽, 1008-1048)이 보충하였다. 초반의 10여 행은 자신의 학습과정을 기록하고 있으며 필치가 강하고 굳세며 살아 움직이는 듯 생동하는 작품이다.[108] 이상 오기정의 『서화기』에서 살펴본 작품 중 서예 작품은 회소의 작품 가격이 가장 높았다. 다음으로는 진대의 유명한 시인이자 서예가였던 육기(陸機, 261-303)의 작품 가격이 높았으며 그 다음은 북송대 황정견의 작품 순이었다.

회화 작품에는 북송대 문인화가인 이공린의 작품 다음으로 높은 것은 북송대 휘종(徽宗) 황제 조길의 〈문회도(文會圖)〉로 700냥이었으며 그 이후에는 남송대 화원화가로 산수와 인물, 소를 잘 그린 염차평(閻次平)과 명대 중기 사의적 문인화풍을 강조하고 '오문화파(吳門畵派)'를 대표하는 심주, 송대의 서화가로 난과 묵죽, 먹 선으로만 그린 백묘(白描) 〈수선도〉에 뛰어난 조맹견의 순서로 나타났다.

---

106) 吳其貞, 『書畵記』卷4, "懷素自敍帖一卷……此帖向臟項墨林家. 爲法書墨迹第一卷. 程季白以千金得之." 盧輔聖 主編, 『中國書畵全書』(第八冊), 上海書畵出版社, 1994, pp.74-75.

107) 張丑, 『淸河書畵舫』, "懷素絹本草書千文一, 初藏海鹽姚氏, 其家雲此一字值一金, 故號千金帖." 盧輔聖 主編, 『中國書畵全書』(第四冊), 上海書畵出版社, 1992, p.205.

108) 劉炳森, 『中國十大書法家墨寶全集：懷素』, 中國畵報出版社, 2001, p.9.

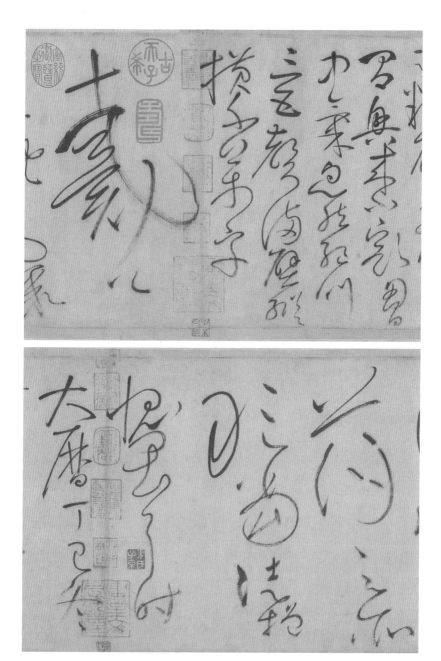

그림13. 당(唐), 회소(懷素), 〈자서첩(自敍帖)〉 부분, 종이에 먹, 28.3×755㎝
타이베이 국립고궁박물원

儒林華國古今同
咏飛車醒醉中
多士作新知入彀
圖猶喜見文雄

白宗謹依
韻和進

明時不與首唐回
八表人歸大道中
可笑當年十八士

그림14. 송(宋), 조길(趙佶), 〈문회도(文會圖)〉, 비단에 채색, 184.4×123.9㎝
타이베이 국립고궁박물원

조길의 〈문회도〉는 잘 가꾸어진 화원의 큰 나무 아래에서 문인들이 모여 차를 마시며 모임을 가지는 장면을 묘사한 것이다. 정교한 필법으로 아름답게 묘사하였으며 오른쪽 위에는 휘종의 제시가 있고 왼쪽에는 재상 채경의 제시가 남겨져 있다.

2) 서화 구매 능력

위에서 살펴본 당시 서화 가격 중 고가의 작품은 최대 2,000냥이었다. 진대 왕희지의 〈첨근첩〉이 2,000냥이었으며 그 외 당대 회소의 〈자서첩〉이 1,000냥에 거래되었다. 이러한 서화 가격은 당시에는 큰 돈으로 첨경봉의 『동도현람편』의 기록에서도 확인할 수 있다.

> 세상에 전하는 채경(蔡京)의 찬문이 있는 휘종(徽宗)의 〈백응도(白鷹圖)〉는 백이면 백 모두 위작이다. 오늘 도하(都下)에서 〈백응도〉를 가지고 와서 판매하는 자의 것은 진품이었다. …… 그때 내가 그것을 얻고자 하였지만 자금이 없었고 친구 곽형지(郭亨之)에게 말해 6냥에 구입하게 하였다.[109]

그의 친구 곽형지(郭亨之)는 이외에도 첨경봉은 가격이 맞지 않아 구입할 수 없었던 조맹부가 종이에 그린 작은 화폭의 〈방당인마(倣唐人馬)〉를 10냥에 구입하였다고 전하고 있다.[110] 여기서 알 수 있듯이 모든 컬렉터들이 고가의 서화 작품을 구매할 수 있었던 것은 아니었으며 6냥에서 10냥 정도의 작품 가격 역시 낮은 것은 아니었다. 또 한편으로 당시 첨경봉과 같은 신분의 사람들에게는 고가에 해당하는 것이

---

109) 詹景鳳, 『詹東圖玄覽編』卷3, "世所傳徽廟白鷹, 蔡京贊, 百幅百僞. 今於都下有鬻者持白鷹, 乃是眞迹……時予欲得之而無資, 語友人郭亨之, 以六金買之." 盧輔聖 主編, 『中國書畵全書』(第四冊), 上海書畵出版社, 1992, pp.35-36.

110) 詹景鳳, 『詹東圖玄覽編』卷2, "趙承旨用紙倣唐人馬一小幅……長安賣者索善馬値, 予不能買, 趣亨之以十金買之." 盧輔聖 主編, 『中國書畵全書』(第四冊), 上海書畵出版社, 1992, p.22.

었음을 알 수 있다.

이를 명대 관리들의 녹봉 제도와 비교해보면 그 차이를 짐작할 수 있다. 당시 관리들의 녹봉은 시기에 따라 조금씩 차이가 있는데 최종적으로 확정된 것은 14세기 후반, 홍무(洪武) 25년(1392)으로 명대 관리들의 녹봉 수준은 다음과 같다.

정일품(正一品)의 월급은 쌀 87석(石)이고 종일품(從一品)에서 정삼품(正三品)까지는 13석(石)에서 35석(石)까지 관직에 따라 조금씩 감소한다. 종삼품(從三品)은 26석(石)이고, 정사품(正四品)은 24석(石), 종사품(從四品)은 21석(石), 정오품(正五品)은 16석(石), 종오품(從五品)은 14석(石), 정육품(正六品)은 10석(石), (從六品)은 8석(石), (正七品)에서 종구품(從九品)은 5두(斗)에서 5석(石)에 이르기까지 관직에 따라 조금씩 감소한다.[111]

『명사(明史)』의 「식화(食貨)」에 따르면 "매월 지급하는 쌀은 관직의 크고 작음을 묻지 않고 모두 1석(石)이다. 비단으로 환산하면 비단 1필(匹)은 은(銀) 6전(錢)에 해당한다. 은으로 환산하면 6전 5분이 쌀 1석에 해당한다"[112]고 전한다. 이에 따라 각 등급에 따라 관리들의 녹봉은 많게는 56냥 5전 5분, 적게는 3냥 2전 5분이었다.

첨경봉은 1567년 향시에 급제하여 1582년 호북마성교유(湖北麻城教諭)를 지냈고, 1588년 남경한림원공목(南京翰林院孔目)과 남리부사무(南吏部司務), 1595년 사천보녕교수(四川保寧教授), 1598년 광서평낙부통판(廣西平樂府通判) 등 종9품 정도의 작은 벼슬을 지낸 것으로 보아 경제적으로 크게 여유가 있었던 것은 아니었던 것으로 보인다.

---

111) 『明史』卷82(志第五十八), 「食貨六俸餉」, "正一品月俸米八十七石, 從一品至正三品, 遞減十三石至三十五石, 從三品二十六石, 正四品二十四石, 從四品二十一石, 正五品十六石, 從五品十四石, 正六品十石, 從六品八石, 正七品至從九品遞減五斗, 至五石而止." 張廷玉 等撰, 『明史』, 中華書局, 1974, p.2002.

112) 『明史』卷82(志第五十八), 「食貨六俸餉」, "月米, 不問官大小, 皆一石. 折絹, 絹一匹當銀六錢. 折銀, 六錢五分當米一石." 張廷玉 等撰, 『明史』, 中華書局, 1974, pp.2003-2004.

진계유(陳繼儒, 1558-1639)는 『니고록(妮古錄)』에서 "구영(仇英)의 작품 4점이 왕세정(王世貞)의 집에 있었다. 〈서원아집도(西園雅集圖)〉, 〈청야유서원도(淸夜游西園圖)〉, 〈독낙원도(獨樂園圖)〉, 〈금곡원도(金谷園圖)〉는 모두 1장(丈)이 넘었고 인물의 위치는 모두 뛰어났다"[113]고 기록하였다. 즉, 위의 작품들은 모두 3미터가 넘는 대작들로 〈독낙원도(獨樂園圖)〉의 경우 가로가 381㎝에 이른다. '독낙원(獨樂園)'은 북송대 정치가이자 문학자인 사마광(司馬光, 1019-1086)의 원림(園林) 이름이다.

　　당시 항원변이 5미터가 넘는 구영의 작품을 200냥에 구입한 것으로 미루어 구영의 작품 가격이 높았던 것을 예상할 때 왕세정(王世貞, 1526-1590)이 경제적으로 여유가 있었음을 짐작할 수 있다. 왕세정은 당시 정6품의 형부주사(刑部主事)와 정2품의 형부상서(刑部尙書)를 역임하였다. 또한 그는 집안 대대로 높은 벼슬을 지낸 관료집안 출신으로 증조부는 벼슬이 남경병부우시랑(南京兵部右侍郎)이었고 부친은 관직이 병부상서(兵部尙書)였다.

　　왕세정과 같이 경제적으로 여유가 있는 컬렉터들 외에 문인 컬렉터들 중에는 황실에서 받은 녹봉 외에 자신이 소장하고 있었던 서화작품을 판매하여 자금을 마련하였다. 또한 사람들의 묘지명을 써주고 제자들을 모집하는 것으로도 일정한 보수를 받을 수 있었고 제자들의 교습비를 서화 작품으로 대신하기도 하였다.[114]

　　동기창은 벼슬은 장관급의 예부상서(禮部尙書)를 지내 관직을 그만 둔 후 타이후(太湖) 일대를 유람하였는데 서화와 서책을 가지고 친구들을 방문하며 지냈고 다른 사람들처럼 자신의 서화를 팔아 생활을 할 필요도 없었다. 그러므로 동기창은 생활에 대한 부담에서 자유로워

---

113) 陳繼儒, 『妮古錄』卷4, "仇英四幅在弇州家. 一畫西園雅集, 一畫淸夜游西園, 一畫獨樂園, 一畫金谷園. 而獨樂園圖則恢張龍眠長之稿, 皆一丈有餘, 人物位置皆古偉." 盧輔聖 主編, 『中國書畫全書』(第三冊), 上海書畫出版社, 1992, p.1055.

114) 呂友者, 「明末淸初杭州書畫鑒藏家往事」『收藏』(5), 2011, p.29.

말년에 서화 컬렉션 활동에 더욱 활발하게 참여할 수 있었다.[115] 따라서 앞서 언급한 10냥의 작품 가격은 일반 사람들에게는 높은 가격이었을 것이다.

이처럼 서화 작품을 구매하고 소장하는 것은 많은 자금이 소요되는 활동으로 관리들의 서화 컬렉션을 위한 자금은 녹봉으로 충당하는 것이 아닌 그 외의 자금으로 가능한 것이었다. 서화 컬렉션은 개인의 경제적인 조건 외에 시간적 여유와 서화에 대한 안목과 열정이 필요하다. 이러한 조건을 두루 갖출 수 있는 이들은 대부분 관료나 사대부들로 높은 관직을 가진 이들이었다. 그러나 명대 말기 이러한 조건들 중에서도 경제적 조건을 만족하는 상인계층이 대거 포함되었다.

명대 서화 작품의 구매력을 명대의 쌀 가격에 근거하고 다시 현대의 쌀 가격과 결합해 환산해보면 당시 서화 가격의 대략적인 가치를 짐작할 수 있다. 위야오화(余耀華)의 『중국가격사(中國價格史)』에 따르면 16세기, 가정, 융경, 만력 시기의 쌀 가격은 대체로 1석 마다 5에서 7전 은자(銀子)였다. 당시 1석은 약 94.4㎏이 되고 1냥 은자는 최대 188.8㎏의 쌀을 살 수 있었으며 최소 135㎏의 쌀을 살 수 있었다. 중간치를 취해서 계산해보면 1석은 6전 은자이며 1냥 은자는 157.3㎏의 쌀을 구입할 수 있다. 현재 중국의 쌀 가격은 1근[116]에 대략 1.5위안이며 1㎏에 3위안이 된다. 이를 근거하여 계산해 보면 가정, 융경, 만력 시기의 1냥은 현재 약 471.9위안에 상당한다.[117] 왕희지의 〈첨근첩〉의 가격은 2,000냥 이었고 이는 대략 94만 3,800위안(한화 약 1억 7,120만원)의 가치를 가졌다.

4. 명대 말기 서화 매매와 그 의미

---

115) 傅申,「董其昌書畫船 : 水上行旅與鑑賞, 創作關係研究」『臺灣大學美術史研究集刊』(15), 2003, pp.260-261.

116) 과거에는 1근(斤)이 16냥이었으나 지금은 10냥으로 500g임.

117) 葉康寧,「明代中晚期的書法價格初探」『東方收藏』(7), 2010, pp.66-67.

명대 말기 강남 지역의 경제적 성장은 서화 매매를 활성화하여 컬렉션 문화가 확대될 수 있는 기틀을 마련하였고 컬렉션 계층이 확대되어 서화에 대한 수요가 증가하였다. 이에 따라 서화가들의 작품제작은 곧 매매로 이어지고 생활상으로도 보장을 받을 수 있었기 때문에 강남 지역 서화가들의 창작 활동에도 영향을 미쳤다.

다시 말해, 서화 매매의 확대는 서화 컬렉션과 창작에 있어서 보조적인 역할을 하였다. 과거에는 작품 수집을 통해서만 작품을 직접 감상할 수 있었기 때문에 서화가와 컬렉터의 관계가 중요하였다. 한 예로 북송대 황실 안에 설치한 선화화원(宣和畵院)에서 많은 서화가들이 배출된 것은 황실의 후원과 함께 황실에서 수집한 많은 소장품을 충분히 감상한 것과 직접적인 관계가 있다.[118]

특히 명대 중기 이후에 수저우 지역은 '오파' 화가들이 형성된 발원지로 심주와 문징명을 중심으로 많은 서화가들이 배출되었다. 오파 이후 그 주변 지역에서는 많은 유파가 형성되었는데 이는 서화의 보급이 확대될 수 있는 하나의 방식이 되었다. 또한 명·청대에 성행한 목판 화보(畵譜)의 출판은 서화의 보급을 더욱 확대하였으며 감상을 위한 하나의 예술품이 되어 서화의 대중화와 상품화를 이끌었다. 명대에 제작된 화보에는 『고씨화보(顧氏畵譜)』, 『시여화보(詩餘畵譜)』가 있고 청대에 제작한 『개자원화보(芥子園畵譜)』 등이 있다.

서화의 상품화는 표구업의 번영도 가져왔고 특히 주가주(周嘉胄)는 『장황지(裝潢志)』에서 "표구에 뛰어난 능력이 있는 자는 널려있지만 유독 수저우에 자리를 내주었다"라고 하였다. 수저우에서 표구에 종사하는 이들도 수천 수백에 이르렀고 그중 탕씨(湯氏)와 강씨(强氏)

---

118) 송(宋)나라 휘종(徽宗) 황제는 화려한 황실 소장품을 보유하고 있었다. 『선화화보(宣和畵譜)』에는 육조시대부터 당대, 오대, 송대에 이르기까지 화가 231명의 6,397점을 도석(道釋), 인물(人物), 궁정(宮廷), 용과 물고기, 산수(山水), 동물, 화조(花鳥), 묵죽(墨竹), 과일, 야채 등 10개 부문으로 구분하여 수록하였는데 이는 최초의 황실 컬렉션 목록이 된다. 伊沛霞, 「宮廷收藏對宮廷繪畵的影響 : 宋徽宗的個案研究」 『故宮博物院院刊』(3), 2004, p.107.

성을 가진 이들의 기술이 뛰어나 '국수(國手)'라 칭하였다.[119]

명대 말기와 청대 초기 휘저우 상인들뿐 만 아니라 양저우(揚州)에서 활동한 휘저우 상인들의 지위도 높아져 미술 시장과 서화가들의 활동 범위도 양저우로 이동하였다. 명대 말기 '사승(四僧)' 화가 중한 명인 석도(石濤, 1642-1707)도 말년에는 양저우에서 거주하였으며 '양주화파(揚州畵派)' 중 휘저우 화가인 나빙(羅聘, 1733-1799), 왕사신(汪士愼, 1686-1759) 및 양저우에서 활동한 서화가이자 문학가인 정판교(鄭板橋, 1693-1765) 등은 '양주이마(揚州二馬)'로 불리는 양저우 지역 휘상인 마일관(馬曰琯, 1687-1755), 마일로(馬曰璐, 1701-1761)의 서재에서 여러 문인 학자들과 교류하였다.[120]

이렇듯 명대 말기에서 청대 초기에 이르기까지 서화 시장의 확대와 서화 매매의 활성화는 지위가 높은 관료들의 전유물이 아닌 상인과 백성들에게로 퍼져나갔다. 당시 서화 작품은 낮은 벼슬의 관료나 문인 사대부, 서화가들이 구입하기에는 높은 가격에 거래되었고 즐기고 감상하는 것을 넘어 가치를 가진 상품이 되었다. 경제적으로 여유가 있는 시민계층들이 증가하면서 개인적인 취향과 품위를 드러낼 수 있는 서화에 대한 수요가 높아졌고 동시에 서화 창작도 활발해졌다.

따라서 명대 말기 서화가들은 수저우와 항저우를 중심으로 많이 배출되었으며 이들의 작품은 대부분 상품이 되어 시장에 유입되었다. 이는 현지 서화 시장이 번성할 수 있는 중요한 요인이 되었다. 다시 말해, 명대 말기 강남 지역 경제·문화의 발전은 서화의 대중화와 상품화로 이어졌고 문인화가의 직업화 경향과 직업화가의 문인화 경향은 더욱 뚜렷해졌다. 특히 수저우 지역은 '오파'의 발원지로 문인 출신 서화가들이 서화 판매에 참여하고 있었다.

명대의 심주와 문징명, 당인, 구영 및 그 외 여러 문인화가들도 생계를 위해 그림을 판매하는 것에서 예외가 아니었다. 심주는 벼슬에

119) 沈振輝,「明代蘇州地區收藏家述略」『蘇州大學學報』(1), 1999, p.103.

120) 陳林,「明清之際徽商資助新安畵家的方式及其動因」『南京藝術學院學報』(2), 2004, p.37.

나가지 않았고 당인은 벼슬길에 실패하였으며 구영은 평생 직업화가로 활동하였다. 문징명만이 54세에 한림원대조(翰林院待詔)라는 말단직을 맡았지만 4년 후 관직을 그만두고 서화 제작에 몰두하였다.

이렇듯 명대 중기 이후 서화가의 사고가 변화하기 시작하면서 금전에 대한 관념 또한 점차 분명해졌고 문인화가의 직업화 경향도 두드러졌다. 예를 들어, 수저우의 골동상 김극화(金克和)가 심주에게 새해에 그의 서점에 걸어놓을 대련(對聯)을 써줄 것을 부탁하였는데[121] 이는 당시 상인들이 유명한 서화가들을 상술에 이용하였고 서화가들도 이에 응하고 있었음을 드러내는 내용이다.

한편 명대 말기에 서화가 범윤임(范允臨, 1558-1641)은 『수요관집(輸寥館集)』에서 당시 수저우 사람들의 작품 창작 태도에 대해 옛 사람의 작품을 그대로 따르고 새롭게 변화하지 못하였으며 또한 영리를 위한 목적으로 작품을 제작하는 것을 비판하기도 하였다.

> 오늘날 수저우 사람의 눈은 한 글자도 알지 못하고 고대 사람의 진적(眞蹟)을 보지 못한다. 항상 마음으로 배우고 스스로 창작해야하는데 비록 하나의 산과 물, 초목을 그린다할지라도 시장에 걸어두고 쌀과 바꾸려하니 어찌 좋은 그림을 얻을 수 있겠는가.[122]

명대 말기 소비 집단의 확대로 화가들의 그림 판매는 이미 매우 보편적인 일이 되었다. 추붕(鄒鵬)은 '집안이 가난하여 산수를 그려 어머니를 모셨다'고 하였으며, 남영(藍瑛, 1585-1664)은 '그림으로 업을 삼으니 오래되자 더욱 공교로워졌다'고 하였다. 명대 화가들이 생존을 위해 이미 시장에 진출하였고 서화 작품은 시장 거래를 위한 상품이 되었다. 또한 컬렉터들이 서화가를 직접 방문하여 작품을 요구하

---

121) 李栩, 『戒庵老人漫筆』, "蘇州賣骨董金克和嘗求春聯於沈石田翁, 遂索紙筆親書一對雲：「小門面正對三公之府, 大斧頭專打萬石之家.」蓋其家對俞尙書士悅住雲." 李栩, 『戒庵老人漫筆』, 中華書局出版社, 1982, p.41.

122) 范允臨, 『輸寥館集』, "今吳人目不識一字, 不見一古人眞蹟, 而輒師心自創, 雖塗一山一水, 一草一木, 卽懸之市, 以易斗米, 畫那得佳耶!" 兪崑 編著, 『中國畫論類編』(上), 華正書局, 1984, p.126

는 것은 화가들이 시장에 참여하는 일종의 피동적 방식이 되었다.[123]

명대 중기 이후에는 문인화가뿐 아니라 직업화가들도 이를 따르며 문인화가의 직업화 현상과 직업화가의 문인화 경향을 더욱 가속화시켰다. 이러한 변화는 당시 강남 지역의 경제적 성장과 아울러 서화 컬렉션 문화가 활발해지면서 서화에 대한 수요자 계층의 증대를 그 이유로 들 수 있다.

명대 말기 베이징이 중국의 수도가 된지 이미 200여년이 되었고 베이징에서 고대 서화의 거래를 진행하고 있었지만 수저우를 중심으로 한 강절(江浙) 지역의 서화 컬렉션과 비교할 수 없었다. 이러한 경향은 청대 초기까지 이어졌고 많은 서화가와 컬렉터들을 배출하였다. 명·청대 시장 경제의 발전, 시민계층의 확대, 중서 문화의 교류, 인쇄업의 발달 등은 모두 중요한 사회적 특색이 되었다. 또한 이 시대는 문인화의 흥성과 궁정 회화의 성행, 민간 미술의 번성, 공예 제품의 기술 발전 등으로 미술품 창작과 컬렉션, 그리고 미술품 컬렉션 범위와 종류의 다양화를 촉진하였다.

5. 맺음말

명대 말기 개인 서화 수집의 확대는 문인사대부들의 심미적 문화 활동으로 시작되었지만 시대를 거듭하며 컬렉션의 주체가 고위관리와 문인사대부에서 부를 축적한 거상들에게 까지 확대되었다. 즉, 서화 컬렉션은 개인적 취미에서 출발하였지만 상품경제의 발전과 함께 서화 시장이 번성하면서 어떤 이들에게는 순수 감상을 넘어 돈의 가치를 가진 상품으로 보게 하였다. 명말 강남 지역을 중심으로 한 이러한 서화 컬렉션 문화의 확대는 일정한 경제적 요소를 기반으로 한 활동이었고 명대 중기이후 부터 컬렉터들의 집합지이자 중국 고대 서화 컬렉션

---

123) 呂友者, 「山川秀美數江南文人墨客賦新篇 : 明末杭州畵家群體淺議」 『收藏界』(3), 2011, pp.85-86.

의 중심지 중 하나였던 수저우에서 특히 활발하게 진행되었다.

당시 서화 매매는 수저우, 송장, 휘저우 등지로 확산되는 현상을 보였는데 이는 특히 16-17세기 명대 말기 강남 지역의 경제적 번영과 풍부한 문화적 토양과 관련될 수 있다. 강남 지역은 전국에서 서화 작품이 수집, 거래되는 중심지로 서화 매매가 활성화되었고 명대 말기에 활동한 컬렉터들과 서화가들은 서로 밀접하게 교류하며 스승과 제자 혹은 집안 사이에 혼인관계 등으로 친분을 유지하여 이는 명대 말기 컬렉터층의 확대를 가져왔다.

이러한 변화는 서화 창작과 컬렉션의 원동력이 되었고 서화가들의 시각적 경험을 풍부하게 해주었다. 또한 컬렉터와 서화가가 인연을 맺음으로써 자신의 작품을 판매할 수 있을 뿐 아니라 그 수입으로 자신의 소장품을 늘릴 수 있는 장점을 가지기도 하였다. 즉, 서화 수집은 개인적인 완상 취미에서 출발하였지만 어떤 이들에게는 순수한 감상을 넘어 재화의 가치를 가진 활동이 되었으며, 명대 말기 강남 지역의 경제 성장과 함께 서화의 상품화와 대중화로 이어졌다.

서화 매매를 통한 서화 컬렉션의 확대는 역대의 서화 작품과 문헌에 대한 비교·연구·분석 및 진위 판단을 진행하는 것을 도왔고 과거의 작품을 직접 감상하고 전통을 배울 수 있다는 것에서 작품 창작을 위한 중요한 수단이 되었다. 따라서 강남 지역을 중심으로 서화 시장이 발전하였고 서로 다른 계층의 필요에 부합하기 위해 문인 서화가들은 공개적으로 자신의 시문과 서화를 판매하면서 문인의 직업 서화가 현상이 활발하였다.

명대 말기 서화 거래가 활발해지고 서화 감상과 컬렉션에 대한 욕구가 확대됨에 따라 당시 서화가들에게 다양한 작품을 제작할 수 있는 기회와 동기를 제공하였다. 명대 말기 강남 지역을 중심으로 서화가들이 밀집되어 서로 스승과 제자의 관계로 연계되었고, 작품의 공급과 수요가 활발하게 이루어져 서화 시장의 잠재력이 확대될 수 있는 결과를 조성하였다.

한편으로 서화 시장과 매매의 활성화는 명말 서화 컬렉션의 확대와 서화의 학습과 연구를 현실화하였다. 서화 수집을 통한 전통의 감상에서 모방으로, 모방은 다시 개인 창작으로 이어져 새로운 이론을 실천하고 완성하는 기초가 되었다. 즉, 옛 사람들의 필묵에 대한 연구는 시대를 초월하여 작품을 감상하고 컬렉션하는 것을 통해서 이루어질 수 있었다. 이러한 서화 컬렉션은 매매를 기초로 이루어졌으며 지역적으로 서화가들의 예술적 성과를 높이고 문화 예술에 대한 사람들의 의식 수준도 향상시켰다.

Ⅲ. 16-17세기 중국의 도시문화 변화와 서화 컬렉션 취미

1. 머리말

　16세기 말 17세기 초 명대 말기 강남(江南) 지역은 수려한 환경과 경제적 발전을 배경으로 문화적 소양을 높이고 동시에 인재를 배양할 수 있는 기초를 마련하게 하였다. 명대 강남 지역은 장원에 급제하고 벼슬에 나간 인물이 가장 많이 배출되었고 명대 말기 문인사대부와 상인, 예술가 등이 대거 모이는 지역으로 산수를 유람하거나 서화를 감상하는 문화가 성행하였다. 이들은 서로 왕래를 거듭하며 하나의 복잡한 네트워크를 형성하였고 산수를 유람하거나 집안에 자연을 담은 듯한 거대한 정원인 원림(園林)을 조성하였으며 화가들을 초청해 현장에서 서화를 제작하기도 하였고 서화 작품을 컬렉션하는데 몰두하였다.

　이러한 사치 풍조는 물질문화에 대한 선호와 소비문화 및 생활 방식의 변화에서 나온 것이었다. 이는 강남 지역을 중심으로 서화 컬렉터들이 광범위하게 존재할 수 있는 문화적 원동력을 형성하여 수저우(蘇州)를 비롯한 그 주변 지역에까지 영향을 미쳤고, 강남 지역은 명·청대에 이르기까지 전국에서 미술품 컬렉션 풍조를 주도하는 중심지가 되었다.

　16세기 명대 중기 이후 강남 지역의 유명한 컬렉터들의 서화 컬렉션 상황과 그 소장품 내용 및 규모와 경향을 집중 분석함으로써 명대 말기 강남 지역 개인 컬렉터의 손에 서화가 집중되는 독특한 현상을 다양한 사회적 원인으로 고찰하고자 한다. 특히 서화가들의 작품 창작과 새로운 화풍의 형성은 이를 소유하고자 개인 서화 컬렉터들의 심미취향이 반영된 것으로 당시 컬렉터들의 소장품을 분석하는 것은 화풍의 형성에 대해 입체적으로 접근할 수 있는 방법이 된다.

　따라서 구체적으로 명대 말기 개인 컬렉터들이 어떤 작품을 소장하였는지 그 소장품을 분석함으로써 당시 컬렉터들의 작품 컬렉션 경향과 시각적 경험을 종합적으로 고찰할 수 있다. 또한 이러한 행위가 명말 서화 창작과 이론에 가져온 결과를 살펴보고 나아가 청대 개인 컬렉션뿐 아니라 황실 컬렉션에 끼친 공헌도 확인하고자 한다. 중국 경제가 가장 발전한 명말 강남 지역의 개인 컬렉션 풍조가 당시 시대적인 유행이 된 원인을 사회적 맥락에서 파악하고 컬렉터들의 심미취향을 분석하고자 한다.

2. 명대 말기 강남 지역 도시문화의 변화

1) 은일 사상과 유람 풍조의 성행

명대 중기 이후 강남을 중심으로 서민들의 문화적 소양이 높아지고 경제활동을 통해 부를 쌓은 이들은 이후 자제들의 과거 급제를 최종목표로 삼았다. 따라서 공부하는 사람들이 증가하였고 무의식중에 문화적 소질도 제고되었다. 이는 상업 활동에도 영향을 미쳐 강남에서 서적을 새겨 판매하는 사업과 일상 소비품을 제조하는 사업이 발달하게 하였다.

그러나 과거 정원은 한계가 있어 강남에서 과거에 급제한 이들도 많았지만 과거에 급제하지 않고 학문에 정진하는 이들은 더욱 많았다. 또한 명대 초기 강남 지역 문인들은 명나라를 세운 무인 출신 주원장(朱元璋, 1328-1398)의 시기와 질투로 죽임을 당하는 상황에서 '시중에 숨어 살며 세속화되지 않는 선비' 문화를 형성하게 되었는데 이는 타이후(太湖) 유역을 중심으로 보편화되었다. 이들은 '은(隱)'을 즐기며 내면적 정신세계의 탈출구를 찾고자 문학과 예술연구에 정진하였다.[124] 이러한 상황은 『서원문견록(西園聞見錄)』의 기록에서도 찾아볼 수 있다.

---

124) 林利隆, 「明人的舟遊生活 : 南方文人水上生活文化的開展」 『明史研究叢刊11』, 樂學書局有限公司, 2005, p.48.

집안에 머무르며 문을 닫고 책을 읽으며 친구들과 벼슬길에 대한 일을 언급하지 않는다. 때때로 동원(東園)을 유람하고 거칠고 소박한 옷차림으로 사람을 만나며 즐거워한다."[125]

명대 문인들의 이러한 심리는 문인들의 결사(結社)와 강회(講會) 개최를 성행하게 하였다. 즉, 단순하게 은거적 성질을 가지거나 시를 짓는 시사(詩社)의 형태나 풍류(風流)와 아집(雅集)을 목적으로 하며 명·청대 과거제도에서 사용하는 문체를 연구하는 실용성을 가지기도 하였다. 이러한 성격의 모임들은 산수 유람과 함께 진행되었다.[126]

특히 명대 말기 문인 결사의 숫자나 규모는 이전과 비교하여 크게 증가하였다. 명대 이전 200여년의 문인 결사의 두 배가 넘는 수인 200여개가 등장하였고 그중 규모가 가장 큰 것의 참가자는 수천 명에 이르기도 하였다. 명대 문인 집단 176종 중 115종이 명나라 말기에 만들어진 것이었다.[127]

명명대 말기 문인 집단에는 그 신분 구조에 있어서 상당수의 평민 신분을 가진 사람들이 포함되어 있었다. 이러한 현상은 수저우 지역에서 두드러진다. 예컨대 심주(沈周, 1427-1509), 사감(史鑒, 1434-1496), 두경(杜瓊, 1396-1474), 주존리(朱存理, 1444-1513), 주개(朱凱), 장령(張靈), 왕총(王寵, 1494-1533), 전동애(錢同愛), 진순(陳淳, 1482-1544), 장봉익(張鳳翼), 장헌익(張獻翼), 황희수(黃姬水, 1509-1574), 팽년(彭年, 1505-1566), 왕치등(王穉登, 1535-1614),

---

125) 張萱, 『西園聞見錄』卷21, 「投閒」, "家居閉門讀書, 對親友不言宦途事. 時遊東園, 會客葛巾野服, 忻忻焉." 張萱, 『明代傳記叢刊』(107), 明文書局印行, 1991, p.2121.

126) 명대 문인 결사(結社)는 그 유형과 활동에 따라 다음의 4가지로 나누어 볼 수 있다. 첫째, 대부분 같은 지역 시인들의 소형 집단으로 실제로 시를 짓는 시사와 풍류나 아집을 목적으로 하는 남경(南京)의 '청계사(靑溪社)', '서호팔사(西湖八社)'와 같이 집회의 장소에 따라 이름을 8가지로 짓고 유람을 겸하는 시사로 나누어 볼 수 있다. 두 번째는 속세를 떠나 자연에 머물며 조용히 지내는 은거적 성질의 '이노회사(怡老會社)'로 퇴직한 사람들의 모임이라고 할 수 있다. 세 번째는 주로 과거에서 쓰는 팔고문을 연구하는 문사(文社)로 실용적인 공리성을 가지며, 네 번째는 정치회사(政治會社)로 강남 일대의 많은 문사들이 모여 이루어진 복사(復社)는 대표적이다. 郭英德, 「明代人文結社說略」『北京師大學學報』(4), 1992, pp.28-30 참조.

127) 袁陽春, 「晩明文人社團經費來源硏究」『江西敎育學院學報』(6), 2006, pp.115-116.

주천구(朱天球, 1528-1610) 등은 모두 정치적으로 벼슬을 하지 않고 지배계층에 속하지 않는 사람들이었다. 이들은 대부분이 시문과 서화 등의 애호가 깊어 문인 그룹의 활동을 더욱 확대시켰다.[128]

이러한 문화적 심리는 16세기 초 정덕(正德, 1506-1521), 가정 (嘉靖, 1522-1566) 연간에 형성되었는데 수저우의 컬렉터가 대량으로 출현하기 시작한 것도 이 때였다. 이 두 가지 현상이 동시기에 등장한 것은 이들이 서로 인과관계를 형성하고 있었음을 설명하는 것으로 수저우의 컬렉터가 문인계층에서 광범위하게 존재하고 지속된 것과도 관련된다. 이는 문화적 원동력을 형성하여 수저우를 비롯한 그 주변 지역에까지 영향을 미쳤고, 강남 지역은 명·청대에 이르기까지 전국에서 컬렉션 풍조를 주도하는 중심지가 되었다.[129]

명대 말기 사대부들에게 유람 문화는 일종의 과시용 소비로 신분 지위를 표상하는 활동일 뿐 아니라 다른 계층의 사람들과 구별되는 것을 의미하였다. 그러나 당시 상인 계층의 사회, 경제적 지위의 향상으로 점점 더 많은 사람들이 이러한 문화를 동경하고 모방하였다. 이후 사대부뿐 아니라 대중문화 속에서도 유람풍조가 만연하였으며 명나라 말기 경제적으로 한계가 있었던 문인사대부들은 능력 있는 부호나 상인들의 후원에 의지하기도 하였다.[130]

이와 같이 문인들은 정치를 떠나 최종적으로는 원림이나 서재에 은거하며 집필 활동에 몰두하거나 골동이나 서화를 만지며 감상하고 즐기는 행위에 집착하였다. 이를 통해 자신들의 감정을 토로하며 정신적인 안정과 위안을 찾고자하였다. 따라서 서화 컬렉션은 다른 계층과 차별화할 수 있는 문인들의 고상한 취미가 되었고 은일 생활을 위한 주요 내용이 되었다.

---

128) 鄭利華, 「明代中葉吳中文人集團及其文化特徵」 『上海大學學報』 4(2), 1997.4, p.101.

129) 沈振輝, 「明代蘇州地區收藏家述略」 『蘇州大學學報』 (1), 1999, p.104.

130) 巫仁恕, 「江南園林與城市社會 : 明淸蘇州園林的社會史分析」 『中央研究院近代史研究所集刊』 (61), 2008.9, pp.98-110.

2) 소비문화 확대와 사치 풍조 유행

명대 강남 지역 경제의 지속적인 발전은 새로운 형태의 소비와 사치 문화 형성을 자극하였다. 장한(張瀚)은 『송창몽어(松窗夢語)』에서 수저우 지역의 사치스러운 풍속에 대해 "민간 풍속은 대부분 강남이 강북보다 사치스럽고 강남의 사치는 특히 삼오(三吳)보다 더한 곳이 없다"[131]고 전하고 있다. 여기서 '삼오'는 수저우(蘇州), 송장(松江), 창저우(常州)를 가리킨다.

명대 말기 소비문화가 형성된 시기의 특징을 보면 시장에서 구매하는 물건의 빈도가 높아졌고, 사치품은 일상용품이 되어 사치품 소비의 보급화와 트렌드의 형성, 신분제도의 붕괴, 사치 관념에 대한 새로운 사유를 알 수 있다.[132] 이러한 사치 풍조는 물질문화에 대한 선호와 소비문화 및 생활방식의 변화에서 온 것이다. 농업과 수공업, 상업의 발달로 인한 경제적 번영은 시민계층 및 상인들의 출현을 확대하여 이들의 소비 증가와 유행을 쫓고자 하는 심리를 상승시켰다.

또한 물질문화 선호에 따른 소비 생활의 변화로 서로 다른 계층의 문화가 유입되어 부유한 문인이나 상인들의 '여가'를 즐기고자 하는 욕구를 만족시키고 개인의 문화적 수준이나 품위를 드러낼 수 있는 활동을 찾게 되었다. 이는 문인들의 장서 활동과 호화로운 개인 원림 조성으로 구체화되었다. 특히 수저우는 경제, 문화의 중심지로 컬렉션 풍조가 활발하였다. 사람들은 수저우에서 생산되는 상품들을 '소양(蘇樣)'[133] 즉, '수저우 스타일'이라 불렀고 다른 지역 사람들에게도 모방

---

131) 張瀚, 『松窗夢語』 「百工紀」 卷4, "至於民間風俗, 大都江南侈於江北, 而江南之侈尤莫過於三吳." 張瀚, 『松窗夢語(明清筆記叢書)』, 上海古籍出版社, 1986, p.79.

132) 巫仁恕, 『品味奢華 : 晚明的消費社會與士大夫』, 中華書局, 2008, pp.27-39.

133) '소양(蘇樣)'이라는 단어가 가장 먼저 등장한 곳은 명대 풍몽용(馮夢龍)의 『유세명언(喻世明言)』 중에서 어떤 인물을 묘사하는 부분에 사용된다. '소양'은 명대에 이미 자주 사용하는 단어 중 하나로 의복의 디자인이 새롭고 독특한 것을 칭하는 말이었다. 이를 명대 문인들은 '소양'이라고 불렀고, 청대 이후에는 '소식(蘇式)'이라고 하였다. 이는 장기간 사회적인 실천 속에서 형성된 개념으로 일반 대중들에게 광범위하게 사용되었다. 경제와 문화가 고도로 발전하는 명대 중·후기에

의 대상이 되었다. 이러한 현상은 컬렉션 문화의 번영과도 관계가 있음을 설명하는 것이다.

한편 명대 중기 이후 수저우를 비롯한 양저우(揚州), 휘저우(徽州) 등 상업이 번성한 지역에서 개인적으로 책을 컬렉션하는 장서(藏書) 문화가 두드러졌다. 당시 책을 만드는 서방(書坊)에서는 송대와 원대의 각본을 모방해 인쇄하였는데 이는 일반 독자들을 판매 대상으로 본 것이 아니라 당시 성행하였던 장서 문화를 겨냥한 것이었다. 특히 수저우 지역에서는 책을 인쇄해 판매하는 사업 또한 발전하였는데 당시 30여 곳의 유명한 서방이 있었고, 인쇄 및 표지제작의 수준도 뛰어났다.

호응린(胡應麟, 1551-1602)[134]은 각지의 각서를 비교하여 자신이 본 각본(刻本) 중 수저우(蘇州), 창저우(常州)의 것이 으뜸이었고, 금릉(金陵)이 그 다음이며, 항저우(杭州)가 그 다음으로 정묘함은 '오(吳)' 즉, 수저우가 최고라 하였다. 따라서 수저우에서 제작되었다는 각인(刻印)이 있는 서적들은 사람들에게 인기를 얻었으며 그중에서도 정교한 작품은 '수재(繡梓)'라 불렸다.

당시 각서(刻書) 기술의 발전은 서적의 출판과 교역을 더욱 활발하게 하였다. 『중국사가장서사(中國私家藏書史)』의 통계에 따르면, 명대 장서가는 897명에 이르렀는데 이는 송·원대 두 시기를 합친 수와 같은 것이었다. 명대 중기 이후 양순길(楊循吉)은 10만 여권을 소

생성되어 수저우(蘇州) 지역을 대표하는 일종의 공예미술양식을 가리키게 된다. 당시 수저우는 이미 중국 동남 지역의 경제적 발전과 문화적 흥성으로 인해 경제, 문화의 중심지가 되었다. 이러한 사회, 경제적 환경에 따라 수저우의 공예미술은 전면적인 발전을 거두었고 문화적으로 독특한 의미를 내포하고 있음을 보여주었다. 당시 이를 표현한 여러 어휘들은 비록 외면적으로 그 표현은 모두 다르지만 나타내고자 하는 뜻은 대체적으로 유사하여 '소양(蘇樣)', '소의(蘇意)', '소작(蘇作)' 등의 말로 표현되었다. 자세한 내용은 鄭麗虹, 「'蘇樣'與'蘇式' : '蘇式'工藝美術的含意」『史論空間』(187), 2008.11, p.84.참조.

134) 호응린(胡應麟)의 자는 원서(元瑞), 호는 소실산인(少室山人)이고 금화(金華) 난계(蘭溪) 사람이다. 4만 여권의 책을 구입하였고 저서로는 『소실산방유고(少室山房類稿)』, 『소실산방필총(少室山房筆叢)』 등이 있다. 그의 친구 왕세정(王世貞, 1526-1590)은 그가 소장한 책이 모두 42,384권에 이른다고 하였다. 範鳳書, 『中國私家藏書史』, 大象出版社, 2001, pp.219-220.

장하고 있었다. 명대 말기 황거중(黃居中, 1562-1644)·황우직(黃虞稷, 1629-1691) 부자는 8만 권을 소장하였고, 기표가(祁彪佳, 1602-1645)를 비롯해 그의 부친과 아들인 기이손(祁理孫, 1625-1675) 삼대가 모두 14만 권을 가지고 있었다.[135]

명대 강남 지역을 중심으로 많은 컬렉터들이 배출된 것은 당시의 문화적 풍습과도 관련이 있다. 수저우 선비들의 학문적 깊이와 품위 있는 생활 풍조는 유명하였다. 즉, 시를 읊고 그림을 그리고 곡에 맞춰 노래를 부르거나 원림을 조성하고 꽃과 나무를 가꾸는 등 청아하고 조용하고 편안한 삶을 지향하였다. 서적을 컬렉션하고 골동이나 서화를 감상하는 것 역시 선비들이 아(雅)를 숭상하는 일에 속해 사인들의 환영을 받았다.

명대 중엽 이후 사회적으로 장서 활동이 더욱 활발해짐에 따라 서적을 컬렉션하기 위해서는 더 높은 대가를 치러야했다. 예를 들어, 쿤산(昆山) 지역에서 속세를 피해 자연을 벗 삼아 생활한 위희명(魏希明, 1502-1540)은 "비록 부유하였으나 자식 복이 없어 단지 서적을 수천 권 구매하였는데, 고대의 유명한 서예와 회화 작품을 수집할 때면 매번 비용이 얼마든 아끼지 않았다"고 하였다.[136]

당시 문인들에게는 서재를 꾸미는 일이 보편적으로 인식되었고 자신들의 생활 일면을 복제하는 것이라 여겼다. 서재 꾸미기의 고아한 풍격은 16세기에 이르러 다른 계층에서도 이를 인식하고 모방하게 되었다. 또한 서재를 꾸밈에 있어 서화의 역할도 중요하였다.[137] 문징명(文徵明, 1470-1559)의 증손인 문진형(文震亨, 1585-1645)은『장물지(長物志)』의「현화월령(懸畵月令)」에서 한해의 때와 계절에 따라 어떤 족자를 걸어야하는지 설명하고 있다.

---

135) 範鳳書,『中國私家藏書史』, 大象出版社, 2001, pp.165-166.

136) "雖處富厚, 無子弟之好, 獨購書數千卷, 及古法書名畵, 苟欲得之, 輒費不貲." (陳冠至,「明代江南藏書家崇尚隱逸的動因」『白沙歷史地理學報』(6), 2008.10, pp.125-127 재인용)

137) 石守謙,「雅俗的焦慮 : 文徵明, 鍾逵與大衆文化」『美術史硏究集刊』(16), 2004, pp.320-322.

새해에는 마땅히 송대(宋代)의 사람들에게 행복을 주는 신령과 고대 성현상(聖賢像)을 걸어야 하며, 음력 1월 15일 원소(元宵) 전후에는 마땅히 등불놀이를 구경하고 괴뢰(傀儡)를 걸어야 하며, 정월과 2월에는 마땅히 봄놀이와 사녀(仕女), 매화, 살구, 동백나무, 흰 목련, 복숭아, 자두나무를 걸어야 하고, 3월 3일에는 마땅히 송대의 진무상(眞武像)을, 청명절(淸明節) 전후에는 마땅히 목단과 작약을, 부처님의 탄일인 4월 8일에는 마땅히 송(宋)·원대(元代) 사람들의 불화와 오색실로 만든 불상을, 14일에는 마땅히 송대에 그린 당대 도사 여동빈상(呂洞賓像)을, 단오(端午)에는 마땅히 진인(眞人) 옥부(玉符)와 송·원대 명필(名筆) 단양(端陽), 용의 형태를 한 배, 쑥으로 만든 호랑이, 사람이나 다른 동물에게 해를 끼치는 다섯 가지 독을 그린 작품을, 또한 6월에는 송·원대의 큰 누각과 큰 폭의 산수, 빽빽하게 무성한 나무와 돌(樹石), 대폭의 운산(雲山), 연꽃을 꺾고 또 더위를 피하는 등의 그림을 걸고, 칠석(七夕)에는 직녀성에게 교묘한 바느질 재주를 구하고 직녀(織女)와 누각(樓閣), 파초(芭蕉), 사녀 그림 등을 걸어야 하며, 8월에는 오래된 계수나무나 서옥(書屋) 등의 그림을 걸어야 하며, 9월과 10월에는 국화와 부용, 가을 강산 및 단풍나무 숲 등의 그림을 걸어야 하며, 11월에는 설경(雪景)과 섣달 매화, 수선 취양비(醉楊妃) 등의 그림을 걸어야 한다. 12월에는 종규(鍾馗), 영복(迎福), 구매(驅魅), 가매(嫁妹)를 걸어야 하며, 음력 12월 25일에는 옥황상제와 신선이 타는 오색(五色)의 운차(雲車) 등의 그림을 걸어야 한다.[138]

문인들에게는 장서 활동과 함께 서재를 장식하는 것 역시 자신들

---

138) 文震亨, 『長物志』「懸畵月令」, "歲朝宜宋畵福神及古名賢像；元宵前後宜看燈·傀儡；正·二月宜春游·仕女·梅·杏·山茶·玉蘭·桃·李之屬；三月三日, 宜宋畵眞武像；淸明前後宜牡丹·芍藥；四月八日, 宜宋元人畵佛及宋繡像佛；十四宜宋畵純陽像；端五宜眞人玉符, 及宋元名筆端陽·龍舟·艾虎·五毒之類；六月宜宋元大樓閣·大幅山水·蒙密樹石·大幅雲山·采蓮·避暑等圖；七夕宜穿針乞巧·天孫織女·樓閣·芭蕉·仕女等圖；八月宜古桂·或天香·書屋等圖；九·十月宜菊花·芙蓉·秋江·秋山·楓林等圖；十一月宜雪景·腊梅·水仙·醉楊妃等圖；十二月宜鍾馗·迎福·驅魅·嫁妹；腊月卄五, 宜玉帝·五色雲車等圖." 文震亨, 陳植 校注, 『長物志校柱』, 江蘇科學技術出版社, 1984, p.221.

의 안목과 문화적 소양을 드러내는 하나의 방식이 되었다. 만약 당시 문진형이 기록한대로 절기마다 작품을 바꾸며 걸었다면 집안에 보관하고 있는 서화의 수가 적지 않았을 것이고 이는 또한 서화 컬렉션의 발전과도 연관이 있음을 짐작할 수 있다.

16세기 가정 연간부터 만력(萬曆, 1573-1619) 연간에 사람들은 향락과 사치를 강조하며 소비문화를 즐기며 물질에 대한 욕구가 높아졌다. 문인 관료들과 부유한 상인들에 이르기까지 모두 화려하고 사치스러운 것을 향유하게 되었으며 자신들의 부를 과시하듯 호화로운 원림을 조성하였다.[139]

당시 문인들은 개인 원림을 조성하여 도시에서의 은거 생활을 추구하고자 하였다. 원림은 문인들이 서로 교류하며 시를 짓고 그림을 감상하는 장소가 되었으며 원림의 주인들은 산과 물을 가까이 하는 즐거움을 찾고자 하였다. 따라서 원림의 산수 자연은 사인계층의 은일 사상과 이상을 현실화한 곳이었다.

명대 문인들에게 은일은 세상에 구속받지 않고 은둔하는 사람과 같이 고요하고 자유로운 것을 추구하는 것이었다. 한편 도시 경제의 성장은 생활상에서는 물질적 향유를 즐기고 세속의 욕망을 추구하게 하였다. 이들은 돌과 나무에 둘러싸인 큰 원림을 조성해 향을 피우고 차를 마시며 시와 그림을 품평하였다.

명대에 강남 지역의 원림 출현은 크게 두 시기의 절정기를 가지는데 즉, 성화(成化, 1465-1487), 홍치(弘治, 1488-1505), 정덕 연간과 가정, 만력 연간으로 나눌 수 있으며 16세기 이후 가정, 만력 연간의 원림 조성이 더욱 활발하였다. 특히 난징(南京) 지역의 원림은 질적으로나 양적에서 모두 뛰어났다. 유명한 원림으로는 '동원(東園)', '서원(西園)', '봉태원(鳳台園)', '위공서원(魏公西園)', '만죽원(萬竹園)', '시은원(市隱園)', '기원(杞園)' 등 16곳이 있었다. 왕세정(王世貞, 1526-1590)은 난징(南京)에서 관직을 하였고 여러 원림을 돌아다니며 『유

---

139) 張荷, 『吳越文化』, 遼寧教育出版社, 1995, pp.101-102.

금능원서(游金陵園序)』를 지었다. 송장(松江) 지역에는 반윤단(潘允端, 1506-1581)의 '예원(豫園)'과 고정의(顧正誼, 16-17세기)의 '탁금원(濯錦園)', 고정심(顧正心)의 '희원(熙園)' 등이 유명하였다.[140] 고정의와 고정심은 형제였고 모두 거대한 저택을 소유하고 있었으며 고정의는 서화에 뛰어났다.

명대 중엽 이후 이미 '강남의 원림은 천하제일'이라는 말이 있었고, 특히 강남 지역의 뛰어난 환경과 풍부한 경제력은 원림 발전의 좋은 조건이 되었다. 문인사대부들뿐 아니라 많은 상인과 부호들도 모두 원림 조성에 열중하였다. 원림 조성은 서화 제작에도 영향을 미쳐 원림을 주제로 한 작품이 증가하게 되는데 이는 명대 회화의 특징 중 하나라고 할 수 있다.

그림15. 명(明), 전곡(錢穀), 〈구지원도(求志園圖)〉부분, 종이에 수묵담채, 29.8×190.5㎝, 베이징 고궁박물원

실제로 여러 개인 원림의 주인들은 화가들을 초청해 원림의 아름다운 풍경과 원림에서 시를 짓고 술과 노래를 즐기는 등 자신의 생활상을 묘사하였다. 예를 들어, 강남 지역의 명망 있는 가문인 고씨(顧氏)의 '장원(莊園)'을 묘사한 문백인(文伯仁, 1502-1575)의 〈남계초당도(南溪草堂圖)〉가 있고, 〈구지원도(求志園圖)〉는 전곡(錢穀, 1508-1578)이 친구 장봉익(張鳳翼)의 요청으로 '구지원(求志園)'의 봄, 여름 사이의 풍경을 묘사한 것이다.

---

140) 王春瑜, 『明淸史散論』, 東方出版中心, 1996, pp.155-157.

전곡의 〈구지원도〉는 가정(嘉靖) 43년(1564) 4월에 제작하였으며 작품의 끝에는 왕세정(王世貞)의 '구지원기(求志園記)' 및 이반용(李攀龍), 황보방(皇甫汸), 황희수(黃姬水), 여민표(黎民表), 서린(徐麟), 장헌익(張獻翼), 양장거(梁章鉅) 등의 제발이 있다. 이외에 장굉(張宏, 1577-1652년 이후)의 〈지원도(止園圖)〉는 수저우에 있는 주천구(周天球, 1514-1595)의 정원 '지원(止園)'을 그린 것이 있다.[141]

그림16. 명(明), 문징명(文徵明), 〈진상재도(眞賞齋圖)〉 부분, 종이에 수묵담채 36×107.8㎝, 상하이박물관

문징명은 그의 친구 화하(華夏, 1494-1567)의 '진상재(眞賞齋)'를 위해 〈진상재도(眞賞齋圖)〉는 원림을 소재로 제작한 것이며 문징명은 두 번 같은 작품을 제작하였다.[142] 이러한 작품에서 알 수 있듯이, 원림은 문인들의 교류와 서화 작품을 감상하고 품평하는 장소가 되었으며 서화는 원림 문화에 있어 중요한 요소가 되어 서화 컬렉션과 원림의 밀접한 관계를 짐작할 수 있다.

청대 후기 서예가 전영(錢泳, 1759-1844)의 『이원총화(履園叢話)』중 기록된 56개의 개인 원림 중 3개는 경사(京師)에 있고 나머지

141) 전곡(錢穀)의 〈구지원도(求志園圖)〉는 가정(嘉靖) 43년(1564) 4월에 제작하였으며 작품의 끝에는 왕세정(王世貞)의 '구지원기(求志園記)' 및 이반용(李攀龍), 황보방(皇甫汸), 황희수(黃姬水), 여민표(黎民表), 서린(徐麟), 장헌익(張獻翼), 양장거(梁章鉅) 등의 제발이 있다.
142) 문징명(文徵明)은 80세와 87세에 '진상재(眞賞齋)'를 주제로 제작하였고, 전자는 현재 상하이박물관(上海博物館)에 후자는 중국국가박물관(中國國家博物館)에 소장되어 있다. 중국국가박물관에 소장되어있는 작품은 세로와 가로가 각각 28.6×79㎝로 전자보다 작은 작품이다.

는 모두 강남 일대에 위치하였다. 동준(童雋)의 『강남원림지(江南園林志)』에는 당시 강남 지역 원림으로 수저우의 '졸정원(拙政園)'과 우시(無錫)의 '기창원(寄暢園)', 창수(常熟)의 '연원(燕園)', 난징(南京)의 '우원(愚園)', 항저우(杭州)의 '고원(皐園)' 등 50여 곳을 들고 있으며, 그중 수저우의 '졸정원'은 수저우 4대 원림 중 하나로 16세기 초 명대 정덕 연간 어사(御史) 왕헌신(王獻臣)이 관직을 그만두고 고향으로 돌아와 조성하기 시작하였다. 문징명은 왕헌신의 원림을 위해 '왕씨졸정원기(王氏拙政園記)'를 지었고,[143] 1533년 '졸정원'의 여러 풍경을 주제로 〈졸정원삽일경도(拙政園卅一景圖)〉를 제작하였다. 또한 명대 말기에 활동한 화가 구영(仇英, 1498-1552)도 왕헌신에게 〈원거도(園居圖)〉를 제작해 주었다.

그림17. 명(明), 문징명(文徵明), 〈졸정원삽일경도(拙政園卅一景圖)〉 부분, 종이에 수묵, 26.4×27.3㎝, 메트로폴리탄 미술관

　　당시 원림의 조성은 자신들의 부와 품위를 표출하는 하나의 방식으로 원림의 주인들은 대부분 관직에서 물러나 은거 생활을 하는 관료들이나 부유한 상인들이었다. 이들은 경제적으로 부를 향유한 계층으로 당시 화려한 원림을 소유하고 있었다는 것은 당연히 좋은 서화 작품으로 이를 장식하고 계절마다 서화를 바꾸어 걸었다는 것을 의미하기도 한다. 따라서 강남 지역에 원림이 많이 조성되었다는 것은 서화 컬렉션과 창작이 성행한 것에도 중요한 역할을 하였다는 것을 알 수

---

143) 楊鴻勛 等著, 『中國江南園林訪古』, 中國展望出版社, 1984, p.12, 22.

그림18. 수저우(蘇州) 졸정원(拙政園)

있다.

3. 서화 컬렉션 취미와 성격

1) 컬렉션 분류와 수량

　　명대 중기 이후 컬렉터들이 밀집되는 강절(江浙) 지역은 전국에서
문화 예술의 중심지가 되었고 각 지역의 문인 컬렉터 및 서화가들과
광범위한 교유관계를 가졌다. 명대 말기에는 개인 컬렉터의 수나 소장
품의 질과 양에서 모두 그 이전 시대를 뛰어넘는 성과를 얻었다. 이는
남송대 이후 강남 지역을 중심으로 형성된 문인 문화와 관련이 있다.
또한 세대를 거듭하며 학문을 닦고 수양하는 풍격에서 시작하여 예술
을 즐기고 문(文)을 숭상하며 문인사대부적 기운과 아취를 강조한 품
격에서 찾아 볼 수 있다.

　　이러한 경향은 강남 지역의 개인 서화 컬렉터들의 소장품 규모와
소장품의 주요 내용을 통해서도 확인해볼 수 있다. 즉, 명대 중기 이후
에 문인화가 중국 화단의 중요한 위치를 차지하면서 문인화에 대한 수
요가 크게 증대되었다. 당시 강남 지역 문인사대부들은 서화 컬렉션에
열중하였는데 그 내면에는 이러한 활동을 통해 다른 문인들과 교류할
수 있는 기회를 확대하고 서화 소장품의 내용으로 자신의 가치를 높일
수 있는 요소를 포함하고 있었다.

　　명대 말기 강남 지역에서 활동한 유명한 컬렉터로는 장수(江蘇)
지역의 한세능(韓世能, 1528-1598)·한봉희(韓逢禧, 1576-？) 부
자, 왕세정(王世貞, 1526-1590)·왕세무(王世懋, 1536-1588) 형제,
장축(張丑, 1577-1643), 자싱(嘉興)의 항원변(項元汴, 1525-1590),
이일화(李日華, 1565-1635), 안후이(安徽)의 첨경봉(詹景鳳, 1532-
1602), 상하이(上海)의 동기창(董其昌, 1555-1636) 등을 들 수 있다.

이들은 지속적인 서화 컬렉션 활동으로 상당한 규모의 소장품을 갖추었다.

컬렉터들의 시대별 소장품 취향과 선호 경향과도 관련이 있고 또한편으로 이는 경제력과도 연결해 볼 수 있다. 예를 들어, 작품의 연대가 올라갈수록 가격이 높고 회화보다 서예 작품의 가격이 높았다. 이로 미루어 볼 때 일부 장훤(張萱, 약713-755)과 주방(周昉, 약730-800)의 인물사녀화와 당대 수묵산수화가와 청록산수화가를 대표하는 왕유(王維, 699-759)와 이사훈(李思訓, 651-718) 등의 작품을 제외하면 대부분 서예 작품이 포함되어 있는 당대의 작품은 경제적으로 여유가 있었던 한세능과 항원변이 각각 32점과 20점으로 가장 많은 수를 소장하였다.

아래의 표에서는 이들의 서화 컬렉션을 분류하고 그 수량을 분석한 것으로 명대 말기 강남 지역 서화 컬렉션 취미의 전개 양상을 살펴볼 수 있다.

〈표1〉 명대 말기 강남 지역 개인 서화 컬렉터들의 시대별 소장품 수(단위:점)

	동한(東漢)	위(魏)	진(晉)	남북조(南北朝)	당(唐)	오대(五代)	송(宋)	원(元)	명(明)	시대미상
한세능(韓世能)	0	6	11	2	32	3	29	8	2	0
장축(張丑)	0	0	4	1	9	0	22	22	24	0
이일화(李日華)	0	0	1	0	1	0	3	19	53	5
오정(吳廷)	0	0	5	0	5	2	13	7	1	0
항원변(項元汴)	1	0	13	0	19	3	47	21	8	0

오기정 (吳其貞)	0	0	0	0	2	1	26	24	2	1
동기창 (董其昌)	0	0	1	0	7	0	38	21	2	0
합계	1	6	35	3	75	9	178	122	92	6

　　한세능의 소장품 중에는 당대와 송대의 작품이 각각 32점과 29점으로 가장 많은 부분을 차지하였고 장축은 명대 작품이 24점으로 가장 많았고 송·원대 작품이 각각 22점으로 그 다음을 차지한다. 동기창의 소장품은 송대와 원대의 작품이 대부분을 차지하였으며 그중 송대의 작품이 38점으로 가장 많다.

　　이일화의 소장품은 다른 컬렉터들에 비해 명대 작품이 53점으로 가장 많았고 원대 작품은 19점으로 그 다음이었다. 오정(吳廷)의 소장품 중에는 송대의 작품이 가장 많은 수를 차지하였다. 항원변의 소장품은 송대의 작품이 47점으로 명대 말기 다른 서화 컬렉터들에 비해 월등하게 많은 수를 차지하였으며 그 다음은 원대와 당대 작품 순으로 나타났다. 오기정의 컬렉션은 송대의 작품이 26점으로 가장 많다.

　　전체적으로 명대 말기 강남 지역 서화 컬렉터들의 소장품을 시대별로 살펴보면, 송대의 작품이 178점으로 가장 많은 수를 차지하며 그 다음은 원대의 작품 122점, 그 다음은 명대가 92점으로 다수를 차지하였다. 당대의 작품은 75점, 진대의 작품은 35점이고, 오대의 작품은 9점으로 나타났다. 명말 강남 지역 컬렉터들의 소장품은 특히 문인화에 대한 수요가 많은 부분을 차지하였다. 명대 중기 이후에는 수저우 지역을 중심으로 문인의 취미와 기호를 동경한 상인계급의 후원으로 그 수요가 더욱 상승하였다.

2) 컬렉션의 성격

(1) 문인화적 아취(雅趣) 강조

직업화가와 구별되는 문인화에서 문인의 기본적인 태도는 직업적으로 서화를 제작한 것이 아니라 여가시간에 여기(餘技)로서 즐기고자 하였다. 다시 말해, 문인들은 자신의 심상적 품격과 자신이 표현하고자 하는 대상을 일체화하여 자신의 내면을 드러내고자 하였다. 즉, 서화 제작은 형상이 아니라 정신을 그린다는 세계관을 통해 선비의 가장 품격 있는 즐거움으로 인식되었다.[144]

중국의 문인화는 시기적으로 세 번의 변화 과정을 겪게 된다. 우선 북송대 문인화의 '발전기'를 거쳐 원대에는 문인화적 특징을 기본적으로 완비한 '성숙기'에 이르게 된다. 명대에는 초기의 송대 원체화풍이 흥성한 후 명대 중기 이후 '오파(吳派)'의 출현과 함께 문인화가 점차 더 '성장기'에 이르렀다.[145] 송대 문인화가로는 미불(米芾, 1051-1107)과 소식(蘇軾, 1037-1101), 황정견(黃庭堅 1045-1105) 등이 대표적이며, 원대에는 조맹부(趙孟頫, 1254-1322)를 비롯한 오진(吳鎭, 1280-1354), 황공망(黃公望, 1269-1354), 예찬(倪瓚, 1301-1374), 왕몽(王蒙, 1308-1385)의 '원사대가(元四大家)'[146]에 의해 이루어진다.

명대 말기 강남 지역 컬렉터들은 특히 송대와 원대의 문인화 작품을 많이 소장하였다. 예를 들어, 한세능의 소장품 중 송대 문인화가의 작품이 다수를 차지하는데 이공린(李公麟, 1049-1106)의 작품이 7점, 소식은 5점, 미불은 4점, 황정견은 2점의 작품을 소장하였다. 항원변의 경우 역시 황정견의 작품 9점인 것을 비롯하여 소식은 7점, 미불은 6점, 이공린의 작품 1점을 포함하는데 그가 소장한 47점의 송대

---

144) 최병식, 『수묵의 사상과 역사』, 동문선, 2008, pp.273-281.

145) 林木, 『明淸文人畵新潮』, 上海人民美術出版社, 1991, pp.339-340.

146) '원사대가(元四大家)'에 대한 기본적인 개념은 왕세정(王世貞)에 의해 이루어졌다. 그는 『예원치언(藝苑卮言)』에서 "조맹부(趙孟頫), 황공망(黃公望), 오진(吳鎭), 왕몽(王蒙)을 원사대가이다(趙松雪孟頫, 梅道人吳鎭仲珪, 大癡老人黃公望子久, 黃鶴山樵王蒙叔明, 元四大家也。)"라고 하였다. 이러한 개념은 최종적으로 후대 사람들에 의해 수정되었다. 兪崑 編著, 『中國畵論類編』(上), 華正書局, 1984, pp.116-117.

작품 중 23점이 문인화가의 작품으로 다수를 차지하였다.

　당시 사회의 상층부를 장악하고 강남 지역의 주요 컬렉터 계층이었던 문인 관료 출신의 이러한 컬렉션 취향은 상인들을 포함한 다른 소장층에도 영향을 미쳤다. 휘저우 출신으로 강남의 여러 컬렉터들과 교류하였던 오정의 송대 소장품 중 황정견의 작품은 4점, 미불과 이공린의 작품은 각각 2점씩 가지고 있었으며 소식의 작품은 1점을 소장하였다. 이 역시 그가 소장한 13점의 송대 소장품 중 9점을 차지하는 것이었다.

　명대 말기 강남 지역 서화 컬렉터들의 소장품 중에는 공통적으로 문인화 경향의 작품이 많았으며 송대의 문인화가들과 이들을 계승한 원・명대 작품이 많았다. 특히 명말 서화 컬렉터들의 소장품 중 송대의 작품이 다수를 차지하는 것은 문인화에 대한 숭상 및 성행과도 관련이 있다. 이들의 작품은 문인들의 생활 태도와 관련 있는 평담(平淡)함과 천진(天眞)함, 세속을 초월한 자유분방한 기운인 일기(逸氣)와 필묵(筆墨), 뜻을 그리는 사의(寫意)를 강조하였다.

　우선 명대 서화 컬렉터들의 컬렉션 대상이 되었던 송대 문인화가 미불은 동원(董源, 934-962)의 평담천진한 화풍을 강조하며 인위적이지 않고 자연스러운 것을 중시하였다. 즉, 미불은 동원 작품에 대해 평담하고 천진한 것이 많다고 하면서 "당대는 이러한 작품이 없으며 필굉(畢宏)의 위에 있고 근세(近世)의 신품(神品)으로 격이 높은 것은 비교할 수 없다. 꼭대기가 뾰족한 산봉우리들이 나타났다 없어지고 구름과 안개가 드러났다 사라지며 교묘한 뜻을 꾸미지 않아 모두가 천진함을 얻었다"[147]고 평하였다.

　이러한 화풍은 원대 문인화가인 황공망, 오진, 예찬, 왕몽의 '원사대가'에게로 이어졌고 이들 역시 동원과 거연(巨然, 960-?)의 평담천진한 화법을 배웠다. 원대는 기본적으로 북송 문인화 형식을 흡수하였으며 수묵과 사의를 강조하였다. 또한 구도와 필묵이 간결하고 자유로

---

147) 米芾,『畫史』, "董源平淡天眞多, 唐無此品, 在畢宏上, 近世神品, 格高無與比也. 峰巒出沒, 雲霧顯晦, 不裝巧趣, 皆得天眞." 兪崑 編著,『中國畫論類編』(下), 華正書局, 1984, p.653.

운 것을 중시하였고 시(詩)로써 그림(畵)에 들어가고 서예(書)로써 그림(畵)에 들어가는 것을 주장하였다.

원대 서화가들은 문인화 형식미의 핵심인 필묵 정취로 사의적 경향을 드러냈다. 원대 예찬은 "그림은 일필(逸筆)로 대략 그려서 형태의 비슷함(形似)을 구하지 않고 오직 스스로 즐기는 것에 불과할 뿐이다"[148]라고 하였다. 즉, 일필초초(逸筆草草)는 먹을 가지고 노는 묵희(墨戱)의 정신이며 창작 태도상 형사보다 정신을 중시한 것으로 필묵으로 화가의 주관적인 사상을 표출한 것이다. 예찬의 작품에서 보이는 간결한 필법과 담백한 먹은 일(逸)의 근원이 되며 예찬의 일필은 원대 회화의 공통적인 특성이 되었다. 명대 왕세정은 『예원치언(藝苑巵言)』에서 예찬의 작품을 다음과 같이 언급하였다.

> 예찬(倪瓚)은 간략하고 우아하여 흡사 여리고 창백한 듯 한데 혹자가 이르기를 송나라 사람들은 모사하기 쉽지만 원대 사람들은 모사하기 어렵다. 원대 사람들은 마치 배울 수 있을 것 같지만 홀로 예찬만은 배울 수 없다.[149]

명대 말기 강남 지역 컬렉터들은 '원사대가' 중 황공망, 예찬, 왕몽의 작품을 여러 점 소장하였고, 그중에서 동기창과 이일화는 예찬의 작품은 각각 4점과 3점을 차지하였다. 이는 당시 문인화적 아취를 중시한 것과 관련된 것으로 예찬의 작품은 이러한 경지가 충분하였다. 이는 동기창과 이일화의 기록에서도 확인할 수 있다. 동기창은 『화선실수필(畵禪室隨筆)』에서 "'원사대가' 중 유독 예찬의 품격이 특히 뛰어나며 초기에는 동원을 배우고 만년에 스스로 독창적인 개성을 이루었으며 간단하고 담백한 것을 위주로 하였다"[150]고 전하였다.

---

148) 倪瓚, 『雲林論畵山水』, "僕之所謂畵者, 不過逸筆草草, 不求形似, 聊以自娛耳." 俞崑 編著, 『中國畵論類編』(下), 華正書局, 1984, p.702.

149) 王世貞, 『藝苑巵言』, "元鎭極簡雅, 似嫩而蒼, 或謂, 宋人易摹, 元人難摹. 元人猶可學, 獨元鎭不可學也." 俞崑 編著, 『中國畵論類編』(上), 華正書局, 1984, p.117.

150) 董其昌, 『畵禪室隨筆』卷2, 「題自畵」, "元季四大家, 獨倪雲林品格尤超. 早年學董源, 晚

이일화의 소장품으로 항원변의 소장 인장이 있는 예찬의 〈안처재도(安處齋圖)〉는 그의 전형적인 화풍을 볼 수 있다. 이는 간결하고 담백한 필묵을 기조로 하나의 강을 사이에 두고 두 개의 언덕이 있는 구도 및 잎이 듬성듬성한 나무가 있는 작품이다. 이일화가 소장한 역대 서화가들의 작품은 자신의 애호 경향에 따른 이유도 있지만 한편으로는 이들의 작품 컬렉션을 통해 역대 문인화가들의 전통을 추종하고자 한 것이며 또한 자신의 문인적 취향을 드러내고자 한 것이었다. 이일화는 『죽란논화(竹嬾論畫)』에서 다음과 같이 말하였다.

무릇 사물을 형상화하는 데 있어서 그 형(形)을 얻는 것은 그 세(勢)를 얻는 것만 못하고 그 세를 얻는 것은 그 운(韻)을 얻는 것만 못하며 그 운을 얻는 것은 그 성(性)을 얻는 것만 못하다.[151]

여기서 이일화가 강조한 최고의 요구는 대상의 형(形)보다 성(性)을 얻는 것으로 여기서 성은 "사물이 자연스럽게 타고나는 것이므로 기예가 성숙되어 그 극에 이르면 저절로 표현되는 것이다"[152]라고 하였다. 이는 그가 인위적이지 않고 자연스러운 문인화의 평담천진을 최고의 경지로 강조한 것이며 그의 서화 컬렉션의 기준이 되었다. 또한 평담천진은 동기창의 서화 이념으로 그는 '원사대가' 중 동원을 배운 황공망의 작품을 가장 많이 소장하였다. 동기창은 동원과 오진, 황공망, 예찬, 왕몽의 작품을 배우고 이들을 컬렉션 목표로 삼았으며 원사대가 중에서도 황공망을 으뜸으로 삼았다.[153]

동기창이 남종문인화를 높게 평가한 것은 문파의 편견이 존재하

乃自成一家, 以簡淡爲之." 盧輔聖 主編, 『中國書畫全書』(第三冊), 上海書畫出版社, 1992, p.1020.

151) 李日華, 『竹嬾論畫』, "凡狀物者, 得其形, 不若得其勢, 得其勢, 不若得其韻, 得其韻不若得其性." 兪崑 編著, 『中國畫論類編』(上), 華正書局, 1984, p.134.

152) 李日華, 『竹嬾論畫』, "性者物自然之天, 技藝之熟, 照極而自呈." 兪崑 編著, 『中國畫論類編』(上), 華正書局, 1984, p.134.

153) 董其昌, 『畫禪室隨筆』卷2, 「畫源」, "元季四大家, 以黃公望爲冠." 盧輔聖 主編, 『中國書畫全書』(第三冊), 上海書畫出版社, 1992, p.1015.

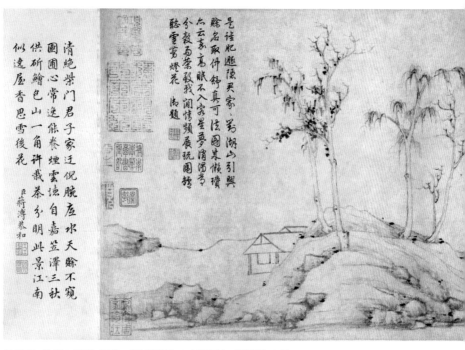

그림19. 원(元), 예찬(倪瓚), 〈안처재도(安處齋圖)〉, 종이에 수묵, 25.4×71.6㎝
타이베이 국립고궁박물원

湖上齋居臺士家淡烟誅柳
塋中餘安時為善年二樂憂
順謀身事二佳竹葉夜香紅
齒酒菊苗春熙磨頭茶此樓
不作紅塵容應莫寒江捲湲
花小月塋日寫安霞齋為并
賦長句便璜

는 것이었지만 후대 화가들은 이를 더욱 추종하였다. 당시 화가들과 이론가들은 이와 비슷한 견해를 제시하며 동기창을 따랐다. 이는 당시 옛 사람을 스승으로 삼고 그림을 배우는데 명확한 대상과 방향을 제공하였으며 청대 초기에 까지 다양한 견해를 가지며 이어지게 된다.[154]

다시 말해, 동기창의 '남북분종론(南北分宗論)'은 회화사에서 산수화의 두 가지 발전 과정을 보여주며 두 가지 대립되는 화가들을 구성하게 하였다. 동기창은 남종문인화를 높게 평가하였는데 이는 당대의 왕유를 시조로 하여 장조와 형호(荊浩, 약880-940), 관동(關仝, ?-960), 동원, 거연, 곽충서(郭忠恕, ?-977), 송대 미불, 미우인(米友仁, 1074-1151) 부자, 원대 황공망, 예찬, 왕몽, 오진에게서 다시 명대 심주와 문징명에게 이어졌다. 이러한 남종문인화 계열의 작품 경향은 동기창 자신에게 전해져 그의 컬렉션에도 영향을 미쳤다.

(2) 오파(吳派) 화풍의 선호

명대 말기 컬렉터들은 대부분 문인화를 대표하는 작가들의 작품을 소장하였고 명대의 작품으로는 문인화풍을 근거로 하는 '오파(吳派)'의 심주와 문징명의 작품이 다수를 차지하였다. 물론 남송대 '원체파(院體派)'나 명대 초기의 '절파(浙派)'로 구분되는 작가인 대진(戴進, 1388-1462), 주신(周臣, 1460-1535) 등의 작품도 포함되어 있지만 소수였다. 이는 명대 말기 문인화를 선호하고 원사대가의 고요하고 담백한 화풍을 추구하고자 했던 경향에서 벗어난 것이었다.

명대 중기 오파가 화단을 장악하기 이전에는 명나라 태조(太祖) 황제 주원장(朱元璋, 1328-1398)은 황권 중심의 중앙집권체제를 강

---

154) 그 예는 왕원기(王原祁, 1642-1715)의 『녹대제화고(麓臺題畵稿)』와 심종건(沈宗騫)의 『개주학화편(芥舟學畵編)』에서 찾아볼 수 있다. 심종건은 남북종(南北宗)에 대한 견해로 남방과 북방의 지리적인 차이에 따라 작품이 달라진다고 하였고 일부 학자들은 준법(皴法)에 따라 남북종을 나누기도 하였다. 于安蘭 編, 『畵史叢刊』(上), 華正書局, 1984, p.226 ; 俞崑 編著, 『中國畵論類編』(下), 華正書局, 1984, p.865.

화하고 문인들을 통제하기 위한 정치적 압박을 가하였으며, 이로 인해 문인화 역시 크게 발전하지 못하였다. 이를 대신하여 엄정하고 세련되며 힘이 넘치는 남송대 원체 화풍인 마원(馬遠, 1160-1225), 하규(夏珪, 1195-1224)의 화풍을 더욱 선호하였다. 따라서 명대 화원 화가들에게 계속해서 이를 임모하게 하였으며 민간 화가들에게까지도 영향을 미쳤다. 청대 문인화가 장경(張庚, 1685-1760)이 쓴 『포산논화(浦山論畵)』 중에도 절파와 관련된 문장이 있다.

> 그림이 남북(南北)으로 구분된 것은 당대(唐代)에 시작되었으나 지역에 따라 파를 이룬 것은 아니었으며 명대 말기에 절파(浙派)라는 명칭이 주목받게 되었는데 이 파는 대진(戴進)에서 시작하여 남영(藍瑛)에서 완성되었다. 그 결점은 대체로 네 가지가 있는데 딱딱하며(梗), 생기가 없고(板), 앙상하며(禿), 졸렬하다(拙)는 것이다.[155]

여기서 장경은 대진이 절파의 창시자라고 말하며 절파의 네 가지 단점을 딱딱하며, 생기가 없고, 앙상하며, 졸렬하다고 제시하였다. 이는 아마도 당시 절파 화가들이 명대 말기 서화 컬렉터들에게 환영을 받을 수 없었던 요소가 되었을 것이며, 또 한 가지 원인은 문인화에서 강조한 '그림 가운데 서예가 있고, 서예 가운데 그림이 있다'는 것과 관련시킬 수 있다.

다시 말해, '절파'는 서예의 유연한 생명력인 의취(意趣)를 탐구하는 것이 부족하다는 것을 드러내는 것이며 마치 당인(唐寅, 1470-1524)이 그림에 필요한 기준으로 "세밀한 그림은 해서(楷書)와 같고, 뜻을 그리는 것은 초서(草書)와 같아야 한다"[156]라고 요구한 것과 같다. 그러므로 서예의 의취가 없어 장인의 기운(匠氣)이 많은 '절파'화풍은 문인화가들의 우아한 경지에 오르기는 어렵다고 생각하였던 것

---

155) 張庚, 『浦山論畵』, "畵分南北始於唐世, 然未有以地爲派者, 至明季方有浙派之目. 是派也始於戴進, 成於藍瑛. 是派也始於戴進, 成於藍瑛. 其失蓋有四焉 : 日梗, 日板, 日禿, 日拙." 兪崑 編著, 『中國畵論類編』(上), 華正書局, 1984, p.223.

156) "工畵如楷書, 寫意如草聖." (郭因, 『元明繪畵美學』, 金楓出版社, 1987, p.76 재인용)

이다.

이러한 견해는 명대 중기 이후 강남 지역에서 문인화가 흥성한 것과도 연결되며 오파가 수저우를 중심으로 형성되어 화단을 장악한 것과도 관련된다. 즉, 강남 지역 개인 컬렉터들의 소장품 중 오파 화가들의 작품이 많은 것은 명대 말기 수저우를 비롯한 강남 일대에서 활동한 서화가와 컬렉터들이 강남이라는 지역적 공통점을 가지며 교류하였기 때문이다.

명대 장저(江浙) 지역에는 뛰어난 서화가가 많았는데 서심(徐沁, 1626-1683)의 『명화록(明畵錄)』에 수록된 명대 화가는 820여 명이었다.[157] 그중 장수 사람은 약 370명이고 저장 사람은 약 200명인 것으로 나타났다. 심주, 문징명, 동기창, 항원변, 성시태(盛時泰, 1529-1578)[158] 등은 이들 중 대표적인 인물이라고 할 수 있다. 『명화록』에 기록되어 있는 370명의 장수 지역 화가 중 수저우 출신은 약 150명, 난징은 약 70명으로 이 지역에서는 컬렉터 역시 많이 배출되는 지역이었다.[159] 이는 컬렉터들에게 풍부한 작품을 제공하는 것을 보장해 주었다.

한편 명대 15세기에서 16세기 성화 연간부터 가정 연간까지의 100여 년 동안 특히 수저우는 전국에서 가장 영향력 있는 문화 도시가 되었다. 이 사이 '오문화파(吳門畵派)'와 '오문서파(吳門書派)'의 흥기는 수저우 지역 문화 전반이 흥성하는데 중요한 요인이 되었고 이들을 중심으로 서화가와 컬렉터들도 형성되었다. 심주와 문징명은 뛰어난 안목을 가졌고 각 계층의 컬렉터들은 그들의 안목을 믿고 작품의 진위 판정이나 제발을 부탁해 이들의 명성으로 작품의 가치를 더욱 높

---

157) 서심(徐沁)의 『명화록(明畵錄)』은 전체 8권으로 되어 있다. 제왕과 귀족, 도석인물화가, 산수화가, 동물, 화조 화가 및 묵죽(墨竹), 묵매(墨梅), 야채와 과일 등을 그리는 화가를 분야별로 나누어 수록하고 있다. 于安蘭 編, 『畵史叢書』(第三冊), 上海人民美術出版社, 1982, pp.1-17.

158) 성시태(盛時泰)는 금릉(金陵) 사람으로 자는 중교(仲交), 호는 운포(雲浦)라 하였다. 시문(詩文)을 잘하였고 예서(隷書)에 뛰어나고 산수, 죽석은 예찬(倪瓚)의 필법을 배웠다. 姜紹書, 『無聲詩史』 卷3, 盧輔聖 主編, 『中國書畵全書』(第四冊), 上海書畵出版社, 1992, p.851.

159) 沈振輝,「明代私人收藏家百例辨析」『東南文化』(2), 1999, p.111.

이고자 하였다. 이러한 상황은 당시 서화 컬렉션 경향에도 반영되었을 것이다.

당시 서화 컬렉터로 시문에 뛰어난 왕치등(王穉登, 1535-1612)은 수저우에서 거주하며 가정 42년(1563) 계해(癸亥)년 가을에 『국조오군단청지(國朝吳郡丹青志)』의 서문을 썼는데 여기서 수저우의 화가들을 중시하고 있음을 알 수 있다.

> 오중(吳中)의 회사(繪事)는 조불흥(曹不興), 고개지(顧愷之), 장승요(張僧繇) 이래 구름이 크게 일어 가득하였고 아마도 유풍(流風)과 여운(餘韻)은 전(前)이 적시어 후(後)에 스며든다. …… 따라서 유명한 지역의 뛰어난 사람들이 많음에 감동하고 묘한 장인의 고심(苦心)을 바라본다. 오군(吳郡)에서부터 끊어 이 시대를 시작하였다.[160]

수저우 지역 서화가들이 뛰어나며 심주와 문징명을 비롯한 '오파' 화가들을 높이 평가하였다. 한세능과 장축, 이일화, 항원변, 동기창 등 강남 지역 컬렉터들의 소장품 중 오파를 대표하는 심주의 작품은 모두 28점으로 가장 많고 다음으로는 당인의 작품이 11점이고 문징명은 9점, 축윤명(祝允明, 1460-1526)은 8점이며 진순은 7점, 문가(文嘉, 1501-1583)와 육치(陸治, 1496-1576)가 각각 4점이었다. 이외에도 명대 화가들의 작품에는 구영, 문백인, 문팽(文彭, 1498-1573), 유각(劉珏, 1410-1472) 등이 포함되어 있었다. 즉, '오문화파' 또는 '오문사가(吳門四家)'로 불리는 심주, 문징명, 당인, 구영의 작품과 그의 문하의 속하는 이들의 작품이 많았다.

명대 말기 서화 컬렉터들의 소장품 중 명대 서예 작품에는 축윤명의 작품이 다수를 차지하였다. 축윤명의 외조부는 서유정(徐有貞, 1407-1472)이고 장인은 이응정(李應禎, 1431-1493)으로 모두 '오문서파'를 창시한 인물이다. '오문서파'는 이들을 비롯해 심주와 오관(吳

---

160) 王穉登, 『國朝吳郡丹青志』, "吳中繪事, 自曹顧僧繇以來, 蔚乎雲興, 蕭疏秀妙, 將無海嶠精靈之氣偏於束土耶. 抑亦流風餘韻, 前沾後漬耶.……於是感名邦之多彦, 瞻妙匠之苦心. 斷自吳郡, 肇乎昭代." 盧輔聖 主編, 『中國書畫全書』(第三冊), 上海書畫出版社, 1992, p.918.

寬, 1435-1504), 왕오(王鏊, 1450-1524) 등을 거쳐 축윤명, 문징명에게 전해졌다. 서유정은 당·송대 사람에게서 법을 취하여 풍격이 천진하고 자연스러우며,[161] 이일화는 축윤명의 글씨를 "필세가 천교(天矯)해서 장욱(張旭), 회소(懷素)와 매우 비슷하였다"[162]고 전하였다. 축윤명은 당대의 장욱과 회소에서부터 명대의 서유정과 이응정에게 사사받았다.

장축의 소장품 중 명대의 작품을 살펴보면 심주와 그의 문하에 있었던 문징명, 문가의 작품과 당인의 작품이 많고 '오중사재자(吳中四才子)'[163] 중 한 명인 축윤명의 작품은 3점이 있었다. 이외에도 명대 초기 문인화가인 유각의 작품은 2점을 포함하였는데 장축은 유각을 동원에 비할 수 있다고 하였다.[164] 명대 컬렉터였던 황치등은 유각의 작품은 "바람이 통하고 구름이 흐르는 듯하여 맑고 심원하다"[165]고 평하였는데 여기서 그의 작품도 문인화적 요구에 부합하였다는 것을 알 수 있다. '오파'화가를 대표하는 심주는 유각의 지도를 받으며 문인화풍에 영향을 받았고 창작의 원동력으로 삼았다.

장축의 소장품 중 '오파' 화가들의 작품이 많은 것은 우선 문인화를 선호한 그의 컬레션 취향과 관련이 있다. 장축은 수저우 출신으로 그 지역을 중심으로 형성된 '오파'의 작품을 쉽게 접할 수 있었을 것이다. 또한 그의 집안이 대대로 서화 컬렉션에 참여하였고 현지의 서화가들과 교류하였던 것과도 관련 지을 수 있다.

---

161) 黃惇, 『中國書法史 : 元明卷』, 江蘇教育, 2001, pp.256-258.

162) 李日華, 『味水軒日記』卷2, "筆勢天矯, 大類旭, 素. 枝山外大父爲徐天全翁, 內父爲李貞伯, 書法淵源宏遠矣." 李日華, 屠友祥 校注, 『味水軒日記』, 上海遠東出版社, 1996, p.121.

163) '오중사재자(吳中四才子)'는 '강남사재자(江南四才子)'라고도 하며 당인(唐寅, 1470-1523), 축윤명(祝允明, 1460-1526), 문징명(文徵明, 1470-1559), 서정경(徐禎卿, 1479-1511)을 가리킨다. 그중 서정경은 명대의 문학가로 서화와 잘 통하지 않아 후대 사람들은 주문빈(周文賓)으로 그를 대신해 인원수를 채우기도 하였다.

164) 張丑, 『清河書畫舫』, "黃淳父藏劉廷美僉憲夏雲欲雨圖……足可比肩北苑." 盧輔聖 主編, 『中國書畫全書』(第四冊), 上海書畫出版社, 1992, p.360.

165) 王穉登, 『國朝吳郡丹青志』, "僉憲風流雲逸, 淸矣遠矣." 盧輔聖 主編, 『中國書畫全書』(第三冊), 上海書畫出版社, 1992, p.920.

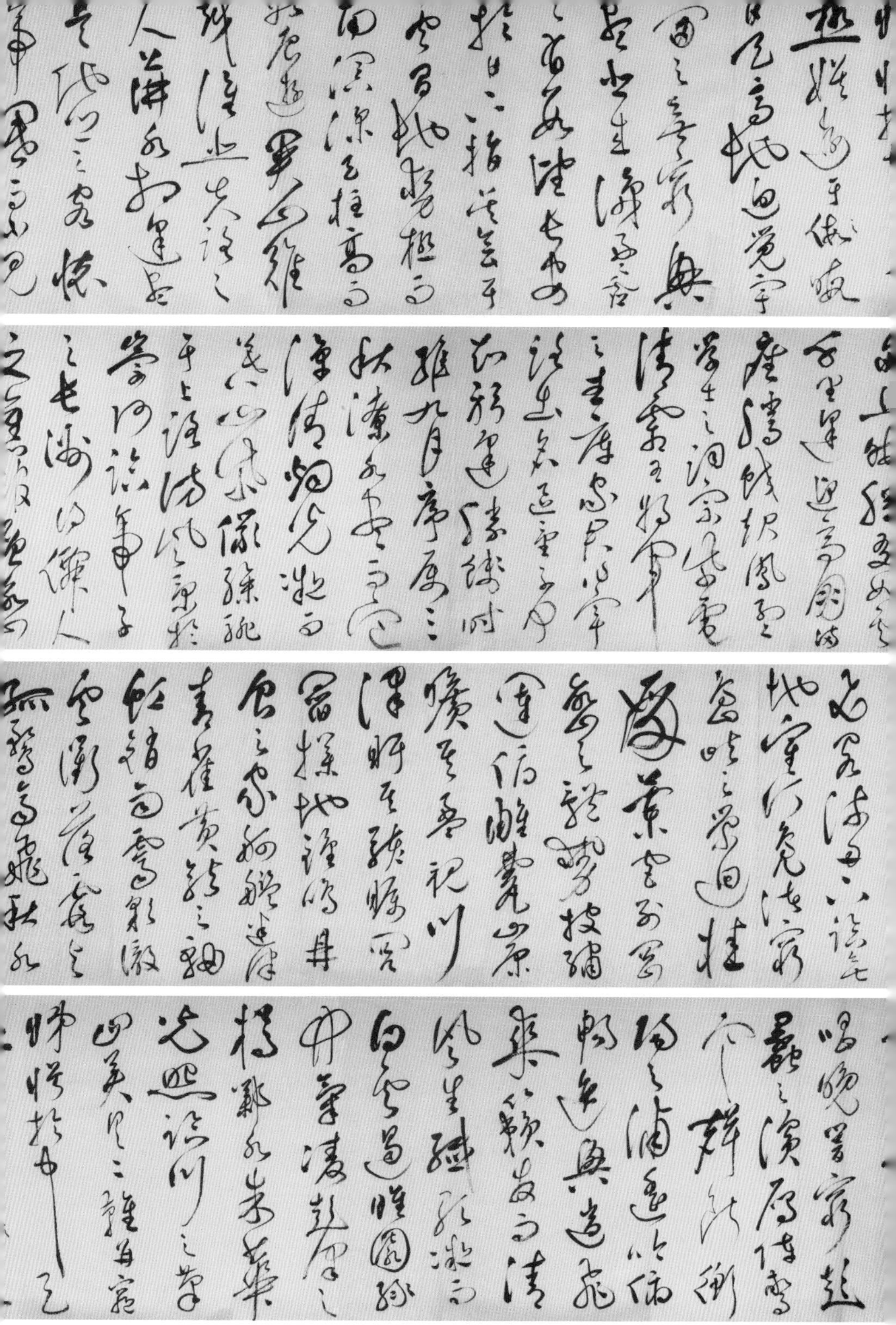

그림20. 명(明), 축윤명(祝允明), 〈등왕각서병시권(滕王閣序竝詩卷)〉부분, 종이에 먹, 32.9×842.6㎝
쑤저우박물관(蘇州博物館)

명대 말기 자싱(嘉興) 지역 컬렉터인 이일화의 소장품 중에는 명대 작품이 48점으로 가장 많이 포함되어 있었고 대부분 문인화적 전통을 바탕으로 한 수저우 지역 출신의 '오파' 서화가인 심주와 문징명의 작품이 많은 부분을 차지하였다. 이일화가 소장한 심주와 문징명의 작품은 황공망, 오진, 예찬 등 '원사대가'를 따르고 문인화풍을 추구하였음을 보여주는 것이다.

수저우 지역을 중심으로 활동한 심주와 문징명이 '원사대가'의 영향을 받을 수 있었던 것은 지역적 특성과도 연결된다. 즉, 황공망은 창수 사람이고, 오진은 자싱 사람이며 예찬은 우시 사람이고 왕몽은 후저우(湖州) 사람이었다. 이들의 고향은 수저우에서 1백리 안에 위치하고 있었고 그들이 활동한 시대는 '오파' 화가들과 매우 근접해 있다.[166)

명대 이일화의 소장품 중 '오파' 화가의 작품이 많은 것은 당시 문인화를 숭상한 문화적 경향을 반영한 것이다. 한편으로는 당시 생존하고 있었던 작가들을 비롯해 이일화와 동시대에 활동하여 많은 작품이 존재하였으며, 연대가 높은 송·원대 작품 보다는 가격이 비교적 낮아 컬렉션하기 용이하였을 것이다.

명대 말기 강남 지역의 서화 컬렉션은 수저우를 중심으로 확산되며 서화가들의 창작 활동과 작품의 감상·소장 행위도 활발하였다. 명대 중기 '오파'가 '절파'와 원체(院體) 화풍을 대신하게 되면서 심주와 문징명, 당인과 구영, 그리고 그들을 따르는 제자들에 이르기까지 15세기에서 16세기에 이르는 성화 연간에서부터 가정 연간 이후에도 여전히 강남의 화단을 장악하고 있었다.

그러나 화단에서 큰 회화 세력을 형성하였던 '오파'는 가정 연간 후기부터 점차 쇠퇴하였다. 문징명 이후 후대 사람들은 그의 화풍을 학습하는데 그쳤고 필묵이 세밀하고 딱딱하며 구도가 복잡하게 되었다. 명대 말기 '오파' 세력이 쇠퇴한 후 동기창이 중심이 된 '송강파(松

---

166) 沈振輝,「明代蘇州地區收藏家述略」『蘇州大學學報』(1), 1999, p.103.

江派)'는 명대 말기 화단의 주도권을 잡게 되었고 각 지역에서는 그 지방의 명칭을 이용한 화파가 출현하였다.[167] 이들이 숭상한 것은 모두 당대 이름 있는 현지 화가들이며 그들의 화법과 주장을 이념으로 삼았다. 동기창은 자신의 작품과 오파를 대표하는 문징명의 작품에서 장단점에 대해 평하였다.

> 나의 그림을 문징명(文徵明)과 비교해보면 각각 단점과 장점이 있다. 문징명의 것은 정교하고 구체적인데 나는 그만 못하지만 고아(古雅)하고 수윤(秀潤)한 것에 이르러서는 내가 한층 더 앞섰다.[168]

위의 글로 보아 '송강파'가 추구한 예술의 목표가 명대 중기 화단의 주도권을 잡고 있던 '오파'와 다르다는 것을 이해할 수 있다. 명대 말기 강남의 미술계를 주도하였던 동기창이 고아(古雅)하고 수윤(秀潤)한, 즉 예스럽고 우아하며 생동감 넘쳐 자연스러운 화풍을 장점으로 삼았다는 것은 그의 회화뿐 아니라 서화 컬렉션 경향에도 영향을 미쳤을 것이다.

동기창, 진계유(陳繼儒, 1558-1639), 막시룡(莫是龍, 1537-1587) 등 '송강파'가 화면에서 추구한 것은 온화하고 부드러우면서 우아하고 함축적이고 안정된 '시정화의(詩情畵意)'의 문인화 전통이었다. 이를 통해 16세기 이후 가정 연간 이래 오파의 폐단을 버리고 새로운 풍격이 출현하였으며 세속적인 풍격을 추구하기보다 아취를 보존하려 하였다.

특히 형식상 '송강파'는 고대의 화법을 따르는 것을 강조하였는데 동기창은 역대 명화를 감상하고 그것을 근본으로 문인화풍의 소산(瀟

---

167) 조좌(趙左)를 대표로 하는 '소송파(蘇松派)', 고정의(顧正誼)를 주로 하는 '화정파(華亭派)', 심사충(沈士充)을 중심으로 한 '운간파(雲間派)', 남영(藍瑛)을 중심으로 형성된 '무림파(武林派)'가 있으며, 이러한 경향은 청대 초기까지 이어져 홍인(弘仁)을 중심으로 한 '신안파(新安派)', 왕원기(王原祁)를 중심으로 하는 '누동파(婁東派)'와 왕휘(王翬)를 위주로 형성된 '우산파(虞山派)' 등을 들 수 있다.

168) "余畫與文太史較, 各有短長. 文之精工具體, 吾所不如, 至於古雅秀潤, 更進一籌矣." (劉奇俊, 『中國歷代畫派新論』, 藝術家, 2001, p.132 재인용)

散)하고 간원(簡遠)한 필선과 맑고 담백한 먹색으로 평담천진한 작품 제작을 강조하였다. 당시 화단의 이러한 분위기는 강남 지역 컬렉터들에게 영향을 미쳐 문인화 전통을 계승하였고 이를 작품 소장의 표준으로 삼으면서 이들 유파의 작품을 다수 컬렉션하였다.

4. 맺음말

명대 말기 강남 지역의 경제의 지속적인 발전은 새로운 형태의 소비문화와 사치풍조 형성을 자극하였다. 부유한 문인이나 상인들의 '여가'를 즐기고 개인의 문화적 수준이나 품위를 드러낼 수 있는 활동을 찾아 장서 활동과 원림 조성을 구체화하는데 더욱 열중하였다. 명말 서화 컬렉션은 송·원대 작품이 주를 이루었으며 중국 회화사(繪畵史)상 먼저 형성된 인물화보다 그 이후에 발전한 산수화나 화조화가 소장품의 주요 대상이 되었다. 문인들의 우아하고 높은 이상을 표현하기에 좋은 산수화가 다수를 차지하였던 것은 당연한 결과였다. 주제에 있어서도 죽석, 고목, 묵죽, 서옥, 초당, 어촌, 산수, 국화 등 문인적 아취와 은일 사상을 반영한 주제를 선택하였다.

명말 희곡작가로 장서 활동과 서화 컬렉션에도 관심을 가진 고렴(高濂)은 『준생팔전(遵生八箋)』에서 서재 내부 장식에 필요한 서화 작품에 관해 "벽 사이에는 그림 한 점을 건다. 서실(書室) 안에 그림은 두 가지 품목이 있으니 산천(山川)을 상품으로 하며 화목(花木)은 그 다음이다. 조수(鳥獸), 인물(人物)은 피해야 한다"[169]고 전하고 있다.

즉, 명대의 서재 문화에서 고대 서화 작품은 필수적인 것이었다. 서재 주인의 품격을 드러낼 수 있는 산수화를 최고의 작품으로 여기며 꽃과 나무는 그 다음이고 동물과 인물을 주제로 한 작품은 낮게 생각해 걸어두는 것을 피하려고 하였다. 이는 문인들의 서화 컬렉션 취미

---

169) 高濂, 『遵生八箋』 「居室安處條」, "壁間懸畫一. 書室中畫惟二品, 山川爲上, 花木次, 鳥獸人物不與也." 高濂, 『遵生八箋校注』(趙立勛 校注), 人民衛生出版社, 1994, p.226.

에도 영향을 미쳐 이와 관련한 산수화를 많이 소장하고자 하였을 것이다.

명대 말기 동기창의 회화는 마땅히 의취(意趣)를 위주로 해야 한다고 하였고 기교에 중점을 두지 않았다. 다시 말해, 작품의 품평과 감상은 필법을 위주로 해야 하고 구도와 채색 등의 기술은 중요하지 않다고 하였다. 소재에 있어서는 산수를 근본으로 해야 하고 화조, 인물을 폄하하였다. 따라서 인물과 건축물을 위주로 세밀하게 묘사하는 작품들은 그의 눈에 들기 어려웠을 것이다.[170]

그 배경에는 당시 서화를 감상하고 작품을 창작하며 소장하는 주체가 대부분 문인사대부들이었으며 이들은 서화에 풍부한 문학적 함의를 부여하여 사의(寫意)적 문인화풍을 구사하고자 하였다. 이들은 또한 문인적 아취와 이상, 풍류를 중시하였으며 다른 계층의 컬렉터들도 이들의 문화를 모방하고자 하면서 명대 말기 강남 지역의 화단에서 문인화 전통이 흥성하게 하였다. 이는 청대에 까지 이어져 수저우를 중심으로 한 강남 지역 외에 새롭게 베이징(北京)과 양저우(陽州)에서도 서화를 대량으로 구입, 판매하게 되었고 서화 시장이 더욱 확대되었으며 개인 컬렉터들도 증가하여 또 한 번의 서화 컬렉션 절정기를 형성하는데 기여하였다.

---

170) 王正華,「從陳洪綬的〈畵論〉看晚明浙江畵壇 : 兼論江南繪畵網絡與區域競爭」(區域與網絡 國際學術研討會論文編輯委員會編),『區域與網絡 : 近千年來中國美術史研究國際學術研討會論 文集』, 國立臺灣大學藝術史研究所, 2001, pp.339-353.

Ⅳ. 17-18세기 휘저우(徽州) 상인의 서화 컬렉션과 후원

1. 머리말

휘저우(徽州)는 오늘날 안후이(安徽) 남부와 양쯔강(揚子江) 남쪽 해안 지역으로 고대에는 휘저우 또는 신안(新安)이라 하였다.[171] 휘저우의 여러 명문 귀족들 대부분은 모두 송나라 때 전란을 피해 이주한 이들로 그중 8대가는 정(程), 왕(汪), 오(吳), 황(黃), 호(胡), 왕(王), 이(李), 방(方)씨 성을 가진 가문이었다. 이들은 휘저우로 이주한 이후 정치적 특권과 경제력을 상실하여 생활이 어려웠다. 지리적으로 산과 언덕이 많은 지역인 휘저우는 농사를 지을 수 있는 면적이 협소하였는데 당시 세금이 과중하여 농민들은 이를 견디지 못하고 하나 둘 상업에 종사하게 된다.

특히 휘저우 상인들은 휘저우를 떠나 다른 도시로 이주하거나 새롭게 타도시의 시장을 개척하여 생계를 유지하고 재산을 모았다. 16세기 이후부터 휘저우 상인들은 이렇게 도시와 농촌을 돌아다니며 장사를 하게 되었으며 그중에는 서화 교역에 참여하여 상점이나 시장에서의 서화를 보충해주며 컬렉터들과 지속적으로 관계를 유지하는 이들도 포함되어 있었다.

명대 말기에 몇 차례의 전란을 겪은 후 1644년 만주족은 베이징(北京)에 수도를 정하는 과정에서 궁정 내부 및 개인 컬렉터들의 소장품이 흩어지게 된다. 베이징이 수도가 된지 200여 년 만에 강남 일대를 중심으로 형성된 개인 서화 소장품이 북쪽으로 이동하게 되었다. 명말청초에는 문인사대부뿐 아니라 일부 상인들 역시 미술품 컬렉션 활동에 참여하여 개인 컬렉션 열풍이 크게 일어났고 특히 휘저우 상인들의 활동이 두드러졌다.

---

171) 송(宋) 휘종(徽宗) 선화(宣和) 3년(1121)에 흡현(歙縣)을 휘저우(徽州)라 고쳤다. 명나라를 세운 주원장(朱元璋, 1328-1398)은 지정(至正) 17년(1357)에 이 지역을 점령하고 흥안부(興安府)라 이름 하였고 후에 다시 휘저우부(徽州府)라 하였다. 휘주부는 흡현, 휴녕(休寧), 무원(婺源), 기문(祁門), 이현(黟縣), 적계(績溪) 여섯 현(縣)을 관할하도록 하고 부(府)는 흡현에 설치하였다.

휘저우 상인들이 모이는 곳은 강남에서도 오늘날의 안후이, 장수(江蘇), 저장(浙江) 일대인 오월(吳越) 지역이 중심이었고 안후이는 중국 중앙부 양쯔강 유역의 성(省)으로 토지가 비옥하며 주변의 후베이(湖北)와 후난(湖南)의 형초(荊楚) 등지는 그 다음 집합지가 되었다. 이들은 각지에서 모은 재산 중 일부는 고향에 집이나 사당, 개인 별장, 도로, 교량 등을 개축하는데 사용하였고 또한 자손들이 유학을 공부하여 과거에 성공할 수 있도록 뒷받침하는데 쓰였다. 그리고 이때 모은 골동과 서화 작품도 휘저우로 가져가게 되는데 이러한 조건들은 이후 휘저우가 문화적으로 성장하는데 중요한 조건이 된다.

본고에서는 명나라가 멸망하고 새로운 왕조가 들어서는 17-18세기 전근대사회에서 새롭게 부상한 휘저우 상인들은 서화 컬렉터이자 중개상인이며 후원자로서 휘저우 지역에서 서화 제작이 폭넓게 확산된 과정과 미술사적 영향에 대한 결과를 도출하고자 한다.

2. 17-18세기 휘저우 상인의 성장 배경

문인들을 중심으로 한 개인 컬렉터들의 서화 수집과 소장은 명말 청초 시장으로 흘러들어가 상인들의 손에 들어가게 되었는데, 명대 말기 사회적 혼란과 정치적 변동으로 인한 서화의 유실 상황은 당시의 기록을 통해 찾아볼 수 있다. 명ㆍ청대에 관직을 맡았고 평생 서화를 컬렉션하였던 손승택(孫承澤, 1592-1676)은 왕조가 교체되는 혼란한 시기에 서화 컬렉션을 진행하였고 그가 저술한 서화기록서『경자소하기(庚子銷夏記)』중 그가 소장한 작품은 황실 내부에서 얻은 것이라고 언급하고 있다.[172] 명ㆍ청 교체기에 황실과 개인의 서화 컬렉션이 전란 중 훼손되었으며 적지 않은 작품들이 상인들의 손에 들어가게 되었다. 이때 상인들은 풍부한 재화를 바탕으로 서화를 수집하였을 뿐 아

---

172) 孫承澤,『庚子銷夏記』卷三, "甲申之變, 名畵滿市, 獨無浩畵. 一日見從故內負敗楮而出者, 浩畵在焉." 盧輔聖 主編,『中國書畵全書』(第七冊), 上海書畵出版社, 1994, pp.765-766.

니라 중개상인으로 개인 컬렉터들의 서화 컬렉션을 보조하는 역할을
하기도 하였다.

17세기 이후 왕조 교체기 서화 컬렉션에 활발하게 참여한 이들로
는 휘저우 상인들을 들 수 있다. 명대 말기 만력(萬曆, 1573-1619) 연
간에 활동한 사조제(謝肇淛)는 그의 수필집『오잡조(五雜俎)』에서 "부
유한 저택으로 이름 난 곳은 강남에서는 신안(新安)을 내세울 수 있고
강북으로는 산우(山右)를 내세울 수 있다"[173]고 하였다. 여기서 '신안'
은 휘저우의 옛 이름을 말하고 '산우'는 산서(山西) 상인을 가리킨다.

신안은 지리적으로 산과 언덕이 대부분을 이룬 지역으로 농사를
지을 수 있는 면적이 협소하였다. 귀유광(歸有光, 1507-1571)은 휘저
우 상인에 대한 기록에서 "지금 신안에는 명문대가가 많지만 그 지역
은 산과 골짜기 사이에 있어 경작을 할 만한 평원과 광야가 없는 까닭
에 비록 사대부의 가문이라도 모두 상업 활동을 위해 사방으로 돌아다
닌다"[174]고 하였다. 따라서 신안 사람들 대부분은 지리적 조건이 불리
하여 상업에 종사하는 이들이 많았고 중국 각지의 경제생활을 장악하
게 되었다.

휘저우 상인은 흡현(歙縣), 휴녕(休寧), 무원(婺源), 기문(祁門), 이
현(黟縣) 등의 6개 현(縣)이 속하는 곳의 상인들을 가리킨다. 이들은
소금과 고리 대금, 차, 비단, 면포, 목재, 양식 및 기타 사치품 생산 등
각 분야에 종사하였으며 그 활동 지역 역시 매우 광범위하였다. 이들
은 베이징(北京)과 난징(南京), 항저우(杭州), 자싱(嘉興), 수저우(蘇州),
송장(松江), 화이안(淮安), 양저우(揚州), 난창(南昌), 카이펑(開封) 및
각 주(州)와 현 등에서 활동하였다.[175]

명·청대 상업을 좌우하던 휘저우 상인의 특징은 유달리 다른 지

---

173) 謝肇淛, 『五雜俎』卷4, 「地部二」, "富室之稱雄者, 江南則推新安, 江北則推山右." 謝肇淛,
『五雜俎』, 上海書店出版社, 2001, p.74.

174) 조영헌, 「康熙帝와 徽商의 遭遇 : 歙縣 岑山渡 程氏를 중심으로」『동양사학연구』(97),
2006.12, p.47.

175) 卞利, 「無徽不成鎭 : 明淸時期的徽商與城市發展」『社會科學』(1), 2011, p.154.

역으로의 유학이 활발하게 일어난 휘저우의 문화적 전통에서 그 배경을 찾을 수 있다. 지리적으로 협소하고 인구가 조밀한 휘저우에서 사람들은 유학을 통해 과거시험을 지향하거나 상업을 통해 부를 추구하는 두 가지 경향이 뚜렷하였다. 이 두 가지가 내재적으로 결합되어 휘저우의 독특한 전통을 이루었다. 왕도곤(汪道昆)은 『태함집(太函集)』에서 "대강(大江) 이남(以南)에서 신도(新都)는 문물로서 유명하였다. 그 풍속은 유학(儒)이 아니면 즉, 장사(賈)를 하는 것이니 서로 교대함이 마치 경력을 쌓아가듯 하였다"라고 하였다.[176]

다시 말해, 휘저우 상인들은 상업으로 모은 재산을 자손들이 유학을 공부하여 과거에 성공할 수 있도록 뒷받침하는데 사용하였다. 과거를 준비하다 실패한 사람들은 상업에 전념하기도 하였다. 이러한 현상은 한편으로 휘저우의 유학과 상업을 더욱 발전시키는 요인이 되었다.

당시 전통적으로 사대부 선비이면서 상업에 종사하는 사상(士商)의 관계가 변화하여 과거를 포기하고 상업에 종사하는 사람들이 점차 확대되었다. 중국의 고대 사회에서 과거제도는 공부하는 이들이 상층 사회로 올라갈 수 있는 주요 통로였다. 그러나 상업이 활발한 강남 지역에서 사람들이 중시하는 것은 경제적 이익 창출이었으며 이는 과거를 통해 이름을 얻는 것보다 실질적 혜택이 되었다. 따라서 많은 사람들이 상업에 종사하였으며 공부하는 사람들의 길이 더 이상 과거 응시에만 있는 것이 아니었다.[177]

이러한 과정을 통해 16세기에 이르면 사인 계층과 상인 계층의 전통적인 경계는 이미 모호해지게 된다. 당시에는 선비에서 상인으로 전환하는 경우도 있지만 역시 상인에서 선비로 신분을 바꾸는 예도 있었다. 예를 들어, 문학가 이몽양(李夢陽, 1473-1529)과 왕도곤(汪道昆, 1525-1593), 이학자(理學家)인 왕간(王艮, 1483-1541) 및 고헌성(顧憲成, 1550-1612)·고윤성(顧允成, 1554-1607) 형제 등은 모

---

176) 朴元熇, 「明代中期의 徽州商人 方用彬」 『동양사학연구』(74), 2001, pp.86-92.

177) 陳冠至, 「明代江南藏書家崇尙隱逸的動因」 『白沙歷史地理學報』(6), 2008.10, pp.120-123.

두 상인 집안 출신이었다.[178]

이렇게 경제적으로 성장하고 일정한 지식수준을 갖춘 휘저우 상인들은 문인들의 생활과 취미를 따르고자 하였고 그중 하나가 서화 컬렉션이었다. 그러나 심덕부(沈德符, 1578-1642)는 『만력야획편(萬曆野獲編)』에서 휘저우 사람들의 컬렉션 행위에 대해 큰 소리로 선화박고(宣和博古), 도서화보(圖書畫譜)에 대해 이야기를 나누며, 당대 종가(鍾家) 형제의 위조된 글씨와 송대 미불(米芾, 1051-1107)의 가짜 서화첩 등은 종종 진귀한 보물이 되는 것을 비웃었다. 즉, 감상능력이 부족하고 겉치레를 위해 문화 활동에 참여하는 것으로 보았다.[179] 이 기록은 비록 문인들의 편견이 어느 정도 포함되어 있었겠지만 당시 휘저우 상인들의 컬렉션 그룹이 그만큼 활발하게 형성되었음을 알 수 있다.

휘저우 상인의 서화 컬렉션은 한편으로 작품의 가격을 높이는 원인이 되기도 하였다. 왕세정(王世貞, 1526-1590)은 『고불고록(觚不觚錄)』에서 이를 다음과 같이 언급하기도 하였다.

> 그림은 마땅히 송대(宋代)를 중시해야 하고 30년 동안 원대(元代) 사람을 중시하는 것을 소홀히 하였으며, 이는 예찬(倪瓚)에서 명대(明代) 심주(沈周)에까지 이르렀는데 가격이 갑자기 10배가 증가하였다. …… 대체로 수저우(蘇州) 사람이 처음 시작하였고 휘저우(徽州) 사람이 이를 이끄니 모두 이상하다할 만하다.[180]

또한 수저우 사람인 왕세정과 휘저우 사람인 첨경봉은 휘저우 상

---

178) 余英時, 「明淸變遷時期社會與文化的轉變」 『中國歷史轉型時期的知識份子』, 聯經出版公司, 1993, pp.35-37.

179) 沈德符, 『萬曆野獲編』, "比來則徽人爲政, 以臨邛程卓之貨, 高談宣和博古, 圖書畫譜, 鍾家兄弟之僞書, 米海嶽之假帖, 澠水燕談之唐琴, 往往珍爲異寶." 沈德符, 『萬曆野獲編』, 中華書局出版社, 1997, p.254.

180) "畵當重宋, 而三十年來忽重元人, 乃至倪元鎭, 以逮明沈周, 價驟增十倍……大抵吳人濫觴, 而徽人導之, 俱可怪也." (陸宇澄, 「明代商品經濟對吳門畵派的影響」 『東華大學學報』(4), 2002, p.6 재인용)

인과 수저우 문인들 사이의 미묘한 관계를 "휘저우 상인들은 수저우 문인들을 만나면 마치 파리 떼가 한 양고기의 노린내를 노리는 것과 같다"고 하였다. 또한 "수저우 문인은 휘저우 상인들을 만나면 역시 파리 떼가 한 가지를 노리는 것과 같다"고 하며 이들의 관계를 반영하였다.[181] 이는 수저우 문인과 휘저우 상인들의 서화 작품에 대한 인식과 서화 수장에 대한 경쟁을 단적으로 보여주는 예로 당시 휘저우 상인들의 문화적 태도와 서화 인식에 대한 변화도 짐작할 수 있다.

3. 휘저우 상인과 개인 서화 컬렉터

1) 휘저우 상인의 서화 컬렉션과 후원

서화가이자 컬렉터였던 첨경봉(詹景鳳, 1528-1602)은 『동도현람편(東圖玄覽編)』에서 휘저우와 강남 지역의 컬렉터들이 서화를 감정한 일을 기록하였는데 다음과 같은 내용을 예로 들 수 있다.

명 만력(萬曆) 무자(戊子)년 여름, 왕세정(王世貞)과 방홍정(方弘靜)이 와관사(瓦官寺)에서 밥을 먹었고 절의 승려가 돌에 새겨 탁본한 승원각(昇元閣)을 가지고와서 보였으며 그림 속에는 여러 불상(佛相)이 있었고 승려는 이를 연못을 팔 때 그 아래에서 얻은 것으로 오중(吳中)의 여러 이름 있는 이들이 모두 당대의 석각(石刻)이라고 하였다. 내가 아니라고 하며 화법(畵法)이 북송(北宋)과 비교하여 그것보다 높은 것 같고 당대(唐代)라고 말하는 것 또한 아니며 자법(字法)은 북송에 비할 수 없고 당대에는 또한 이르지 못하였으니 오대(五代) 사람의 필법이라고 하였다. 그러자 왕세정이 기억하며 말하기를 승원(昇元)은 오대 이주(李主)의 연호(年號)이고 소장하고 있던 고금의 법첩을 새겨

---

181) 周暉. 『二續金陵瑣事』, "鳳洲公同詹東圖在瓦官寺中, 鳳洲公偶雲: '新安賈人見蘇州文人如蠅聚一膻.' 東圖曰: '蘇州文人見新安賈人亦如蠅聚一膻.' 鳳洲公笑而不答." 周暉, 『金陵瑣事 續金陵瑣事 二續金陵瑣事』, 南京出版社, 2007, p.312.

완성하였으며 승(僧)이 와서 이름을 청하자 이후주(李後主)는 승원이
라 그것을 이름하였다. 방홍정이 크게 기뻐하며 말하기를 과거 사람
들은 오인(吳人)이 안목이 밝은 사람이라고 칭하였지만, 오늘날 안목
이 밝은 자는 오(吳)가 아니라 신안(新安) 사람이라고 하였고 왕세정
이 묵묵히 말이 없었다.[182]

이는 1588년의 일로 채산공(采山公) 방홍정(方弘靜)은 관직이 남
경호부우시랑(南京戶部右侍郞)에 이르렀다. 첨경봉은 여기서 수저우
사람인 왕세정과 휘저우 사람인 방홍정이 〈승원각도(昇元閣圖)〉를 감
정한 일에 대해 기록하고 있다. 이러한 예를 통해 당시 휘저우 사람들
이 수저우 사람들의 아래에 놓이는 것을 원하지 않는 미묘한 심리를
짐작할 수 있다. 이는 한편 수저우 문인과 휘저우 상인들이 서로 경쟁
하며 또 교류하는 관계를 반영하는 것이기도 하다.

또한 첨경봉은 『동도현람편』에서 강남과 휘저우 지역 컬렉션 상
황 및 심미 취향에 대한 전후 관계를 다음과 같이 말하였다.

문징명(文徵明)이 오진(吳鎭)의 〈어락도(漁樂圖)〉 1권을 모방(倣)하였
다. …… 문징명의 단폭(短幅)의 작고 긴 작품은 실로 이 시대 제일이
었다. 그러나 문징명이 일찍 세상을 떠났을 때 오(吳) 사람들은 이를
알지 못했고 나 혼자 특별히 좋아하였으며 시간이 지나자 문징명의
그림을 구입하지 않는 자가 없었다. 보는 사람들 입을 가리고 웃으며
이를 구입하여 어디에 사용할 것이냐고 하였다. 시세가 일정하여 한
폭이 많아도 1금(金)을 넘지 않았으며 적어도 3, 4, 5전(錢)이었다.
내가 좋아한지 10여년 후에 오(吳) 사람이 비로소 좋아하였고 3년 후
에 신안(新安) 사람이 좋아하였으며 또 3년 후에 월(越) 사람이 좋아

---

182) 詹景鳳, 『詹東圖玄覽編』卷3, "萬曆戊子夏, 王司馬弇山公, 方司徒采山公邀其飯于瓦官寺,
寺僧拓一石刻昇元閣突來觀, 圖中有七指頂許小字及諸佛相, 曰, 此鑿池地下所得. 吳中諸名公皆
以爲唐時石刻. 予曰, 不然, 畫法比北宋似過之, 說唐却又不是, 字法非北宋能比, 唐却又不及, 殆
五代人筆也. 己而弇山公記臆曰, 昇元是五代李主年號, 曾閣成, 僧來請名, 後主遂以昇元名之. 采
山公大喜, 曰, 曩者但稱吳人具眼, 今具眼非吾新安人耶, 弇山公默然." 盧輔聖 主編, 『中國書畫全
書』(第四冊), 上海書畫出版社, 1992, p.38.

하였고 가격이 매우 높았다.[183]

위에서 첨경봉은 자신의 안목이 높다는 것을 과시하며 아무도 문징명의 작품이 가지는 가치를 알지 못할 때 혼자서 그의 작품을 좋아하여 구입하였으며 10여년 이후부터 수저우 사람들이 작품을 컬렉션하였다고 밝히고 있다.

한편으로 그는 당시 지역별 컬렉션 취향에 대해 언급하였는데 자싱 사람들의 컬렉션 취향은 신안(新安), 즉 휘저우의 것을 따르는 것이며 휘저우의 컬렉션 취향은 대부분 수저우 사람들을 계승한 것으로 휘저우의 컬렉터들은 수저우 컬렉터들의 컬렉션 풍조에서 직접적으로 영향을 받은 것이라 하였다. 또한 작품 가격이 시간이 지남에 따라 더 상승하였음을 보여주고 있다.

첨경봉은 강한 지역 개념으로 자신의 고향인 휘저우가 다른 지역보다 우세하다고 생각하였다. 따라서 그의 저서 중에는 자신과 휘저우 사람을 높게 평가하는 내용을 자주 담고 있었다. 지역 경쟁이 치열했던 명대 중기 이후 첨경봉은 휘저우 지역 컬렉터를 대표하였다. 첨경봉은 오랫동안 강남 지역을 왕래한 휘저우 컬렉터로 그가 소장하고 있었던 미술품의 숫자는 수저우와 자싱의 이름 있는 컬렉터들과 비교할 수 없었지만 서화에 대한 그의 감상 안목은 뛰어났다.

진정한 의미에서 일정한 시장 효과와 반응 및 구매나 판매망이 형성된 것은 명대 말기인 16세기 중엽 이후의 가정(嘉靖, 1522-1566)과 만력(萬曆, 1573-1619) 연간으로 특히 강남 지역을 중심으로 확대되었다. 명대 말기 상품을 유통하여 축적한 자본은 저축을 하거나 고리대금의 자본으로 전환되었으며 때로는 토지에 투자하였다. 그러나 토지는 이자를 얻을 수 없어 대부분 고리대금의 자본으로 사용되었으

---

183) 詹景鳳, 『詹東圖玄覽編』「附錄題跋」, "文太史倣吳仲圭漁樂圖一卷.……要以太史短幅小長條, 實爲本朝第一. 然太史初下世時, 吳人不能知也, 而予獨酷好, 所過遇有太史畵無不購者. 見者掩口胡盧謂購此烏用. 是時價平平, 一幅多未逾一金, 少倣三四五錢耳. 予好十餘年後吳人乃好, 後有三年而吾新安人好, 又三年而越人好, 價埒懸黎矣." 盧輔聖 主編, 『中國書畵全書』(第四冊), 上海書畵出版社, 1992, pp.51-52.

므로 명대 말기 휘저우와 산시(陝西) 지역의 상인들이 전당포를 함께 운영하는 것은 보편적인 일이었다.

명대 전당업(典當業)은 당시 상업 자본과 관료, 지주들의 중요한 투자 장소였다. 16세기 말 17세기 초 허난(河南)의 지방에 파견되는 벼슬인 순무(巡撫)직을 담당하였던 심계문(沈季文)은 "오늘날 휘저우 상인은 전당포를 여는 것이 강북(江北)에까지 퍼졌다"고 하였다.[184] 이로써 당시 전당업이 강남뿐 아니라 전국에서 성행하였다.

휘저우 상인인 방용빈(方用彬, 1542-1608) 역시 점포를 열어 돈을 빌려주는 일을 하였다. 그는 서화를 직접 매매하거나 물물교환을 하였는데 전각에 뛰어나 이를 새겨주고 그에 대한 대가로 서화를 받았다. 방용빈의 자는 원소(元素), 호는 이강(黟江)으로 명대 휘저우 흡현 사람이다. 그의 조부와 부친은 모두 양저우 일대에서 상업에 종사하였다. 그가 예술품을 얻는 방식은 구입하거나 예술가들을 후원하고 작품 제공을 요구하는 것이었다. 수집한 작품의 일부는 소장하고 일부는 판매하였으며 또 일부는 다른 작품과 교환하는데 사용하였다.[185]

왕월석은 정오(廷珸)라 부르기도 하였는데 휴녕현(休寧縣)의 동남쪽에 위치한 거안(居安) 출신이다. 그의 가문은 여러 세대에 걸쳐 서화 골동 매매 사업에 종사하였고, 왕월석의 두 동생인 왕필경(王弼卿)과 왕자옥(王紫玉), 왕월석의 조카 왕군정(王君政) 역시 골동품 사업을 하였다.[186] 미술품을 전문적으로 거래하는 이들의 출현은 미술 시장이 어느 정도 성숙한 단계에 도달했을 때 가능한 것으로 그들의 활동은 남북으로 퍼져있었다.

휘저우 상인이자 컬렉터였던 오기정(吳其貞)은 17세기 청나라 초기의 유명한 컬렉터인 양청표(梁淸標, 1620-1691)의 서화 구매 대리

---

184) 吳量愷 等著, 『中國經濟通史』(第7卷), 湖南人民出版社, 2002, pp.535-537.

185) 張長虹, 「晚明徽商對藝術品的贊助與經營 : 以徽商方用彬爲中心的考察」『學燈』(2), 2007, pp.1-18.

186) 井上充幸, 「姜紹書と王越石 : 『韻石齋筆談』に見る明末淸初の藝術市場と徽州商人の活動」『東洋史研究』64(4), 2006.3, p.649.

인이었다. 그는 수저우 골동 상인인 오승(吳升), 왕제지(王濟之), 양청표의 서화 표구사인 장황미(張黃美), 고근(顧勤) 등과 함께 양청표를 위해 강남과 양저우 등지에서 서화를 구매하였다. 장황미는 양저우에서 표구점을 운영하였으며 원래 왕정빈(王廷賓)의 전문 표구사인 동시에 서화 매매도 하였다.

오기정은 『서화기(書畵記)』에서 장황미에 대해 "그는 표구에 뛰어났으며 어려서 양저우에서 왕정빈의 표구를 담당하였으며 서화에 대한 안목이 나날이 높아졌는데 베이징에서 양청표를 만나게 되는 때는 1668년, 무신(戊申)년 겨울이었다"[187]고 기록하고 있다. 장황미는 왕정빈을 대신해 강희(康熙) 9년(1670) 7월 6일을 전후하여 고대 여러 서화를 구입하기도 하였다.

> (당대) 왕유(王維)의 〈임정대혁도(林亭對弈圖)〉, 왕몽(王蒙)의 〈운림도(雲林圖)〉, 유송년(劉松年)의 〈추강괘범도(秋江掛帆圖)〉 세 폭을 양저우(揚州) 통판 왕정빈(王廷賓)의 서재에서 보았고 이는 장황미(張黃美)가 베이징의 장즉지(張卽之)에게서 구입한 것이다.[188]

휘저우 상인인 오기정, 왕월석 등은 당시 미술품 시장에서 중요한 역할을 하였고 컬렉터들과 밀접한 관계를 형성하였다. 오치(吳治)의 자는 효보(孝甫)이고 수저우 사람이며 매화를 잘 그렸다. 동기창(董其昌, 1555-1636)은 그에게서 〈난정팔주첩권(蘭亭八柱帖卷)〉을 감상하였다.[189] 첨경봉(詹景鳳, 1528-1602)은 『동도현람편(東圖玄覽編)』에서는 오치를 흡현의 골동상으로 언급하고 있으며 첨경봉은 그에게서

---

187) 吳其貞, 『書畵記』卷5, "趙松雪寫生水草鴛鴦圖紙畵一小幅……此圖觀於揚州張黃美裱室. 黃美善於裱褙, 幼爲通判王公裝潢書畵目力日隆. 近日游藝都門得遇大司農梁公見愛便爲佳士. 時戊申季冬六日." 盧輔聖 主編, 『中國書畵全書』(第八冊), 上海書畵出版社, 1994, p.103.

188) 吳其貞, 『書畵記』卷5, "王右丞林亭對弈圖……王叔明雲林圖……劉松年秋江挂帆圖……三圖觀於揚州通判王公齋頭. 係近日使張黃美買于京口張卽之手. 時庚戌秋七月六日." 盧輔聖 主編, 『中國書畵全書』(第八冊), 上海書畵出版社, 1994, p.105.

189) 鄭威 編著, 『董其昌年譜』, 上海書畵出版社, 1989, p.34.

원대 전선(錢選, 1239-1301)의 〈천행권(天行卷)〉을 보았다.[190]

오기정은 『서화기』에서 왕월석에 대해 "왕씨(王氏) 일문의 여러 세대가 모두 골동에 대한 식견이 일반 사람들보다 뛰어났는데 유일하게 월석(越石)의 이름이 천하에 드러났으며 사람들이 따르지 않는 자가 없었다"[191]고 평하였다. 왕월석은 같은 고향인 거안(居安)의 황황산(黃黃山)과 고종 형제였으며 오기정은 황황석(黃黃石)의 형인 황황산을 '사대부 중의 감상 명가(名家)'라 하였다.[192]

장축(張丑, 1577-1643)의 『진적일록(眞迹日錄)』에 따르면, 왕월석이 소장한 작품 중에는 엄숭(嚴嵩, 1480-1567)이나 한세능(韓世能, 1528-1598), 항원변(項元汴, 1524-1590)이 소장하였던 작품들도 있었다. 예를 들어, 왕월석이 항원변에게 구입한 당대 서예가 서호(徐浩, 703-783)의 〈보림사시(寶林寺詩)〉와 이옹(李邕, 674-746)의 〈영강첩(永康帖)〉 및 오도자(吳道子, 685-758)의 〈착색천신권(着色天神卷)〉과 〈전단신상(旃檀神像)〉이 있다.[193] 특히 오도자의 〈전단신상〉은 명대 엄숭과 송대 휘종 황제의 컬렉션이었으며 신품(神品) 중에서도 상품으로 구분된 작품이었다.

오기정은 임오(壬午)년 6월 21일에 손태고(孫太古)의 〈산황정도(産黃庭圖)〉, 원대 사람이 합작한 〈고목죽석도(古木竹石圖)〉, 마린(馬麟, 약1180-1256)의 〈서호도(西湖圖)〉, 가구사(柯九思, 1290-1343)의 〈송암도(松庵圖)〉를 왕월석에게서 보았다. 오기정은 왕월석이 손태고의 작품을 중요한 보배로 여기며 판매하기를 원하지 않았는데 그는

---

190) 詹景鳳, 『詹東圖玄覽編』卷1, "舜擧升天行一卷……在歙賣骨董吳治處." 盧輔聖 主編, 『中國書畵全書』(第四冊), 上海書畵出版社, 1992, p.12.

191) 吳其貞, 『書畵記』卷2, "以上三圖觀於王越石. 越石居安人, 與黃黃石爲姑表兄弟. 係顯若親叔也. 一門數代皆貨古董目力過人, 惟越石名著天下, 士庶莫不服膺." 盧輔聖 主編, 『中國書畵全書』(第八冊), 上海書畵出版社, 1994, p.50.

192) 吳其貞, 『書畵記』卷1, "以上書畵觀於居安黃黃山家, 黃山則黃石之兄, 爲士夫中賞鑒名家." 盧輔聖 主編, 『中國書畵全書』(第八冊), 上海書畵出版社, 1994, pp.27-28.

193) 張丑, 『眞迹日錄』, "王越石新購徐季海寶林寺詩……又購李泰和永康帖……皆樵李項氏物.", "吳道子着色天神卷, 吳道子旃檀神像, 神品上. 嚴分宜家關防半印, 近從吳廷所歸之王越石." 盧輔聖 主編, 『中國書畵全書』(第四冊), 上海書畵出版社, 1992, p.414, 396.

이를 매우 질투하였다고 기록하였다.[194] 여기서 당시 소장품에 대한 서화를 거래하는 사람들의 경쟁구조를 볼 수 있고 또 한편으로 서화 컬렉션에 대한 활기를 짐작할 수 있다.

17세기 청나라 초기에는 미술품 시장이 점점 북방으로 이동하였는데 그들은 또 북방 지역의 컬렉터들과 권문세가들의 미술품 구매와 이를 대리하는 사람들이 되면서 활동 범위를 남북으로 확대하였다. 이는 명대 강남 지역을 중심으로 한 개인 서화 컬렉터들의 활동 지역을 넓히는 역할도 하였다.

휘저우의 오기정은 항저우의 컬렉터 요우미(姚友眉)를 위해 서화 작품을 대신 구매하였다. 오기정은 1677년 강희 16년에 심자녕(沈子寧)을 만났고 그는 송대 조맹견(趙孟堅, 1199-1264)의 〈수선화도(水仙花圖)〉를 판매하고자 하였다. 이는 원래 자싱(嘉興) 항씨(項氏)의 소유로 값은 120민(緡)을 요구하였는데 오기정은 이를 반으로 깎아 60민에 구입하였다. 며칠이 지나지 않아 이 작품은 원대 고극공(高克恭, 1248-1310)의 〈휴금방우도(携琴訪友圖)〉와 가구사의 〈한림용취도(寒林聳翠圖)〉, 예찬(倪瓚, 1301-1374)의 〈송림정자도(松林亭子圖)〉 등과 함께 요우미의 소장품이 되었다.[195]

당시 상인들은 컬렉터 및 서화가들과 밀접한 관계를 형성하며 컬렉터들에게 작품을 판매해 이익을 취하거나 작품 구매를 통해 서화가들을 후원하였다. 또한 명대 말기 예술품 소비 그룹이 점차 확대되면서 서화 시장이 발전하였고 전문적으로 예술품을 중개하거나 교역하는 사람들도 출현하게 되었다.

---

194) 吳其貞, 『書畫記』卷2, "孫太古産黃庭圖小絹畫一幅……此圖向藏在溪南. 昨爲王越石得之 以爲至寶不肯售, 余深妒之……元人合作古木竹石圖大紙畫一幅, 馬麟西湖圖大絹畫二幅……柯 九思松庵圖小紙畫一幅……以上四圖, 六月二十一日觀於王越石之手." 盧輔聖 主編, 『中國書畫全 書』(第八冊), 上海書畫出版社, 1994, p.51.

195) 吳其貞, 『書畫記』卷6, "趙子固水仙花圖紙畫一卷計紙八張,……此卷向藏在嘉興項氏. 余訪 數十年不見踪迹. 忽於康熙十六年有洞庭山沈子寧携到杭州欲售於余. 索値一百二十緡. 屈其半而 購之. 未幾同柯丹丘寒林聳翠圖, 井西道人隱居圖, 高房山携琴訪友圖, 趙善長桃花書屋圖, 倪雲林 松林亭子圖, 宋元小畫圖冊子六十頁, 歸于姚友眉矣." 盧輔聖 主編, 『中國書畫全書』(第八冊), 上 海書畫出版社, 1994, pp.122-123.

2) 휘저우 상인 오기정(吳其貞)의 서화 컬렉션

안후이(安徽) 지역의 서화 컬렉션은 주로 휘저우 상인들을 통해 이루어졌으며 이들의 상업 활동 지역은 베이징과 난징 등 각지에서 매우 광범위하였고 경제력과 문화적 소양을 바탕으로 서화 컬렉션에 활발하였다. 이 지역에서 활동한 대표적인 컬렉터로는 오정(吳廷)과 오기정, 첨경봉을 들 수 있다. 오기정은 안후이 휘저우 사람이며 휘저우의 골동 상인으로 자는 공일(公一), 호는 기곡(寄谷)이다. 오기정이 남긴 『서화기』는 서화 기록서로 전체 6권으로 되어 있고 그가 보고 구입한 서화, 골동을 기록하고 있다.

오기정이 『서화기』에서 처음 시기를 기입한 것은 1635년으로 장훤(張萱, 약713-755)의 〈사녀고금도(士女鼓琴圖)〉를 "무진숙(茂眞叔)에게서 숭정(崇禎) 을해(乙亥)년 봄 2월 3일에 구입하였다"[196]고 기록한 것에서 시작되었다. 오기정이 마지막으로 날짜를 기록한 것은 정사(丁巳)년, 강희 16년(1677) 12월 6일이었다.[197] 그가 언제 세상을 떠났는지는 정확하지 않지만 『서화기』에서 "때는 병오(丙午)년 6월 2일 나의 60세 생일이었다"[198]는 내용을 미루어볼 때 병오년은 강희 5년 즉, 1666년이다.

따라서 그는 17세기 중, 후반인 명대 말기 만력 연간에서 청대 초기 강희 연간에 활동한 것으로 보인다. 『서화기』에는 휘저우 지역의 컬렉터 및 컬렉션에 대해 기록하였는데 이는 명말에서 청초에 이르는 시기에 휘저우 지역 서화 컬렉션 상황에 대한 중요한 자료가 된다.

오기정이 『서화기』의 첫 부분에 기록한 5폭의 작품은 각각 하규

---

196) 吳其貞, 『書畫記』卷1, "張萱士女鼓琴圖……此得於茂眞叔手, 時崇禎乙亥春二月三日." 盧輔聖 主編, 『中國書畫全書』(第八冊), 上海書畫出版社, 1994, pp.31-32.

197) 吳其貞, 『書畫記』卷6, "以上三圖觀於揚州吳期玉手, 時丁巳十二月六日." 盧輔聖 主編, 『中國書畫全書』(第八冊), 上海書畫出版社, 1994, p.123.

198) 吳其貞, 『書畫記』卷5, "時丙午六月二日爲余六十初度." 盧輔聖 主編, 『中國書畫全書』(第八冊), 上海書畫出版社, 1994, p.57.

(夏珪, 1195-1224)의 〈하강범도도(夏江泛棹圖)〉, 관동(關소, ?-960)의 〈강촌적설도(江村積雪圖)〉, 서희(徐熙, 886-975)의 〈분홍연화도(粉紅蓮花圖)〉와 〈풍부용도(風芙蓉圖)〉, 원대 사람의 작자 미상인 〈야초도(野草圖)〉가 있다. 이후에 기록하기를 "위의 다섯 그림은 아버지의 소장품이다. 아버지는 골동과 뛰어난 서화 작품을 좋아하였고 특히 부채를 더 좋아하여 천선주인(千扇主人)이라 불렸지만 그 숫자는 천(千)에 그치지 않았다"[199]고 하였다. 여기서 오기정은 컬렉터 집안에서 태어났고 그의 아버지는 많은 소장품을 컬렉션하고 있었으며 천선주인이라 불렸지만 오기정이 말하기를 천에 그치지 않았다고 한 것에서 그 규모가 방대하였음을 알 수 있다.

또한 『서화기』에서는 "이 해서 금강경(金剛經)은 장남 진계(振啓)와 함께 우리 군(郡)의 동산영(東山營) 유촌(遊府) 왕방중(王方仲)의 관청 내에서 보았다"[200]고 하였는데 이러한 기록은 그가 자주 아들과 함께 그림을 감상하였음을 짐작할 수 있다. 이렇게 볼 때 오기정은 삼대가 모두 서화 컬렉션과 판매에 참여하였을 것이다.

『서화기』에서 1645년 명나라가 멸망한 숭정(崇禎, 1628-1644) 연간까지 약 10여 년 동안의 기록을 근거로 오기정이 감상한 작품의 수를 보면 계남(溪南) 오문장(吳文長)의 집에서 19폭의 작품을 본 것을 비롯해 유촌(楡村) 정정언(程正言)의 집에서 15점, 거안(居安) 왕월석(王越石)에게서 11점의 작품을 감상하였다.

이를 통해 오기정은 계남 오씨(吳氏) 집안과 유촌 정정언의 집안 사람들과의 교류가 잦았다는 것을 알 수 있다. 이외에도 그는 오가권(吳可權), 왕삼익(汪三益), 오본문(吳本文), 오신우(吳新宇)의 다섯째 아들인 오종생(吳琮生)과 오본문과 형제인 오원정(吳元定) 등과도 교류하

199) 吳其貞, 『書畫記』卷1, "夏禹玉夏江泛棹圖……關同江村積雪圖……徐熙粉紅蓮花圖……徐熙風芙蓉圖……元人無名氏野草圖……以上五圖大人所藏物. 大人篤好古玩書畫性嗜眞迹尤甚于扇頭, 號千扇主人然不止千也." 盧輔聖 主編, 『中國書畫全書』(第八冊), 上海書畫出版社, 1994, p.25.

200) 吳其貞, 『書畫記』卷5, "此經同長兒振啓觀于本郡東山營遊府王公方仲公廨內." 盧輔聖 主編, 『中國書畫全書』(第八冊), 上海書畫出版社, 1994, p.100.

였다.

<표6> 오기정(吳其貞)이 『서화기(書畵記)』에 기록한 작품 감상 수

	컬렉터	작품 수(점)	출처
1	계남(溪南) 오문장(吳文長)	19	『서화기』 권2
2	유촌(楡村) 정정언(程正言)	15	『서화기』 권1, 권2
3	거안(居安) 왕월석(王越石)	11	『서화기』 권2
4	계남(溪南) 오본문(吳本文)	7	『서화기』 권2
5	오가권(吳可權)	7	『서화기』 권2
6	유촌(楡村) 정용생(程龍生)	6	『서화기』 권2
7	계남(溪南) 오수원(吳修遠)	4	『서화기』 권2
8	왕삼익(汪三益)	4	『서화기』 권1, 권2
9	왕수지(汪綏之)	4	『서화기』 권2
10	김호신(金虎臣)	4	『서화기』 권2
11	계남(溪南) 오상성(吳象成)	3	『서화기』 권2
12	계남(溪南) 오종생(吳琮生)	3	『서화기』 권2
13	계남(溪南) 오원정(吳元定)	2	『서화기』 권2
14	계남(溪南) 오여진(吳汝晉)	1	『서화기』 권2

　　오기정과 직접 서화 거래가 이루어졌던 이들은 서화 중개상인으로 거래가 빈번한 이로는 왕삼익(汪三益)을 들 수 있다. 오기정은 왕삼익에게서 모두 12점의 작품을 구입하였다. 예를 들어, 오진(吳鎭, 1280-1354)의 〈청계감학도(淸溪勘鶴圖)〉, 마원(馬遠, 1160-1225)의 〈매정대금도(梅亭待琴圖)〉와 〈명월출해도(明月出海圖)〉, 〈매화초감도(梅花草龕圖)〉 및 강관도(江貫道)의 〈고산유수도(高山流水圖)〉, 최자중(崔子中)의 〈산작포접도(山雀捕蝶圖)〉, 역원길(易元吉, 약1000-1084)의 〈흑원착주도(黑猿捉蛛圖)〉, 조백구(趙伯駒, 1120-1182)의 〈계산누각도(溪山樓閣圖)〉, 주방(周昉, 약730-800)의 〈낙신도(洛神圖)〉, 하규의 〈산정누관도(山頂樓觀圖)〉, 왕진경(王晉卿)의 〈수각고와도(水閣高臥

圖)〉 등이 있었다..[201]

또한 왕이길(王爾吉)에게서 이숭(李崇)의 〈고루도(骷髏圖)〉, 황전(黃筌, 903-965)의 〈죽석구자도(竹石鳩子圖)〉, 유채(劉寀)의 〈유어도(游魚圖)〉, 오진의 〈죽초도(竹梢圖)〉 및 원대 사람이 제작한 서간(書簡) 1권을 포함하여 5점을 거래하였다.[202] 이외에도 전당(錢唐)의 첨담여(詹淡如)와 거안(居安)의 황벽하(黃碧霞)와 왕월석, 계남(溪南)의 오상성(吳象成)과 오가권(吳可權) 등에게서 각각 2점씩을 얻었다.

오기정의 『서화기』에 기록되어 있는 작품들은 대부분 계남 오씨가 소장한 작품들이다. 이들 작품 중에서 오기정이 그들의 집에서 직접 본 것도 있고 골동상인으로 거래를 하며 본 것도 있다. 따라서 『서화기』의 기록을 통해 16세기 명대 중기 이후 계남 오씨의 컬렉션 상황을 이해할 수 있다. 『서화기』의 기록에서 오기정과 거래가 많았던 계남 사람 왕삼익에 대해 오기정은 그의 감정 수준이 높지 않다고 생각한 것을 알 수 있다.

> 양해(梁楷)의 우군(右軍)이 제한 부채 그림 …… 오진(吳鎭)의 〈죽석도(竹石圖)〉 …… 당대 사람이 윤곽을 채운 왕희지(王羲之)의 〈중랑첩(中郎帖)〉 …… 위의 세 폭은 왕삼익(汪三益)에게서 보았고, 왕삼익은 계남(溪南) 오씨(吳氏)의 문객으로 보통 골동품은 모두 그의 손에서 판매되었으며 진위(眞僞)에 관해서는 애석하다.[203]

1635년 숭정 8년, 오기정은 계남에서 여러 오씨 컬렉터들을 방문하였다. 그는 『서화기』에서 이에 대해 상세하게 기록하고 있다. 여기서 당시 휘저우 지역의 서화 컬렉션 활동이 활발하였고 서화 작품은

201) 吳其貞, 『書畫記』卷2, 盧輔聖 主編, 『中國書畫全書』(第八冊), 上海書畫出版社, 1994, p.42, 45.

202) 吳其貞, 『書畫記』卷1, 盧輔聖 主編, 『中國書畫全書』(第八冊), 上海書畫出版社, 1994, pp.30-31.

203) 吳其貞, 『書畫記』卷1, "梁楷右軍題扇圖紙畫一卷……梅道人竹石圖絹畫一小幅……唐人郭塡王右軍中郎帖一卷……以上三圖觀于汪三益, 汪溪南吳氏門客, 凡鬻古玩皆由其手而眞僞惜如." 盧輔聖 主編, 『中國書畫全書』(第八冊), 上海書畫出版社, 1994, p.31.

질적으로나 양적인 측면에서 모두 최고였음을 짐작할 수 있다.

오기정은 계남의 컬렉터 오문장(吳文長)의 집에서 수백 점의 서화 작품과 자기, 옥기, 청동기 등을 보았는데 오문장에 대한 자세한 기록은 알 수 없는 것을 미루어 문인 관료 출신 같지는 않다. 다만 그가 소장한 서화 작품 등으로 볼 때 부유한 상인이었을 것이다. 『서화기』에서는 다음과 같이 기록하고 있다.

> 이공린(李公麟)의 〈백묘나한도대책자(白描羅漢圖大冊子)〉 1권은 모두 10장이었다. …… 위의 10종은 계남 오문장(吳文長)의 집에서 보았다. 오문장은 200백 여 점의 그림을 꺼냈다. 두루마리는 45점, 화책(畵冊)은 여러 본이 있었다. 오가권(吳可權), 왕삼익(汪三益)은 3일은 봐야한다고 하였고 나는 말하기를 고인(古人)은 서예를 볼 때 한 눈에 삼행(三行)을 보았는데 오늘날 그림을 보는 것이 어찌 하루에 세 폭을 볼 수 있겠는가. 그러나 그림을 펴자마자 많은 것이 두렵지 않았고 나와 오가권, 왕삼익은 함께 이를 바람이 구름을 휘감은 듯하여 반 나절만에 다 보았다. 미추(美丑)를 말로 서술함에 있어 어떠한 빠진 것도 없었다.[204]

오기정의 『서화기』를 통해 당시 컬렉터들의 작품 소장 상황을 알수 있는데 예를 들어, 그는 서계남에서 하규의 〈설정도(雪亭圖)〉 등 4점의 작품을 왕천석(汪天錫), 오국진(吳國珍), 송원중(宋元仲)의 집에서 보았고 계남 오씨의 소장품을 계승한 것이라고 하였다.[205] 또한 안진경(顔眞卿, 709-785)의 〈제질문고(祭姪文稿)〉 등을 연달아 감상하였는데 이는 모두 원래 오정의 소장품이었고 후에 왕곤중(王昆仲)과 송

---

204) 吳其貞, 『書畵記』卷2, "李伯時白描羅漢圖紙畵大冊子一本計十頁……以上十又種觀于溪南 吳文長家. 文長大年繼子, 位於盡出畵二百餘. 手卷四十五·畵冊數本. 吳可權, 汪三益當作三日 觀. 余日古人看書一目下三行, 今看畵豈不能一日下三幅耶. 但開卷快不怕多也. 於是, 余與可權, 三益齊聞齊卷, 如風卷雲, 半日看畢. 美丑口述無所遺漏." 盧輔聖 主編, 『中國書畵全書』(第八冊), 上海書畵出版社, 1994, p.44.

205) 吳其貞, 『書畵記』卷1, "夏珪雪亭圖絹畵一幅……以上四圖觀于汪天錫, 吳國珍, 宋元仲之 手, 係溪南吳氏收藏物." 盧輔聖 主編, 『中國書畵全書』(第八冊), 上海書畵出版社, 1994, p.27.

원중(宋元仲) 등에게 넘어가 왕봉(王鳳) 집안의 사람에게 이어졌다고 전한다.[206]

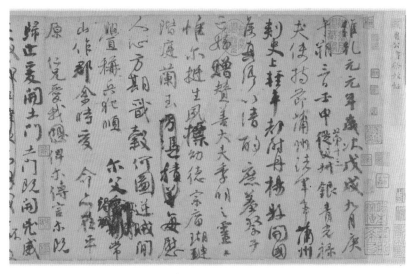

그림21. 당(唐), 안진경(顔眞卿), 〈제질문고(祭姪文稿)〉부분, 종이에 먹, 28.3×75.5㎝, 타이베이국립고궁박물원

이외에도 오기정은 숭정 12년(1639) 4월 3일부터 4월 14일까지 여러 차례 계남에 들러 오씨가 소장한 서화 작품을 감상한 일을 기록하고 있다. 1639년 4월 3일에 오기정은 계남 서화 컬렉션과 감정에 뛰어난 오본문(吳本文)의 집에서 조패(曹霸)의 〈목마도(牧馬圖)〉, 왕제한(王齊翰)의 〈강산은거도(江山隱居圖)〉, 안진경의 〈주거천고(朱巨川告)〉 등 당대 이후 송·원대 서화 작품을 감상하였으며 시인 도연명(陶淵明, 365-427)의 〈설부(雪賦)〉는 오대 남당(南唐)의 왕 이욱(李煜, 937-978)의 임모본이라 생각하였다. 그 내용은 다음과 같다.

도연명(陶淵明)의 〈설부(雪賦)〉······ 남당(南唐)의 이후주(李後主)가

---

206) 吳其貞, 『書畫記』卷1, "顏魯公祭姪季明文稿一卷······以上四卷觀于汪天賜, 吳雲從, 吳國珍, 宋仲元之手. 原是吳江村之物後屬于王鳳昆仲而宋元仲等系王鳳家人也." 盧輔聖 主編, 『中國書畫全書』(第八冊), 上海書畫出版社, 1994, p.30.

임모한 것이다. 앞에는 송 고종(高宗)의 제식(題識)이 있었고 이는 후
대 사람의 위조된 필법이었다. 위의 6점은 계남(溪南) 오본문(吳本文)
집에서 보았다. 오본문의 서화 감상 안목은 오씨(吳氏)의 백미(白眉)
라 하였다. 그날 본 유명한 사람들의 묵적(墨迹)과 송·원대 명화가
매우 많았고 모두 절묘하였다. 때는 사묘(巳卯)년 4월 3일이었다.[207]

다음날, 즉 4월 4일에 오기정은 또 오본문(吳本文)의 동생인 오원
정(吳元定)의 집에서 황공망(黃公望, 1269-1354)의 〈철애도(鐵崖圖)〉
를 비롯해 당대 사람의 임모본인 〈동방삭화상찬(東方朔畵像贊)〉 등 여
러 서화 작품을 감상하였다.

> 황공망(黃公望)의 〈철애도(鐵崖圖)〉······ 당대 사람의 〈임본동방삭화
> 상찬(臨本東方朔畵像贊)〉······ 이상 두 작품은 계남(溪南) 오원정(吳
> 元定)의 집에서 보았다. 원정(元定)과 본문(本文)은 형제이다. 그날
> 본 작품은 구영(仇英)의 〈전벽부도(前赤壁圖)〉, 당인(唐寅)의 〈향산도
> (香山圖)〉, 축윤명(祝允明)의 〈난정도(蘭亭圖)〉, 서분(徐賁)의 〈사자림
> 도(獅子林圖)〉이었고 모두 정묘한 것으로 앞서는 것이 나오지 않았
> 다.[208]

같은 날 오기정은 서계남의 컬렉터였던 오종생(吳琮生)을 만나 조
백구의 〈도원도(桃源圖)〉와 왕희지(王羲之, 303-361)의 〈평안첩(平安
帖)〉 등을 볼 수 있었다.

> 양응식(楊凝式)의 〈하열첩(夏熱帖)〉······ 조백구(趙伯駒)의 〈도원도

207) 吳其貞, 『書畵記』卷2, "曹覇牧馬圖絹畵一卷······王齊翰江山隱居圖一卷······顏眞卿朱巨川
告······陶隱居雪賦一卷······然非隱居之書, 乃南唐李後主所臨隱居者. 前有宋高宗題識, 此後人之
偽筆. 以上六卷觀于溪南吳本文家. 本文鑒賞書畵目力爲吳氏白眉. 是日所見名人墨迹·宋元名畵頗
多, 皆絶妙者. 時巳卯四月三日." 盧輔聖 主編, 『中國書畵全書』(第八冊), 上海書畵出版社, 1994,
p.41.
208) 吳其貞, 『書畵記』卷2, "黃大癡鐵崖圖絹畵一幅······唐人臨本東方朔畵像贊一卷······以上二
種觀于溪南吳元定家. 元定與本文爲弟兄. 是日所見有仇十洲前赤壁圖卷, 唐六如香山圖卷, 祝枝
山蘭亭圖, 徐幼文獅子林圖, 皆精妙無出于右者." 盧輔聖 主編, 『中國書畵全書』(第八冊), 上海書
畵出版社, 1994, p.41.

〈桃源圖〉〉 …… 왕희지(王羲之)의 〈평안첩(平安帖)〉 …… 이상의 세 작품은 계남(溪南) 오종생(吳琮生)의 집에서 보았다. 종생(琮生)은 휘(諱)하여 가봉(家鳳)이라 하였고 거부 감상가 오신우(吳新宇)의 다섯 번째 아들이었다. 형제 다섯 명은 모두 봉(鳳)자가 들어가 당시 사람들은 오봉(五鳳)이라고 불렀고 모두 골동을 좋아하였으며 각자 청녹자부정(靑綠子父鼎)이 있어 그 성대함을 볼 수 있다. 종생은 시화에 뛰어났다. 때는 원정이 서화를 본 날이다.[209]

여기서 오신우(吳新宇)는 바로 오희원(吳希元, 1551-1606)을 가리키는 것으로 그의 자는 여명(汝明)이고 호는 신우(新宇)였다.[210] 오신우는 오정과 교류가 잦았다. 예를 들어, 청대 건륭(乾隆, 1735-1795) 황제의 소장품이었던 동진(東晉) 시대 서예가 왕순(王珣, 349-400)의 〈백원첩(伯遠帖)〉의 경우 처음에는 오신우에게 소장되어 있다가 이후 오정의 컬렉션이 된다.

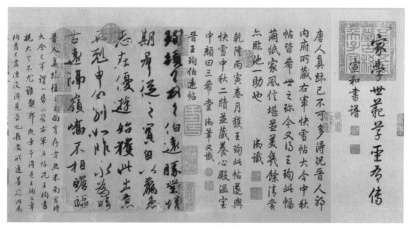

그림22. 진(晉), 왕순(王珣), 〈백원첩(伯遠帖)〉, 종이에 먹, 17.2×25.1㎝
베이징 고궁박물원

209) 吳其貞, 『書畫記』卷2, "楊少師夏熱帖一卷……趙千里桃源圖絹畫一大卷……王右軍平安帖一卷……以上三種觀于溪南吳琮生家. 琮生諱家鳳, 乃巨富鑒賞吳新宇第五子. 弟兄五人, 行皆鳳子, 故時人呼之爲五鳳. 皆好古玩, 各有靑綠子父鼎, 可見其盛也. 琮生善能詩畫. 時則觀元定書畫日." 盧輔聖 主編, 『中國書畫全書』(第八冊), 上海書畫出版社, 1994, p.42.

210) 楊廷福·楊同甫 編, 『明人室名別稱字號索引』(下), 上海古籍出版社, 2002, p.165.

이와 반대로 현재 상하이박물관(上海博物館)에 소장되어 있는 왕
헌지(王獻之, 344-386)의 〈압두환첩(鴨頭丸帖)〉은 만력(萬曆, 1573-
1619) 연간에 오정이 소장하였다가 숭정(崇禎, 1628-1644) 연간에
오신우의 집에 소장된다.

그림23. 진(晉), 왕헌지(王獻之), 〈압두환첩(鴨頭丸帖)〉, 비단에 먹, 26.1×26.9㎝
상하이박물관

오정이 소장한 서화 작품은 대부분 '여청재도서인(余淸齋圖書印)',
'오정서인(吳廷書印)' 등의 낙관이 찍혀 있었다. 이외에도 당대 염립본
(閻立本, 601-673)의 〈보련도(步輦圖)〉, 안진경의 〈제질문고〉 등에는
'신우(新宇)', '오희원인(吳希元印)'의 인장이 찍혀있다. 이는 모두 오희
원(吳希元)이 소장한 적이 있음을 증명하는 것이다.

첨경봉은 『동도현람편』에서 오희원이 진(晉)·당(唐)·송(宋)·명
(明)대의 여러 서화가들의 작품을 구입한 일을 기록하고 있다. 그 중
에는 두보(杜甫, 712-770)와 채양(蔡襄, 1012-1067), 소식(蘇軾,
1037-1101) 및 명대의 학자 해진(解縉, 1369-1415)의 서예 작품이
포함되어 있었다.

우리 흡현(歙縣)의 양상서(楊尙書) 집에 오래된 서예 작품 한권을 소장하고 있는데 첫 번째는 왕희지(王羲之)의 첩(帖)이고, 다음은 두보(杜甫)의 행서(行書), 다음은 채양(蔡襄)과 소식(蘇軾), 다음은 해진(解縉)의 대략 2천 여 자로 모두 진품이었다. 유일하게 왕희지(王羲之)의 첩이 쌍구(雙鉤)로 되어있었다. 오늘 잠구(潛口)의 왕태학(汪太學)의 집에서 계남(溪南) 오희원(吳希元)이 180냥에 전매하였다.[211]

오기정은 오희원의 아들인 '오봉(五鳳)'의 예술품 컬렉션 중개인인 오가권(吳可權)과 사업상 왕래가 있었고 그는 『서화기』에서 다음과 같은 기록을 남겼다.

송(宋)·원대(元代) 사람의 작은 그림 책자는 한권에 24쪽……조희원(趙希遠)의 〈행서·두보이수(行書·杜詩二首)〉……위의 서화는 계남(溪南) 오가권(吳可權)에게서 구입하였고 오가권은 오봉(五鳳)의 문객(門客)이었다.[212]

또한 오기정은 오씨 '오봉'의 문객인 오가권과 함께 계남의 서화 컬렉터인 오수원(吳修遠)을 방문하였고 오도자의 〈출산불도(出山佛圖)〉와 진거중(陳居中, 1201-1204)의 〈기독도(騎犢圖)〉, 최자충(崔子忠, 약1595-1644)의 〈행화유아도(杏花游鵝圖)〉, 오병(吳炳)의 〈패하백로도(敗荷白鷺圖)〉와 조맹부(趙孟頫, 1254-1322)의 임모본인 〈십칠첩권(十七帖卷)〉도 보았다.[213]

---

211) 詹景鳳, 『東圖玄覽編』卷2, "吾歙楊尙書家舊藏墨迹一卷. 前一右軍帖, 次杜子美行書, 次蔡君謨, 蘇子瞻, 次解縉大紳. 解縉大紳幾二千餘字, 皆眞迹. 唯右軍帖爲雙鉤. 今在潛口汪太學家七千家, 轉賣與溪南吳中翰希元一百八十金." 盧輔聖 主編, 『中國書畫全書』(第四冊), 上海書畫出版社, 1992, p.20.

212) 吳其貞, 『書畫記』卷2, "宋元人小畫圖冊子一本二十四頁……趙希遠行書杜詩二首……以上書畫購於溪南吳可權. 可權爲五鳳門客." 盧輔聖 主編, 『中國書畫全書』(第八冊), 上海書畫出版社, 1994, p.42 .

213) 吳其貞, 『書畫記』卷2, "吳道子出山佛圖大絹畫一幅……陳居中騎犢圖小絹畫一幅……崔子中杏花遊鵝圖絹畫一幅……吳炳敗荷白鷺圖絹畫一幅……以上四圖同吳可權觀于溪南吳修遠家. 是日所見, 有趙松雪臨十七帖一卷, 書法之妙直入王右軍室外. 宋拓帖頗多, 惜少玉銅窯器, 是端留心于筆墨者. 時則觀七家書畫第二日." 盧輔聖 主編, 『中國書畫全書』(第八冊), 上海書畫出版社,

4월 6일, 오기정은 왕천석(汪天錫), 오국서(吳國瑞), 송원중(宋元仲), 오종운(吳從雲)의 집에서 최백(崔白, 1004-1088)의 〈설안도(雪雁圖)〉, 동원(董源, 934-962)의 〈화음수조도(華陰垂釣圖)〉, 조맹부의 〈이화백연도(梨花白燕圖)〉를 보았다.

이상의 세 그림은 계남(溪南) 왕천석(汪天錫), 오국서(吳國瑞), 송원중(宋元仲), 오종운(吳從雲)의 손에서 보았다. 안부를 물었고 내 고향의 많은 서화는 모두 팔려가 오직 이소도(李昭道)의 〈낙신도(洛神圖)〉가 있었다.[214]

여기서 당시 휘저우의 서화 소장품이 다른 지역으로 흩어지고 있었음을 알 수 있다. 그날 오기정은 오여진(吳汝晉)의 집에서 원대 오진(吳鎮, 1280-1354)의 인물화 한 점을 감상하였다.

오진(吳鎮)의 〈백의대사도(白衣大士圖)〉……이 그림은 계남(溪南) 오여진(吳汝晉)의 집 벽 위에서 보았다. 오여진은 서생(瑞生)의 조카였다. 이상 일곱 사람의 서화는 사묘(巳卯)년(1639) 4월 6일에 보았다.[215]

오기정은 계남에 머무르는 기간 동안 몇몇 컬렉터들을 방문해 그들이 소장하고 있는 서화를 감상하였다. 예를 들어, 계남 오상성의 집에서 이사고(李師古)의 〈고사관천도(高士觀泉圖)〉를 비롯해 예찬의 〈경물청신도(景物淸新圖)〉, 이성(李成, 919-약967)의 〈비설고주도(飛雪沽酒圖)〉, 왕몽(王蒙, 1308-1385)의 〈죽석도(竹石圖)〉, 조맹부의 〈사마도(士馬圖)〉를 보았다. 그는 오백창(吳伯昌)의 장손으로 소장품이 매우

1994, p.43.

214) 吳其貞, 『書畵記』卷2, "以上三圖觀于溪南汪天錫, 吳國瑞, 宋元仲, 吳從雲之手. 問及余鄕諸書畵皆以售去, 惟小李將軍洛神圖在." 盧輔聖 主編, 『中國書畵全書』(第八冊), 上海書畵出版社, 1994, p.43.

215) 吳其貞, 『書畵記』卷2, "梅道人白衣大士圖……此圖在溪南觀于吳汝晉之屋壁上. 汝晉, 瑞生侄也. 以上七家書畵, 巳卯四月六日觀也." 盧輔聖 主編, 『中國書畵全書』(第八冊), 上海書畵出版社, 1994, p.43.

많았는데 명나라 말기의 혼란한 상황 속에서 모두 흩어졌다. 이때 위의 작품 중 오기정은 예찬과 이성의 작품을 얻었다.[216]

오기정의 『서화기』2권의 마지막 부분에서는 황공망의 〈방동북원춘산범찰도(倣董北苑春山梵利圖)〉와 예찬의 〈임정원수도(林亭遠岫圖)〉 등 "위의 5점을 오가권(吳可權)의 손에서 보았다. 시기는 비고(鼙鼓)가 도처에 있던 때로 어찌 돌볼 틈이 있을까. 때는 을유(乙酉)년(1645) 8월 2일이다"[217]라고 하였다.

명나라가 멸망하기 1년 전부터 3-4년 동안 오기정이 기록한 내용은 줄어들었으며 순치(順治) 8년(1651) 그가 항저우에 간 이후 기록한 『서화기』의 4권은 저장과 장수의 도시를 돌아다니며 친구를 만나 서화를 보는 상황을 기술하고 있다. 이 지역은 휘저우 상인들이 모이는 곳이므로 그는 여기서 고향 사람들과 친구들을 만날 수 있었다.

기록에서 그가 본 서화 작품과 매매 상황을 볼 수 있으며 또한 휘저우 사람들이 진행한 외지에서의 컬렉션 상황을 이해할 수 있다. 그는 미술사에서 가치 있는 많은 명작을 소장하였고 휘저우의 컬렉션 풍조가 활성화되는 것에 기여하였으며 휘저우 지역의 컬렉션 문화에 있어 중요한 역할을 하였다.

4. 휘저우 상인의 예술 후원 확대

서화 컬렉션은 명대 말기 경제적으로 성장한 휘저우 상인들이 문화에 개입하는 하나의 방식이 되었다. 이를 통해 그들은 재력과 학식

---

216) 吳其貞, 『書畫記』卷2, "李師古高士觀泉圖小紙畫一幅……倪雲林景物淸新圖小紙畫一幅……李營丘飛雪沽酒圖小絹畫一幅……王叔明竹石圖小紙畫一幅……趙松雪士馬圖絹畫一幅……以上五圖觀於溪南吳象成家. 象成是伯昌長子也. 當日收藏頗多. 爲魏瑭之害皆散去. 余得其景物淸新飛雪沽酒二圖." 盧輔聖 主編, 『中國書畫全書』(第八冊), 上海書畫出版社, 1994, p.42.

217) 吳其貞, 『書畫記』卷2, "以上五種, 匆匆觀于吳可權手. 時値鼙鼓遍地, 何暇經營, 時乙酉八月二日." 盧輔聖 主編, 『中國書畫全書』(第八冊), 上海書畫出版社, 1994, p.53.

을 드러내는 한편 서화가들을 후원하는 통로가 되어 예술을 활성화하는데 공헌하였다. 이로 인해 16세기 중엽 이후 휘저우를 중심으로 이름 있는 화가들이 등장하게 된다.

동시에 서화 컬렉션은 이들이 문인들과 교유관계를 형성할 수 있는 중요한 수단이 되었으며 이로써 더욱 서화 컬렉션에 심취하는 계기가 되었다. 허승요(許承堯)는 『흡사한담(歙事閑譚)』에서 여러 차례 심주(沈周, 1427-1509), 동기창, 축윤명(祝允明, 1460-1526), 진계유(陳繼儒, 1558-1639) 등 강남 인사들의 휘저우에서의 행적에 대해 기록하였다.[218] 이들은 휘저우의 부유한 상인들과 교류하여 그들의 집에 머물렀고 작품을 제작해 남기기도 하였다.

오기정은 『서화기』에서 당시 휘저우 지역 미술품 컬렉션은 왕도곤(汪道昆)·왕도관(汪道貫) 형제에서 시작해 계남(溪南) 오씨(吳氏), 총목방(叢睦坊) 왕씨(汪氏)가 진행하였고 상산(商山) 오씨(吳氏), 휴읍(休邑) 주씨(朱氏), 거안(居安) 황씨(黃氏), 유촌(楡村) 정씨(程氏)에게 이어졌다고 하였다.[219] 오기정이 언급한 휘저우의 컬렉터 집안은 휘저우의 명문대가로 이들은 재력을 가진 휘저우의 상인 집안이었다.

오기정은 이들의 집에서 고대의 여러 작품을 보았다고 기록하였다. 예를 들어, 거안 황씨 집에서 본 하규의 〈설정도〉, 마화지(馬和之, 1130-1170)의 〈모시동귀현가(毛詩東歸弦歌)〉 및 조맹부의 〈전후적벽도(前後赤壁圖)〉 등이 있다.[220] 이는 휘저우 서화 컬렉션의 성행 및 그

---

218) 許承堯, 『歙事閑譚』卷8, "董其昌爲諸生時, 游新安. 江村江一鶴迎館于家, 克其子必名. 居年余去. 所遺書畫眞迹最多. 陳繼儒亦與一鶴友善, 每來新安, 多主其家, 爲題諸園亭聯額. 沈周游新安時, 江念祖師事之, 延諸村中, 爲作《瑞金秋霏》,《長湖烟雨》諸圖." 許承堯, 李明回·彭超·張愛琴 校點, 『歙事閑譚』, 黃山書社, 2001, p.627.

219) 吳其貞, 『書畫記』卷2, "時四方貨玩者聞風弃至, 行商于外者搜尋而歸, 因此時得甚多. 其風始開於汪司馬兄弟, 行于溪南吳氏叢睦坊, 汪氏繼之. 余鄕商山吳氏, 休邑朱氏, 居安黃氏, 楡林程氏, 以得皆爲海內名器, 至今日漸次散去, 計其得失不滿百年. 可見物有聚散理所必然." 盧輔聖 主編, 『中國書畫全書』(第八冊), 上海人民美術出版社, 1962, p.46.

220) 吳其貞, 『書畫記』卷1, "趙松雪前後赤壁圖絹畫一卷……以上書畫觀于居安黃黃山家, 黃山則黃石之兄, 爲士夫中鑒賞名家." 盧輔聖 主編, 『中國書畫全書』(第八冊), 上海書畫出版社, 1994, pp.27-28.

구입과 컬렉션 상황에 대해 짐작할 수 있다.

오기정이 언급한 컬렉터들을 모두 분명히 알 수는 없지만 유촌 정씨는 정계백(程季白)과 그 후손들을 가리키는 것이다. 오기정은 정계백을 "골동품을 매우 좋아하고 학식이 넓고 고명(高明)하며 식견이 다른 사람들보다 뛰어나다"[221]고 평하였다. 정계백의 소장품 중에는 왕유(王維, 699-759)의 〈강산설제도(江山雪霽圖)〉를 비롯해 명대 중기 서화가인 문징명(文徵明, 1470-1559)과 왕세무(王世懋, 1536-1588), 항원변, 동기창이 소장한 조맹부의 〈수촌도(水村圖)〉가 포함되었다.

이는 모두 정계백의 컬렉션으로 고대의 뛰어난 작품을 소장하였음을 보여주는 것이다. 조맹부의 〈수촌도〉는 동원의 필법을 따랐으며 뒤에 당대의 유명한 인사 48명의 제발이 있고 그 중에는 '동진이(董陳李)', 즉 동기창, 진계유, 이일화 세 사람의 제식(題識)이 있다.[222]

오기정은 『서화기』에서 유촌의 정씨에게서 본 그림을 기록하고 있다. 정계백의 아들인 정정언은 오기정과 친구였으며 정정언의 휘(諱)는 명조(明詔)라고 하였다. 그의 집에서 7-8세기에 활동한 당대 화가 노홍(盧鴻)과 양해(梁楷, 1150-?), 곽희(郭熙, 1023-1085), 형호(荊浩, 약880-940), 미불, 조맹부, 황공망, 오진, 왕몽 등의 작품을 감상하였으며 그 외 여러 유촌 정씨 집안의 사람들과 교류하였다.

오기정과 교류가 있었던 정용생(程龍生)은 정정언의 사촌 형이며 정정언의 조카 집에서도 그림을 보았다. 또한 정이지(程怡之)는 정용생의 다섯째 동생이다. 명대 말기까지 오기정의 『서화기』 기록에서 휘저우 정씨 가문의 소장품을 정리해 보면 다음과 같다.

---

221) 吳其貞, 『書畵記』卷1, "季白篤好古玩辨博高明識見過人." 盧輔聖 主編, 『中國書畵全書』(第八冊), 上海書畵出版社, 1994, p.35.

222) 吳其貞, 『書畵記』卷1, "趙孟頫水村圖卷紙畵一卷……法效董北苑用筆細密……卷後當代名流四十八人題. 明有董陳李三公題識." 盧輔聖 主編, 『中國書畵全書』(第八冊), 上海書畵出版社, 1994, p.35.

〈표7〉 명대 말기 휘저우 유촌(楡村) 정씨(程氏)의 서화 컬렉션

컬렉터	소장품	출처	비고
정정언 (程正言)	조맹부(趙孟頫) 〈임산소은도(林山小隱圖)〉	『서화기』 권1	오기정이 정축(丁丑)년(1637) 2월 11일에 감상
	노홍(盧鴻) 〈초당도(草堂圖)〉	『서화기』 권1	
	황공망(黃公望) 〈동천춘효도(洞天春曉圖)〉	『서화기』 권1	
	오진(吳鎭) 〈수죽산거도(水竹山居圖)〉	『서화기』 권1	
	조맹부(趙孟頫) 〈수촌도(水村圖)〉	『서화기』 권1	
	곽희(郭熙) 〈교송산수도(喬松山水圖)〉	『서화기』 권1	
	이찬화(李贊華) 〈번기도(蕃騎圖)〉	『서화기』 권1	
	형호(荊浩) 〈산수도(山水圖)〉	『서화기』 권1	
	양해(梁楷) 〈고승도(高僧圖)〉	『서화기』 권1	무인(戊寅)년(1638) 2월 3일에 감상
	미불(米芾) 〈색지첩(索紙帖)〉	『서화기』 권1	
	왕몽(王蒙) 〈유여청도(有餘淸圖)〉	『서화기』 권1	
	조간(趙幹) 〈청동유기도(晴冬游騎圖)〉	『서화기』 권1	신품(神品)
	황정견(黃庭堅) 〈초서고시권(草書古詩卷)〉	『서화기』 권2	
	소식(蘇軾) 〈유마찬어침관송(維摩贊魚枕冠頌)〉	『서화기』 권2	
	가단구(柯丹丘) 〈고목죽석도(古木竹石圖)〉	『서화기』 권2	

정순중 (程醇仲)	이소도(李昭道) 〈낙신도(洛神圖)〉	『서화기』 권1	을해(乙亥)년(1635) 4월 6일에 감상
	미우인(米友仁) 〈운산도(雲山圖)〉	『서화기』 권1	
	오진(吳鎭) 〈하강범도도(夏江泛棹圖)〉	『서화기』 권1	
	예찬(倪瓚) 〈설색산수도(設色山水圖)〉	『서화기』 권1	
	성조(盛趙) 〈합작산수도(合作山水圖)〉	『서화기』 권2	
정용생 (程龍生)	왕유(王維) 〈운산누각도(雪山樓閣圖)〉	『서화기』 권2	
	예찬(倪瓚) 〈계산정자도(溪山亭子圖)〉	『서화기』 권2	
	왕몽(王蒙) 〈한림종규도(寒林鐘逵圖)〉	『서화기』 권2	
	미불(米芾) 〈견본십지서권(絹本十紙書卷)〉	『서화기』 권2	
	왕유(王維) 〈설제도(雪霽圖)〉	『서화기』 권2	
	조맹부(趙孟頫) 〈오호계은도(五湖溪隱圖)〉	『서화기』 권2	기묘(己卯)년 (1639) 5월에 감 상
정이지 (程怡之)	유송년(劉松年) 〈경도(耕圖)〉	『서화기』 권2	
정군길 (程君吉)	심월계(沈月溪) 〈매암도(梅庵圖)〉	『서화기』 권2	
	성자명(盛子明) 〈추계수조도(秋溪垂釣圖)〉	『서화기』 권2	

오기정은 유촌 정계백의 아들 정정언과 막역한 사이로 그는 그의 부친 정계백과 같이 서화 컬렉션을 좋아하였다. 정계백은 안목이 뛰어나 좋은 작품을 컬렉션하고 있었는데 천계(天啓) 6년(1626), 목숨을

잃고 집안이 몰락하였다. 정정언은 부친의 소장품을 지킬 수 없었으며 대부분 다른 사람에게 판매되었다. 숭정 10년(1637), 오기정은 정정언의 집에서 황공망의 〈동천춘효도(同天春曉圖)〉, 오진의 〈수죽산거도(水竹山居圖)〉, 조맹부의 〈수촌도〉, 곽희의 〈교송산수도(喬松山水圖)〉, 형호의 〈산수도(山水圖)〉 등 9점의 작품을 감상하였다.[223]

또한 다음 해인 무인(戊寅)년(1638) 2월 3일에 역시 정정언의 집에서 양해의 〈고승도(高僧圖)〉, 미불의 〈소지첩(小紙帖)〉, 왕몽의 〈유여청도(有餘淸圖)〉를 보았는데 이 작품은 원래 오정의 것이었다.[224] 조간(趙幹)의 〈청동유기도(晴冬遊騎圖)〉역시 오기정이 정정언의 집에서 보았고 그 시기는 1638년 11월 보름이었다.[225]

이러한 작품들을 정정언의 집에서 보기 전에 오기정은 명대 숭정 8년(1635) 유촌 정순중(程醇仲)의 집에서 비단에 그린 이소도(李昭道, 675-758)의 〈낙신도(洛神圖)〉와 미우인(米友仁, 1074-1151)의 〈운산도(雲山圖)〉를 보았는데 조맹부의 작품을 비롯해 문징명, 축윤명, 동기창 등의 작품이 매우 많았다고 기록하고 있다.

> 비단에 그린 이소도(李昭道)의 〈낙신도(洛神圖)〉……미우인(米友仁)의 종이에 그린 〈운산도(雲山圖)〉 1권……위의 두 점은 유초(楡村) 정순중(程醇仲)의 집에서 보았다. 정순중의 휘(諱)는 수수(遂修)이고 사람됨이 고요하고 단정하며 서화를 좋아하고 소해체(小楷體)를 잘하였다. 집안에 소장하고 있는 조맹부(趙孟頫)의 행서(行書) 소해(小楷) 4점과 문징명(文徵明), 축윤명(祝允明), 왕총(王寵), 동기창(董其昌)의

---

223) 吳其貞, 『書畫記』卷1, "以上九圖于丁丑二月十一日同徒弟亮生觀于楡村程正言鼎父堂. 正言諱明昭, 季白之子也. 季白篤好古玩, 辨博高明, 識見過人, 鑒賞家稱焉, 所得物皆選拔名尤, 逮居中翰. 因吳伯昌遭璫禍連及, 喪身亡家于天啓六年. 子正言遂不能守父故物, 多售于世, 然奢豪與父同風. 善臨池, 摹倪迂咄咄逼眞, 與予爲莫逆交." 盧輔聖 主編, 『中國書畫全書』(第八冊), 上海書畫出版社, 1994, p.35.

224)v吳其貞, 『書畫記』卷1, "梁楷高僧圖紙畫一幅……米元章小紙帖……王叔明有餘淸圖紙畫一幅……此畫原系吳江村物故名其齋曰餘淸今有餘淸帖傳世係江村所刻. 以上書畫於程正言家得觀. 時戊寅二月三日." 盧輔聖 主編, 『中國書畫全書』(第八冊), 上海書畫出版社, 1994, p.36.

225) 吳其貞, 『書畫記』卷2, "趙幹晴冬遊騎圖絹畫一幅……此圖觀於楡村程正言家. 時戊寅十一月望日." 盧輔聖 主編, 『中國書畫全書』(第八冊), 上海書畫出版社, 1994, p.38.

> 소해는 셀 수가 없었다. 때는 을해(乙亥)년(1635) 4월 6일로 같이 본 이는 왕가보(汪嘉甫)이다.[226]

이외에도 왕유의 〈설산누각도(雪山樓閣圖)〉, 예찬의 〈설산누각도(溪山亭子圖)〉, 미불의 비단과 종이에 그린 작품들과 왕몽의 〈한림종규도(寒林鐘逵圖)〉, 왕유의 〈설제도(雪霽圖)〉는 항원변 등의 도서와 동기창의 제발이 있었는데 오기정은 유촌 정용생(程龍生)의 집에서 보았고 때는 기묘(己卯)년(1639) 3월 11일이었다.[227]

휘저우 지역 컬렉터 중에는 또한 서계남(西溪南) 오씨(吳氏)가 유명하였고 오기정은 『서화기』에서 명대 말기 계남 오씨가 소장한 서화 작품을 많이 기록하였다.[228] 서계남은 과거 계남(溪南), 풍계(豊溪), 풍남(豊南)이라고 불렸고 황산(黃山) 남록(南麓), 흡현(歙縣) 서부(西部)에 위치해 있다. 서계남 오씨의 서화 컬렉션은 명대 중기부터 시작해 청대 초기에 이르기까지 휘저우 지역 전체에서 최고라 할 수 있었다. 역대 서화 명작들도 다수 컬렉션하였으며 그 품질 또한 뛰어났다.

첨경봉은 『동도현람편』에서도 계남 오씨의 소장품에 대해 기록하였는데 이를 통해 만력 연간 오씨의 서화 컬렉션 상황을 알 수 있다. 예를 들어, 오씨가 남송대 화가 하규의 〈강각관조일책(江閣觀潮一冊)〉[229]과 원대 초기 화가인 전선의 발문 100여자가 있는 주문거(周文

---

226) 吳其貞, 『書畫記』卷1, "小李將軍洛神圖絹畫一卷……米元暉雲山圖紙畫一卷.……以上二圖觀於楡村程醇仲家. 仲諱遂修, 爲人恬雅好書畫, 善小楷. 家所藏趙松雪行書小楷共四卷. 文衡山祝枝山王雅宜董思白小楷不勝計. 時乙亥四月六日. 同觀者汪嘉甫." 盧輔聖 主編, 『中國書畫全書』(第八冊), 上海書畫出版社, 1994, p.32.

227) 吳其貞, 『書畫記』卷2, "王摩詰雪山樓閣圖絹畫一幅……倪雲林溪山亭子圖紙畫一幅……王叔明寒林鐘逵圖紙畫……米元章絹本十紙書一卷……王右丞雪霽圖絹畫一卷.……上有項墨林等圖書卷後有董思白題跋.……以上五種觀於楡村程龍生. 時己卯三月十一日." 盧輔聖 主編, 『中國書畫全書』(第八冊), 上海書畫出版社, 1994, p.40.

228) 吳其貞, 『書畫記』卷2, "宋無名氏田舍圖大絹畫一幅.……此圖觀於溪南吳夢符. 時戊寅十一月三日." 盧輔聖 主編, 『中國書畫全書』(第八冊), 上海書畫出版社, 1994, p.38.

229) 詹景鳳, 『詹東圖玄覽編』卷2, "歙吳氏亦有夏珪江閣觀潮一冊. 淸勁可愛." 盧輔聖 主編, 『中國書畫全書』(第四冊), 上海書畫出版社, 1992, p.6.

그림24. 원(元), 조맹부(趙孟頫), 〈수촌도(水村圖)〉, 종이에 수묵, 24.9×120.5㎝, 베이징 고궁박물원

矩, 917-975)의 〈희영도(戲嬰圖)〉를 가지고 있었다고 기록하였다.[230] 또한 왕유의 〈망천설경도(輞川雪景圖)〉는 임계(臨溪) 오씨(吳氏)에게 있다고 하였다.[231]

그림25. 청(淸), 홍인(弘仁), 〈우여유색도(雨余柳色圖)〉, 종이에 수묵, 84.4×45.3cm, 상하이박물관

오기정은 "나의 고향 8, 9월, 사방의 골동품이 모두 용궁사(龍宮寺)에 모여 팔린다"[232]고 하였다. 오기정은 자주 용궁사에 갔고 그곳의 골동 상인들과 교류하였는데 특히 용궁사의 골동 상인으로 김호신(金虎臣)이 알려져 있었다. 오기정은 그에게서 4점의 작품을 보았고 또한 황공망의 가로로 긴 종이 위에 그린 책자 12쪽이 있었는데 동기창의 발문이 있었다.[233]

황공망의 작품 외에 그가 김호신에게서 본 4점의 작품은 각각 작은 종이에 그린 예찬의 〈자지산방도(紫芝山房圖)〉와 비단에 그린 당인(唐寅, 1470-1524)의 〈포어도(捕魚圖)〉, 작은 종이에

230) 詹景鳳,『詹東圖玄覽編』卷2, "歙吳氏周文矩戲嬰圖一卷. 狀戲嬰情態備極."盧輔聖 主編,『中國書畵全書』(第四冊), 上海書畵出版社, 1992, p.21.

231) 詹景鳳,『東圖玄覽編』卷2, "王維輞川雪景, 細絹畵, 小橫幅, 精極. 古松上用粉作積雪, 有款. 今在吳休臨溪吳氏."盧輔聖 主編,『中國書畵全書』(第四冊), 上海書畵出版社, 1992, p.12.

232) 吳其貞,『書畵記』卷2, "余鄕八九月, 四方古玩皆集售于龍宮寺中."盧輔聖 主編,『中國書畵全書』(第八冊), 上海書畵出版社, 1994, p.47.

233) 吳其貞,『書畵記』卷2, "以上四圖觀于龍宮寺中金虎臣乃郎手. 是日所見不入記有黃大癡橫張紙畵冊子十二頁, 是董思白於金收藏名畵也. 思白有楷書題識."盧輔聖 主編,『中國書畵全書』(第八冊), 上海書畵出版社, 1994, p.47.

그린 왕몽의 〈삼계도(杉溪圖)〉, 큰 비단에 그린 원대 화가 마문벽(馬文璧)의 〈산수도(山水圖)〉가 있었다. 이는 당시 휘저우 서화 시장에는 명대 말기 많은 컬렉터들이 선호한 황공망, 예찬, 왕몽을 비롯한 원대 사람들의 작품과 명대 중기 수저우를 대표하는 '오문화파(吳門畵派)'의 서화가들의 작품이 많았으며 동시에 휘저우에서의 작품 공급과 수요가 빠르게 진행되고 있음을 알 수 있다.

청대 초기의 '신안파(新安派)'를 대표하는 홍인(弘仁, 1610-1663)은 원대 예찬의 화풍에 영향을 받았는데 이는 휘저우 지역 컬렉터들의 서화 소장품과도 밀접한 관계를 가진다. 실제로 장축이『청하서화방(淸河書畵舫)』에서 기록한 내용에 따르면 당시 흡현의 계남 오씨가 예찬의 작품을 소장하였다는 것을 알 수 있다.

예찬(倪瓚)의 〈유간한송도영(幽澗寒松圖詠)〉을 보았고 안제(案題)는 바로 주손학(周遜學)에게 사증(寫贈)한 것으로, 그 풍격을 살펴보면 대체로 말년의 필법이다. 이 작품이 소장할 곳을 얻었으니 종이 질이 마치 새것 같고 필묵이 정교하고 좋으며 기색이 밝다. 과거 하량준(何良俊)의 물건이었다. 지금은 계남(溪南) 오씨(吳氏)에게 있다.[234]

예찬의 〈유간한송도(幽澗寒松圖)〉는 예찬의 친구 주손학(周遜學)에게 그려준 것으로 명대 말기 학자이자 서화가인 하량준(何良俊, 1506-1573)의 소장품이었다가 계남 오씨의 소장품이 된 사실을 확인할 수 있다. 또한 장축은 예찬의 〈동강초당도(東岡草堂圖)〉역시 계남 오씨의 소장품이 된 것을 언급하였다.[235] 이외에 오기정은 1639년 현재 타이베이 국립고궁박물원에 소장되어 있는 예찬의 〈자지산방축(紫

---

234) 張丑,『淸河書畵舫』, "又見元鎭高士幽澗寒松圖詠, 案題乃是寫贈周遜學者, 詳其風格, 蓋晚歲筆也. 此圖收藏得地, 紙質如新, 筆墨精好, 神采煥然. 舊爲何元朗故物, 今在溪南吳氏." 盧輔聖 主編,『中國書畵全書』(第四冊), 上海書畵出版社, 1992, p.353.

235) 張丑,『淸河書畵舫』, "東岡草堂圖者, 倪淸閟蚤年筆也.……原係周原已故物, 轉入劉廷美齋中, 樹石高古, 人物秀雅, 眞劇迹也. 近歸溪南吳氏. 聞其家尙有汀樹遐岑小幅, 吳淞山色大軸, 竝是元鎭極品, 未及見之." 盧輔聖 主編,『中國書畵全書』(第四冊), 上海書畵出版社, 1992, p.354.

그림26. 원(元), 예찬(倪瓚), 〈유간한송도(幽澗寒松圖)〉, 종이에 수묵, 59.7×50.4㎝, 베이징 고궁박물원

芝山房軸)〉과 1656년 예찬과 왕역(王繹, 1333-?)이 합작한 〈양죽서소상(楊竹西小像)〉을 보았는데 이 작품들은 당시 모두 휘저우에 있었다.[236)]

명대 말기 청대 초기에 장서가이자 시인으로 활동한 전겸익(錢謙益, 1582-1664)[237)]은 『목재유학집(牧齋有學集)』의 '왕씨수장목록가(汪氏收藏目錄歌)'라는 시의 전반부에서 "신안 왕종효(汪宗孝)는 금석(金石), 고문(古文), 법서(法書), 명화(名畫), 이기(彝器), 고옥(古玉) 컬렉션이 매우 풍부하였다"[238)]고 기록하였다. 여기서 왕종효는 왕연명(汪然明, 1557-1655)을 가리키는 것이다.

오기정은 『서화기』에서 왕연명의 집에서 조백구의 〈명황행촉도

236) 郭繼生,「新安商人與新安畫派」『藝術史與藝術批評』, 書林, 1998, pp.140-141.

237) 전겸익(錢謙益)은 명말청초의 저명한 학자로 자는 수지(受之), 호는 목재(牧齋)이며 말년의 호는 몽수(蒙叟), 동간유노(東澗遺老)라고 하였다. 강소(江蘇) 상숙(常熟) 사람으로 명(明) 만력(萬曆) 38년(1610) 진사가 되었다. 벼슬이 예부시랑(禮部侍郎)에 이르렀고 후에 파직당한다. 전겸익은 책을 좋아하였고 장서도 매우 많았는데 책을 빌리거나 베끼면서 문인들과의 교류를 확대하였다. 그의 집안 대대로 장서가로 활동하였고 그의 아들 전예숙(錢裔肅, 1588-1646)과 손자 전증(錢曾, 1629-1701)도 장서가였다. 範鳳書,『中國私家藏書史』, 大象出版社, 2001, pp.227-231.

238) 錢謙益,『牧齋有學集』卷2,「新安字丁氏收藏日錄歌」, "新安汪宗孝收藏金石古文法書名畫彝器古玉甚豊." 錢謙益,『牧齋有學集』, 上海古籍出版社, 1996, p.58.

(明皇幸蜀圖)〉를 보았으며 "사람이 풍아(風雅)하고 재능이 매우 많으며 교유관계가 넓어 사림(士林)에서 그를 더욱 높이 평가하였다"[239]고 전하였다. 왕연명은 당시 잘 알려진 서화가 진계유, 동기창, 진홍수(陳洪綬, 1598-1652), 증경(曾鯨, 1564-1647), 사빈(謝彬, 1601-1681), 추지린(鄒之麟, 1574-약1654) 등과 교류하였다. 그는 예술 후원자가 되어 화가들에게 거주할 수 있는 장소를 제공하였으며 화가들을 위해 직접 문인사대부들과 접촉해 편리한 조건을 제시하였다. 또한 동기창, 황여형(黃汝亨, 1558-1626) 등의 서화 작품을 정리하고 탁본하여 《주존누첩(朱尊樓帖)》을 제작하였다.[240]

왕도곤(汪道昆)도 휘저우 상인의 자손이었고 서화 컬렉션에 참여하고 있었다. 왕도곤은 조백구의 〈문황행촉도(文皇幸蜀圖)〉, 하규의 〈산수이폭(山水二幅)〉, 염립본의 〈소상도(掃象圖)〉 등을 소장하였다.[241] 왕도곤의 동생 왕도관(汪道貫)도 서화를 소장하였는데 그의 컬렉션 중에는 조맹부의 〈하목수음도(夏木垂陰圖)〉가 있다.[242] 이외에도 왕도곤의 사촌 동생인 왕도회(汪道會)[243]역시 컬렉터로 활동하였으며, 그는 원대의 조맹부와 그의 부인이자 서화가였던 관도승(管道升, 1262-1319), 그의 둘째 아들 조옹(趙雍, 1289-1360) 세 사람이 제작한 〈묵적삼횡폭(墨迹三橫幅)〉 및 미우인의 〈산수일소지폭(山水一小紙

239) 吳其貞, 『書畵記』卷3, "趙千里明皇幸蜀圖……此觀於杭城汪然明家. 汪歙西叢睦坊世家也. 子登甲榜, 爲人風雅多才藝, 交遊滿天下, 士林多推重之." 盧輔聖 主編, 『中國書畵全書』(第八冊), 上海書畵出版社, 1994, p.55.

240) 呂友者, 「明末淸初的杭州書畵鑒藏家群體」 『東方收藏』(3), 2011, pp.65-67.

241) 詹景鳳, 『東圖玄覽編』卷2, 盧輔聖 主編, 『中國書畵全書』(第四冊), 上海書畵出版社, 1992, pp.24-25.

242) 첨경봉(詹景鳳)은 이 작품을 신품(神品)이라 하며 원래 명대 나용문(羅龍文)의 것이었는데 그의 집안이 몰락하고 관(官)에서 정가를 5냥이라 한 것을 왕도관(汪道貫)이 구입하였다. 詹景鳳, 『東圖玄覽編』卷2, "眞神品, 原羅舍人龍文物, 龍文敗, 籍其家, 此畵在藏中, 官定價五兩, 著民間買, 後流落數家至仲淹." 盧輔聖 主編, 『中國書畵全書』(第四冊), 上海書畵出版社, 1992, pp.24-25.

243) 許承堯, 『歙事閑譚』卷8, 「汪仲嘉程葛人佚事」, "汪道會, 字仲嘉, 道昆從弟." 許承堯, 李明回·彭超·張愛琴 校點, 『歙事閑譚』, 黃山書社, 2001, p.253.

그림27. 원(元),
예찬(倪瓚), 〈용
슬재도(容膝齋
圖)〉, 1372, 종이
에 수묵, 74.7 ×
35.5㎝, 타이베
이 국립고궁박
물원

幅)〉 등을 소장하였다.

당시 휘저우 상인들은 명말 청초에 활동한 서화가들의 작품을 많이 소장함으로써 서화가들을 후원하였다. 명·청대 휘저우 상인들은 부를 축적한 후 서화 예술을 수집하고 서화가들이 좋은 환경에서 작품을 창작할 수 있도록 지원하였다. 특히 이들은 황공망을 비롯한 '원사대가(元四大家)'에 대한 애호 경향이 높았고 또한 예찬의 작품은 가장 간결하지만 모사하기가 어려웠다. 강남 지역에서는 예찬의 작품을 소장하였는가의 유무에 따라 청속(淸俗)의 기준으로 삼았다.

17-18세기 명대 말기에서 청대 초기에 홍인을 중심으로 한 '신안파(新安派)' 화가들이 원대 예찬의 화풍으로 보이는 작품을 많이 제작한 것은 '원사대가' 중 문인사대부의 정신이 가장 잘 드러난 예찬의 작품을 숭상한 것과도 관련이 있다. 즉, 쓸쓸하고 한가로운 필법과 황량하고 담백한 의경을 통해 명대 중기 이후 강남 지역에서 성행한 문인화의 전형을 전달하고자 하였다.

원대의 예찬과 가장 친했던 장백우(張伯雨, 1283-1350)는 그의 작품이 "직업화가들의 마음대로 익숙한 습관이 없으며 명대 화가 고근중(顧謹中)은 그가 초기에 동원(董源)을 중심으로 삼았는데 만년에 이르러 그림이 더욱 뛰어남에 이르렀다"고 하였다. 동기창은 예찬이 "고대의 화법을 새롭게 변화시켜 꾸미지 않은 담백함을 주종으로 하였는데 이 역시 나이가 들수록 점점 더 성숙함에 이르게 되었다"라고 평하였다.[244]

위에서 본 예찬의 〈유간한송도〉는 그의 만년 작품으로 제발에서는 은거(隱居)적 삶을 강조하고 이를 권하는 의미를 함축하고 있다. 휘저우의 '신안파' 화가들을 비롯한 명대 문인화가들이 작품 창작에 있어 추구하고자 했던 것은 예찬의 이러한 초연(超然)하고 청담(淸淡)한 생활 태도와 이를 그대로 드러내는 듯한 간결한 필치였을 것이다.

---

244) 董其昌, 『畵禪室隨筆』卷2,「畵源」, "張伯雨題元鎭畵云, 無畵史縱橫習氣.……又顧謹中題倪畵云, 初以董源爲宗, 及乎晩年, 畵盆精詣,……一變古法, 以天眞幽淡爲宗, 要亦所謂漸老漸熟者." 盧輔聖 主編, 『中國書畵全書』(第三冊), 上海書畵出版社, 1992, pp.1017-1018.

또한 '신안파' 화가들의 작품 경향은 휘저우 지역 컬렉터들의 컬렉션 애호 경향과 관련된 것이다. 명대 말기 강남 지역 컬렉터들은 '원사대가'에 대한 작품 수요가 많았고 이들의 작품을 더 많이 소장하고 싶었지만 작품 가격도 높고 쉽게 얻을 수 없었을 것이다. 따라서 예찬의 화풍을 모방한 작품을 컬렉션하고자 하였는데 이는 휘저우의 독창적인 문화 형태가 되었다.

5. 맺음말

서화 컬렉션에는 '풍격을 갖춘 문인'에서부터 '관리'까지 다시 '신안 상인' 즉, 휘저우 상인에 이르기까지 사회적으로 서로 다른 계층의 사람들이 참여하였다. 심덕부(沈德符)는 휘저우 상인들의 서화 컬렉션에 대해 "한 두 명의 문인이 손으로 어루만지며 감상하는 것에서 시작하여 강남의 관료들이 좋아하는 일에서 비롯되었고 신안(新安)의 깊이 생각하지 않고 전해 듣는 이들에서 무너졌다"[245]고 하였다. 즉, 당시 서화 컬렉션을 시작하고 주도적인 역할을 하였던 문인사대부늘이 오랫동안 감상하고 좋아한 것과 달리 상인들은 소문을 듣고 겉으로 좋아하며 일종의 유행이 되었음을 비난하기도 하였다.

그러나 명대 말기 서화 컬렉션의 확대는 경제적 번영하였던 수저우를 중심으로 컬렉터 그룹이 주변의 송장과 휘저우 등지로 확산되면서 서화 창작과 컬렉션 그룹이 하나로 이어졌기 때문에 가능한 것이었다. 다시 말해, 서화 컬렉션 문화는 문인사대부들과 상인들에게로 확대되었고 휘저우 상인들의 서화 컬렉션은 서화가들을 후원하는 또 다른 길이 되어 그들의 서화 창작 및 컬렉션 범위와 종류의 다양화를 촉진하였다.

당시 서화 작품에 대한 유동성이 활발하여 서화는 여러 컬렉터들

---

245) 沈德符, 『萬曆野獲編』卷26, 「舊畵款識」, "始於一二雅人, 賞識摩挲, 濫觴於江南好事縉紳, 波靡於新安耳食." 沈德符, 『萬曆野獲編』, 中華書局出版社, 1997, p.653.

의 손을 거치게 되었으며 왕조 교체기인 청대 초기에 강남의 방대한 소장품은 베이징으로 운반되었다. 오기정은 이를 안타까워하였지만 이는 서화 소장품이 재분배되어 소장될 수 있는 기회가 되었으며 18세기 건륭 황제 때 수 만점의 작품을 황실로 수집할 수 있는 기반을 마련하였다. 이러한 과정을 통해 미술 대중화의 길을 열 수 있었고 오늘날 더 많은 사람들이 문화적 안목과 소양을 제고할 수 있는 기틀이 되었다. 또한 휘저우 상인들의 컬렉션 활동은 그 과정에서 하나의 문화적 현상으로 작용하였으며 새로운 작품 창작을 위한 보조적인 역할을 했다고 하겠다.

V. 슈퍼 컬렉터: 동기창(董其昌)의 교유 관계와 서화 컬렉션

1. 머리말

명나라 말기 타이후(太湖)[246]를 중심으로 한 강남 지역의 서화 컬렉션 활동은 경제적, 문화적으로 모두 풍부한 자원을 갖추고 있는 수저우(蘇州)를 중심으로 컬렉터 그룹이 형성되었으며 그 주변 지역의 송장(松江), 자싱(嘉興) 등지로 확산되는 현상을 보인다. 이렇게 특정 지역을 중심으로 형성되는 문화적 현상은 이전에는 볼 수 없는 독특한 현상이었다.

이는 범렴(范濂)의 『운간거목초(雲間據目鈔)』 권2에서의 기록을 통해서도 확인할 수 있다. 그는 "시와 그림과 서예를 배우는 세 가지는 수저우에서 성행하였는데 근래에 이러한 풍조는 송장으로 유입되었다(學詩, 學畵, 學書 三者稱蘇州爲盛, 近來此風沿入松江.)"[247]고 언급하였다. 즉, 수저우와 송장이 지역적으로 연결되어 직접적으로 영향을 미쳤고 서로 왕래가 있었음을 짐작할 수 있는 내용이다.

특히 지금의 상하이(上海) 지역인 송장(松江)은 14세기 원나라 말기부터 전란을 피해 많은 문인들이 모인 곳이며 명대에 이르러 교통이 발달하여 17세기 초, 숭정(崇禎, 1628-1644) 연간에는 전국의 면포(棉布)와 염업(鹽業) 중심지가 되어 상인들이 모이고 인재가 배출되었다.[248] 이러한 지역적 특징으로 사람들의 왕래가 빈번하고 경제적으로 부유한 도시로 자리 잡아 서화 컬렉션 활동이 더욱 활발하게 진행되는 전제 조건이 되었다.

송장(松江) 지역에서는 동기창(董其昌, 1555-1636)을 비롯한 진계유(陳繼儒, 1558-1639), 막시룡(莫是龍, 1537-1587) 등의 서화 컬렉터들이 포함되어 있으며 그중 동기창은 송장뿐 아니라 각지의 서화

---

246) 명대 말기 타이후(太湖)를 중심으로 한 양쯔강(揚子江) 하류 지역은 수저우부(蘇州府), 송장부(松江府), 창저우부(常州府), 항저우부(杭州府), 자싱부(嘉興府) 등을 포함한다.

247) 范濂, 『雲間據目鈔』卷2, 陳萬益, 『晩明小品與明季文人生活』, 大安出版社, 1997.10, p.68 재인용.

248) 樊樹志, 『晩明史(1573-1644)』(上), 復旦大學出版社, 2003, pp.90-93.

컬렉션들과 광범위한 교유 관계를 형성하고 있었으며 이 지역의 대표적인 서화가이자 컬렉터로 활동하였는데 동기창의 이러한 서화 컬렉션 활동은 그의 서화 창작과 이론 형성에도 영향을 미쳐 미술사적으로 의미가 높다.

2. 동기창의 서화 교유

동기창의 자는 현재(玄宰)이고 호는 향광(香光), 향광거사(香光居士), 사백(思翁), 사백(思白)이라 하였다. 만력 17년(1589), 그의 나이 35세에 진사(進士)에 급제하였고 서길사(庶吉士)에 올랐으며, 천계(天啓) 3년(1623) 예부우시랑(禮部右侍郎), 천계 5년(1625) 남경예부상서(南京禮部尙書)가 되었다.[249]

그는 화정(華亭) 사람으로 오늘날의 상하이 송장(松江)을 대표하는 서화가이자 이론가이며 컬렉터였고, 17세부터 서예를 학습하였으며 22세에는 그림을 배우기 시작하였다.[250] 그의 저서로는 『화지(畵旨)』, 『화안(畵眼)』, 『용태집(容台集)』, 『용태별집(容台別集)』, 『화선실수필(畵禪室隨筆)』[251] 등이 있는데 여기서 그가 소장하거나 감상한 작품을 기록하기도 하였다.

그가 많은 서화 작품을 소장할 수 있었던 것은 오랜 시간 관직에 있었고 각지를 돌아다니며 여러 컬렉터들과 광범위한 교유 관계를 형성한 것과 연관이 있다. 한 예로 동기창은 같은 지역 출신인 진계유와 함께 같은 작품을 감상하기도 하였고 막여충(莫如忠, 1508-1588)

---

249) 鄭威 編著, 『董其昌年譜』, 上海書畵出版社, 1989, p.10, 18, 150 참고.

250) 董其昌, 『容台別集』卷四, '余十七歲學書, 二十二歲學畵.' 鄭威 編著, 『董其昌年譜』, 上海書畵出版社, 1989, p.12.

251) 『화선실수필(畵禪室隨筆)』은 모두 4권으로 나누어져있다. 1권은 「논용필(論用筆)」, 「평법서(評法書)」, 「발자서(跋自書)」, 「평고첩(評古帖)」이 있고, 2권은 「화결(畵訣)」, 「화원(畵源)」, 「제자화(題自畵)」, 「평구화(評舊畵)」, 3권과 4권은 「평시(評詩)」, 「평문(評文)」, 「기사(紀事)」, 「기유(紀游)」, 「잡언(雜言)」, 「선설(禪說)」 등이 있다.

·막시룡 부자와도 교류하였다.

동기창은 융경(隆慶) 6년(1572) 18세에 막시룡의 부친 막여충의 문하에 있었고 이러한 인연은 그의 아들 막시룡과도 이어졌다. 곽희(郭熙, 1023-1085)의 〈계산추제도(溪山秋霽圖)〉는 동기창의 젊은 시절 친구 막시룡의 소장품이었는데 동기창의 손에 전해졌다. 막시룡은 이미 만력 15년(1587) 세상을 떠났고 동기창은 그의 나이 45세(1599)에 쓴 제발에서 이를 안타까워 하였다.

나의 친구 막시룡(莫是龍)은 그림을 좋아하였고 화법 역시 황공망(黃公望)과 흡사하였으며 이 작품은 그가 소장한 것으로 진귀하게 여기며 감상하였는데 진사 시험 후에 반광록(潘光祿)에게 소장되었다가 나의 손에 전해졌으며 매일 그것을 펼쳐보며 그를 애도하는 마음에 한숨 짓는 것을 견딜 수 없다.[252]

여기서 그와 막시룡의 깊은 우의를 짐작할 수 있다. 이외에도 동기창은 관직에 있는 동안 세 번 베이징을 떠나 먼 곳을 유람하게 되는데 첫 번째는 만력 20년(1592) 여름, 동기창은 지절사신(持節使臣)을 맡게 되있고 우창(武昌) 지역에 사신으로 가서 초왕(楚王) 주화규(朱華奎)를 책봉하였다. 두 번째는 만력 24년(1596) 가을 동기창은 다시 지절사신(持節使臣)이 되어 장사(長沙)에 사신으로 가서 길번(吉藩) 주익란(朱翊鑾)을 모셨고 만력 25년(1597) 가을에 동기창은 장시(江西) 지역에서 시험을 주관하기도 하였다.[253]

그는 베이징(北京)에서 수저우 출신 서화 컬렉터인 한세능(韓世能, 1528-1598)과 자싱의 컬렉터인 항원변(項元汴, 1525-1590), 그리고 베이징에서부터 교류하였던 휘저우(徽州) 출신의 오정(吳廷)과의 관계가 밀접하였다. 이는 그의 서화 소장품의 형성과 작품 활동에도

252) 董其昌,「題郭熙溪山秋霽圖卷」, '余友莫廷韓嗜畵, 畵亦逼黃子久, 此卷蓋其所藏, 以爲珍賞甲科, 後歸潘光祿, 流傳入余手, 每一展之, 不勝人琴之嘆. 萬曆己亥(1599)首夏三日, 董其昌. 是日前一宿夢廷韓, 及曉起題.' 黃惇 主編,『中國書法全集54』, 榮寶齋, 1992, p.254.

253) 白壽彝 總編,『中國通史』(下), 上海人民出版社, 1999, p.1856.

영향을 미쳤다. 특히 동기창은 한세능, 항원변, 오정과의 교유관계를 통해 소장품을 교환하거나 작품을 빌려 임모하며 안목을 높였는데 이러한 과정은 그의 서화 컬렉션 활동과 작품에도 영향을 미쳤다.

1) 한세능(韓世能)

만력 17년(1589) 동기창은 35세로 과거에 합격하여 한림원(翰林院)에 들어가 간부 후보생인 서길사(庶吉士)로 교육을 받았다. 이때 관사(館師) 중 한 명이 한세능이었고 동기창은 그의 제자로 그 소장품을 감상할 기회를 얻을 수 있었다. 한세능의 자는 존량(存良)이고 호는 경당(敬堂)으로 장수(江蘇) 수저우(蘇州) 사람이었으며 벼슬이 예부시랑(禮部侍郎)에 이르렀다. 그는 서화에 대한 높은 안목을 가지고 있었고 당시 베이징과 남방지역에서 적지 않은 명작을 수집하였다.

장축(張丑, 1577-1643)의 『남양법서표(南陽法書表)』와 『남양명화표(南陽名畵表)』는 한세능의 집에 소장된 위(魏)대부터 원(元)대까지의 서화 작품을 기록한 것이다. 여기에 서예 작품은 작가 25명의 작품 72점이 포함되어 있고 회화 작품으로는 47명의 작품 95점이 포함되어 있다.

한세능의 이러한 서화 소장품은 후대의 서화 컬렉터들에게도 영향을 미쳤으며, 동기창이 높은 안목을 가진 서화가로 성장할 수 있었던 것도 젊은 시절 한세능의 집에서 본 많은 고대 서화 명작들과 관계가 있다. 이는 동기창의 『화선실수필(畵禪室隨筆)』의 「임왕우군조아비발(臨王右軍曹娥碑跋)」, 「임선시표제후(臨宣示表題後)」, 「발양의화황정경후(跋楊義和黃庭經後)」 등의 기록에서도 확인해볼 수 있다.[254]

---

254) '余爲庶常時, 館師韓宗伯出所藏曹娥碑眞迹絹本示余…', '後得從韓館師, 借唐楊戎輅表臨寫, 始知鍾書自有入路…', '余昔從館師韓宗伯, 借摹數行, 玆勒以冠諸帖. 楊在右軍後, 以是神仙之迹, 不復系以時代耳…', '…此本余已丑所書, 亦從館師韓宗伯借, 褚摹縮爲蠅頭体, 第非定武本耳.' 「臨十三行跋」'此韓宗伯家藏子敬洛神十三行眞迹.' 盧輔聖 主編, 『中國書畵全書』(第三冊), 上海書畵出版社, 1992, p.1006, 1009, 1012, 1006.

동기창의 기록을 보면 그는 한세능의 소장품을 감상하거나 빌려 임모하기도 하였다. 왕희지(王羲之, 303-361)의 〈조아비(曹娥碑)〉는 동기창이 서길사(庶吉士) 시절에 보았는데 당시에는 관사(館師)가 엄중하여 감히 빌려보지 못하였다.[255] 또 다른 작품으로는 왕헌지(王獻之, 344-386)의 〈낙신십삼행(洛神十三行)〉을 빌려서 임모하였다.[256]

그림28. 수(隋), 전자건(展子虔), 〈유춘도(游春圖)〉, 비단에 채색, 43×80.5㎝
베이징 고궁박물원

또한 장승요(張僧繇, 479- ?)의 〈오성이십팔숙신형도(五星二十八宿神形圖)〉[257]와 전자건(展子虔, 약545-618)의 〈유춘도(遊春圖)〉 등을 감상하였다. 1593년 5월 동기창은 한림원편수(翰林院編修)가 되어

255) 董其昌, 『畫禪室隨筆』 卷一 「臨王右軍曹娥碑跋」, '余爲庶常時, 館師韓宗伯出所藏曹娥碑眞跡絹本示餘…當時以館師嚴重, 不敢借摹.' 盧輔聖 主編, 『中國書畫全書』(第三冊), 上海書畫出版社, 1992, p.1006.

256) 董其昌, 『畫禪室隨筆』 卷一 「臨十三行跋」, '此韓宗伯家藏子敬洛神十三行眞跡. 予以閏三月十一日登舟, 以初八日借臨.' 盧輔聖 主編, 『中國書畫全書』(第三冊), 上海書畫出版社, 1992, pp.1005-1006.

257) 동기창(董其昌)은 발문에서 이 작품이 장승요(張僧繇)가 아니라 오도자(吳道子)의 필법이라고 하였고 진계유(陳繼儒)는 당대의 염립본(閻立本)의 작품이라고 하였다. 동기창은 이 발문을 숭정(崇禎) 9년(1636), 그의 나이 82세에 기록하였다. '二十八宿眞形圖, 吳道子筆, 曾爲吳山韓宗伯家藏, 宗伯敎習庶常時, 嘗得諦觀. 今又見嘉禾戴康侯藏此卷.' 黃惇 主編, 『中國書法全集54』, 榮寶齋, 1992, pp.272-273.

6년 동안 재직하였고 1630년 한세능의 아들 한봉희(韓逢禧, 1576-?)[258]의 집에서 또 이 작품을 보았다.[259]

2) 오정(吳廷)

동기창이 과거에 합격하며 관직에 있는 동안 동기창의 교유 관계는 매우 광범위하였고 이는 특히 그의 컬렉션 활동에 도움이 되었다. 계남(溪南) 오씨(吳氏) 오정(吳廷)과의 관계가 가장 활발하였다. 오정은 동기창이 서길사(庶吉士)가 되었을 때부터 17세기 이후 천계(天啓, 1621-1627), 숭정(崇禎, 1628-1644) 연간까지 두 사람의 나이가 모두 이미 70여 세가 되었을 때까지 교류를 이어갔다.[260]

휘저우 상인인 오정은 당시 여러 이름 있는 문인들과 교류하였고 자주 문인들을 집으로 초청하여 서화 작품을 감상하며 이에 대해 논하였다. 오정은 이들 중 동기창과의 관계가 가장 밀접하였고 매번 작품에 동기창의 제발을 받았다. 동기창은 당시 권위 있는 감정가로 그의 인정과 제발을 받을 수 있다면 작품 가격도 배로 올릴 수 있었다. 동기창은 평생 동안 여러 번 휘저우를 방문하였다. 허승요(許承堯)의 『흡사한담(歙事閑譚)』에는 다음과 같은 기록이 있다.

> 동기창(董其昌)과 진계유(陳繼儒)는 잇따라 흡(歙)에 이르러, 모두 계남(溪南) 오용경(吳用卿)의 여청재(余淸齋)에 머물렀다.[261]

---

258) 한세능(韓世能)의 큰 아들 한봉희(韓逢禧, 1576-?)의 자는 조연(朝延), 호는 고주(古洲) 혹은 반산노인(半山老人)이라 하였고 관직은 뇌주부지부(雷州府知府)에 이르렀다. 汪世淸, 『藝苑疑年叢談』, 紫禁城出版社, 2002, pp.140-141.

259) 李慧聞, 「董其昌政治交遊與藝術活動的關係」, 『中國書法全集54』, 榮寶齋, 1992, pp.24-26.

260) 鮑義來, 「徽州收藏家吳廷和他的余淸齋」. http://www.newshs.com/fav/GW_Content.asp?Id=69

261) 許承堯, 『歙事閑譚』卷十二, '董玄宰, 陳眉公先後至歙, 俱主溪南吳用卿余淸齋.' 許承堯, 李明回·彭超·張愛琴 校點, 『歙事閑譚』, 黃山書社, 2001, p.414.

이는 동기창이 휘저우에 가면 보통 오정의 집에서 머물렀음을 알 수 있다. 또한 동기창의 나이 35세에 남송 시대 화가 조영양(趙令穰)의 작품을 보았는데 이를 『화안(畫眼)』에서 다음과 같이 기록하고 있다.

조백구(趙伯駒)의 채색 작품 〈도원도(桃源圖)〉는 경인(庚寅)년 만력(萬曆) 18년(1590)에 도성에서 이를 보았다. 후에 오정(吳廷)이 구입하였다.[262]

남송대 화가 조백구(趙伯駒, 1127-1162)의 작품을 동기창은 1590년에 보았고 이후 오정이 이를 구입하였다. 오정과 동기창 두 사람은 서화 감정과 컬렉션에 있어서 교류를 지속하였으며 동기창이 남긴 서화 제발을 보면 오정에게서 그림을 감상하고 작품을 얻기도 하였으며 작품을 빌려 임모하였음을 알 수 있다.

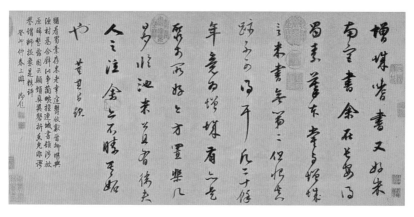

그림29. 송(宋) 미불(米芾), 〈촉소첩(蜀素帖)〉 부분, 비단에 먹, 29.7×284.3㎝ 타이베이 국립고궁박물원

오정은 역대의 유명한 서화 작품을 많이 소장하고 있었는데 만력 32년(1604) 5월 미불(米芾, 1051-1107)의 〈촉서첩(蜀素帖)〉을 가지고 항저우(杭州) 서호(西湖)에 도착하였고 동기창이 소장한 작품과 교

---

262) 董其昌, 『畫眼』, '趙千里設色桃源圖, 昔在庚寅萬曆十八年, 見之都下. 後爲新都吳太學所購. 余無十五城之償, 惟有心艶.' 兪崑 編著, 『中國畵論類編』, 華正書局, 1984, p.725.

그림30. 원(元), 왕몽(王蒙), 〈구구임옥도(具區林屋圖)〉, 종이에 수묵담채, 68.7×42.5cm, 타이베이 국립고궁박물원

환하였다.

동기창은 그 작품에 제발을 남기기를 '갑진(甲辰)년 5월, 신도(新都) 오태학(吳太學)이 진품을 가지고 서호에 이르렀고 곧 여러 명작과 그것을 바꾸었다'라고 하였고 또한 '…오태학(吳太學)의 서화선(書畵船)은 퇴색되었다. 그러나 거듭 스스로 위로하며 말하기를 미불(米芾)의 서예를 얻어 돌아왔다고 하였다. 태학(太學)은 이름인 정(廷)이고 아직 왕희지(王羲之)의 〈관노첩(官奴帖)〉 진본을 가지고 있다. 동기창이 쓰다'[263]라고 하였다. 좋은 소장품은 두 사람 사이의 거리를 좁히는 역할을 하기도 하였다.

또한 오정의 소장품 중 진계유와 동기창이 함께 감상한 작품으로 현재 타이베이 국립고궁박물원에 있는 왕몽(王蒙, 1308-1385)의 〈구구임옥도(具區林屋圖)〉

263) 董其昌,「跋米芾蜀素帖卷」, '甲辰五月, 新都吳太學携眞跡至西湖, 遂以諸名跡易之.…吳太學書畵船爲之減色. 然復自寬曰, 米家書得所歸. 太學名廷 , 尙有右軍《官奴帖》眞本. 董其昌題.' 黃惇 主編,『中國書法全集54』, 榮寶齋, 1992, p.259.

V. 슈퍼 컬렉터: 동기창(董其昌)의 교유 관계와 서화 컬렉션 177

가 있다. 동기창은 제발에서 오정이 자신의 서재로 이 작품을 가지고
와 진계유 등과 함께 감상하였다고 남기고 있다.[264) 여기서 오정과 동
기창, 진계유의 교류를 짐작할 수 있다.

3) 항원변(項元汴)

항원변의 집안은 대대로 서화, 고기물 감정과 소장으로 유명하였
다. 『무성시사(無聲詩史)』에 따르면 항원변의 자는 자경(子京)이고, 호
는 묵림(墨林)이며 저장(浙江) 자싱(嘉興) 사람이다. '집안이 평온하고
재물이 넉넉하며 거의 춘추전국(春秋戰國) 시대 부유한 상인 도주공(陶
朱公), 백규(白圭)와 견줄 만하며 그 나머지는 서화를 구입하였고 상아
표지(標識)인 아첨(牙籤)을 달아놓은 서적의 풍부함은 청비(淸閟)와 같
다'라고 하였다.[265) 여기서 '청비(淸閟)'는 원대의 서화가 예찬이 서적
과 서화, 골동품을 컬렉션하고 시를 짓고 서화를 제작하는 '청비각(淸
閟閣)'을 말하는 것으로 항원변 역시 집안에 '천뢰각(天籟閣)'을 짓고
서화 작품과 서적을 소장하였다.

동기창은 젊은 시절에 항원변의 집에서 가정교사를 하며 그의 집
에 소장하고 있던 많은 작품을 접하며 안목을 키울 수 있었다. 이는 숭
정 8년(1635) 동기창 쓴 '항원변묘지명(項元汴墓志銘卷)'을 통해서도
확인할 수 있다.

내가 제생(諸生) 시절을 기억해보건대 취리(檇李)의 항씨(項氏) 가문
을 방문하면 공(公)의 큰 아들 덕순(德純)이 실로 일찍부터 배우고 날
마다 공에게 익혔다. 공은 매번 선배의 풍류를 일컫고 서예와 회화
작품에 이르면 위에서부터 아래에 이르기까지 오랜 세월의 작품을

---

264) 왕몽(王蒙)의 〈구구임옥도(具區林屋圖)〉에 남겨진 동기창의 제발 내용은 다음과 같다. '夏
日吳卿卿, 携黃鶴山樵畵至余齋中, 同陸君策, 陳仲醇, 諸德祖, 朱叔熙觀, 董其昌記.'

265) 姜紹書, 『無聲詩史』卷三, '項元汴, 字子京, 號墨林, 嘉興人, 家固饒資, 幾與陶白方駕, 出
其緒餘以購法書名畵, 牙籤之富, 埒於淸閟.' 盧輔聖 主編, 『中國書畵全書』(第四冊), 上海書畵出
版社, 1992, p.851.

마치 눈앞에 두고 비교하는 것 같았다. 나는 종일토록 피곤함을 잊었고 공 역시 같은 마음이었으며 서로 만남이 늦었다고 하였다.[266]

이후 항원변의 소장품은 손자 항성모(項聖謨, 1597-1658)에게 전해졌고 동기창은 항원변뿐 아니라 항성모와도 교류하였다. 항성모가 출생하였을 때 동기창은 베이징에서 한림원편수(翰林院編修)를 담당하고 있었다.[267] 동기창이 한림원편수가 된 것은 1593년이며 6년 동안 재직하였고 이후 20년 넘게 관직에서 물러나 조용히 지냈다. 항씨 집에서 동기창이 감상한 작품으로는 진대 서예가 왕헌지의 〈낙신부(洛神賦)〉와 당대 장욱(張旭, 675-750)의 〈초서(草書)〉, 진대 색정(索靖, 239-303)의 〈출사송(出師頌)〉 등을 보았고 〈출사송〉은 제일 볼만한 것이었다고 기록하고 있다.[268]

동기창이 제발을 한 조맹부(趙孟頫, 1254-1322)의 〈작화추색도(鵲華秋色圖)〉는 원래 수저우의 컬렉터 왕세무(王世懋, 1536-1588)의 소장품이었고 이후 동기창은 이를 항원변에게서 얻었다. 동기창은 항원변의 소장품을 임모하면서 안목을 넓힐 수 있었는데 이는 동기창의 서예를 예로 들 수 있다. 동기창은 『화선실수필』에서 그가 서예를 배운 과정에 대해 서술하였다.

나는 17세에 글씨를 배웠다. 초기에는 안진경(顏眞卿)의 〈다보탑(多寶塔)〉을 배웠고, 또 다시 우세남(虞世南)을 배웠고, 당(唐)대의 서예는 진(晉)과 위(魏)대만 못하다고 생각하였다. 〈황정경(黃庭經)〉 및 종요(鍾繇)의 〈선시표(宣示表)〉, 〈역명표(力命表)〉, 〈환시첩(還示帖)〉, 〈사병첩(舍丙帖)〉 등을 모방하기를 3년만에 고대의 것에 가까워졌으

266) 董其昌, 「項元汴墓志銘卷」, '憶予爲諸生時, 游檇李, 公之長君, 德純, 實爲夙學, 以是日習於公. 公每稱擧, 先輩風流, 及書法繪品, 上下千載, 較若列眉. 余永日忘疲, 則公亦引爲同味, 謂相見晩也.' 黃惇 主編, 『中國書法全集54』, 榮寶齋, 1992, p.271.

267) 劉運峰, 「項聖謨交游考」『榮寶齋』(2), 2006, p.40.

268) 董其昌, 『畫禪室隨筆』 '鍾太傅書, 自晉渡江時, 止傳宣示表. 百餘年間, 妙跡已絶, 寧知今世有索靖出師頌耶. 此本在檇李項子京家, 故是甲觀.' 盧輔聖 主編, 『中國書畫全書』(第三冊), 上海書畫出版社, 1992, p.1013.

그림31. 원(元), 조맹부(趙孟頫), 〈작화추색도(鵲華秋色圖)〉, 1295년, 종이에 채색, 28.4×90.2㎝
타이베이 국립고궁박물원

驻蹕若蹊暢
畫眂華不本
翠注亦曾泳
何年金母餘
蓬海兩朵天
花此愛客
　右宿華言法

昔覽天水是圖時不作
名山結楼美乎笠濾城壁
高山初謂何人紹園四回
命郭孜封事後真續傷
未剛代心玩保筆靈合
地靈當芍卽妙訴評殊
雲維錦河漢是何喜煙
壺郭柳陵馨緣然花村
藝天光清露出檢藍西
鶴東華鏡空程留持々

며 다시 문징명(文徵明), 축윤명(祝允明)을 눈에 두지 않았고 서예가
의 신리(神理)에 실제로 입처(入處)가 있지 않은데 다만 단어의 격식
과 운(韻)을 지키려 하였다. 자싱을 돌아다니며 항원변의 집에 소장
된 작품을 보았고 또 금릉(金陵)에서 왕희지(王羲之)의 〈관노첩(官奴
帖)〉을 보고 비로소 이전에 스스로 평한 것이 터무니없는 것이라는
것을 깨달았다.[269]

여기서 알 수 있듯이 그는 초기에는 당대 안진경(顔眞卿, 709-
785)을 모방하였고 후에 우세남(虞世南, 558-638)을 배우고 위진 시
대 서예 작품을 임모하였으며 종요(鍾繇, 151-230)와 왕희지를 배웠
다. 그리고 자싱과 난징 지역을 돌아다니며 작품을 감상하였고 항원변
의 집에 소장되어 있던 작품이 그에게 미친 영향이 컸다는 것을 알 수
있다. 항원변의 사후 그의 소장품은 그의 가족들과 현지의 컬렉터들뿐
아니라 동기창과 타이후(太湖) 유역의 다른 컬렉터들에게도 흩어져 소
장되었다.

이외에도 동기창은 휘저우 출신의 왕가옥(汪珂玉, 1587-1645),
정계백(程季白)과도 교류가 밀접하였고 이는 동기창의 컬렉션이었던
왕몽의 〈청변은거도(靑卞隱居圖)〉를 통해 확인할 수 있다. 이 삭품은
본래 우시(無錫)의 컬렉터 화하(華夏, 1494-1567)의 소장품으로 명대
말기 자싱(嘉興)의 항원변이 소장하였고 다시 동기창의 소유가 되었
다. 왕가옥은 1618년 7월 25일 동기창의 '서화선(書畵船)'에서 이 작
품을 보았고 몇년 후 휘저우의 컬렉터 정계백에게 소장되었다. 동기창
은 이 작품의 제발에 '경신(1620)년 중추일에 금창문(金昌門) 정계백
의 배에서 제한다(庚申中秋日題於金昌門季白舟中)'라고 기록하였다.

이는 당시 지역적으로 밀접하여 컬렉터들이 교류하며 서로 작품

---

269) 董其昌,『畫禪室隨筆』卷一, '余十七歲時學書. 初師顔平原多寶塔, 又改學虞永興, 以爲唐書
不如晉魏, 遂倣黃庭經及鍾元常宣示表, 力命表, 還示帖, 舍丙帖, 凡三年, 自謂逼古, 不復以文徵
仲. 祝希哲置之眼角 , 乃於書家之神理 , 實未有入處 , 徒守格轍耳. 比游嘉興, 得盡睹項子京家藏
眞迹, 又見右軍官奴帖, 于金陵, 方悟從前妄自標評.' 盧輔聖 主編,『中國書畫全書』(第三冊), 上海
書畫出版社, 1992, p.1001.

을 감상하고 품평하는 환경은 서화 소장과 감상에 유리한 조건이 되었고 또한 서화 창작에도 영향을 미쳤음을 알 수 있다. 동기창의 광범위한 교유관계는 서화에 대한 그의 안목과 감상능력도 높일 수 있었기 때문에 그가 컬렉터로 활동할 수 있는 유리한 조건을 제공하였을 것이다.

3. 동기창의 서화 컬렉션

동기창의 『화선실수필』과 동시대에 활동한 이일화(李日華, 1565-1635)의 『미수헌일기(味水軒日記)』, 장축의 『청하서화방(淸河書畵舫)』과 『진적일록(眞迹日錄)』 등의 기록을 통해 동기창의 서화 소장품을 살펴보면 다음과 같다.

〈표8〉 동기창의 서화 소장품 목록

	시대	작가	작품	출처
1	진(晉)	왕희지(王羲之)	〈행랑첩(行穰帖)〉	『중국서법전집(中國書法全集)』54
2	당(唐)	저수량(褚遂良)	〈임계첩백마적권(臨禊帖白麻跡卷)〉	『평구첩(評舊帖)』권1
3	당(唐)	손과정(孫過庭)	〈행서효경권(行書孝經卷)〉	『진적일록(眞迹日錄)』
4	당(唐)	왕유(王維)	〈강산제설도(江山霽雪圖)〉	『미수헌일기(味水軒日記)』권4
5	당(唐)	회인(懷仁)	〈집왕서성교서(集王書聖教序)〉	『청하서화방(淸河書畵舫)』
6	당(唐)	서호(徐浩)	〈소해도덕경(小楷道德經)〉	『진적일록(眞迹日錄)』
7	당(唐)	이사훈(李思訓)	〈촉강도(蜀江圖)〉	『화원(畵源)』
8	당(唐)	이사훈(李思訓)	〈추강대도도(秋江待渡圖)〉	『화원(畵源)』

9	송(宋)	동원(董源)	〈용숙교민도(龍宿郊民圖)〉	『화원(畫源)』
10	송(宋)	동원(董源)	〈촉강도(蜀江圖)〉	『화원(畫源)』
11	송(宋)	동원(董源)	〈소상도(瀟湘圖)〉	『화원(畫源)』
12	송(宋)	동원(董源)	〈상인도(商人圖)〉	『화원(畫源)』
13	송(宋)	동원(董源)	〈추산행려도(秋山行旅圖)〉	『화원(畫源)』
14	송(宋)	동원(董源)	〈징상도(徵商圖)〉	『화원(畫源)』
15	송(宋)	동원(董源)	〈운산도(雲山圖)〉	『화원(畫源)』
16	송(宋)	동원(董源)	〈계산도(溪山圖)〉	『화지(畫旨)』
17	송(宋)	동원(董源)	〈강남산색거폭(江南山色巨幅)〉	『청하서화방(淸河書畫舫)』
18	송(宋)	거연(巨然)	〈추산도이권(秋山圖二卷)〉	『청하서화방(淸河書畫舫)』
19	송(宋)	거연(巨然)	〈산수도(山水圖)〉	『화원(畫源)』
20	송(宋)	거연(巨然)	〈송음논고도(松陰論古圖)〉	『화원(畫源)』
21	송(宋)	이성(李成)	〈착색산도(著色山圖)〉	『화원(畫源)』
22	송(宋)	이성(李成)	〈청만소사(晴巒蕭寺)〉	『화원(畫源)』
23	송(宋)	곽희(郭熙)	〈계산추제도(溪山秋霽圖)〉	『중국서법전집(中國書法全集)』54
24	송(宋)	범관(范寬)	〈설산도(雪山圖)〉	『화원(畫源)』
25	송(宋)	범관(范寬)	〈망천산거도(輞川山居圖)〉	『화원(畫源)』
26	송(宋)	관동(關仝)	〈추림모애도(秋林暮靄圖)〉	『화지(畫旨)』
27	송(宋)	곽충서(郭忠恕)	〈월왕궁전도(越王宮殿圖)〉	『미수헌일기(味水軒日記)』권4
28	송(宋)	곽충서(郭忠恕)	〈망천초은도(輞川招隱圖)〉	『화원(畫源)』
29	송(宋)	곽충서(郭忠恕)	〈계산행려도(溪山行旅圖)〉	『화지(畫旨)』
30	송(宋)	조영양(趙令穰)	〈강향청하도(江鄉淸夏圖)〉	『화원(畫源)』
31	송(宋)	조영양(趙令穰)	〈하산도(夏山圖)〉	『화원(畫源)』
32	송(宋)	조영양(趙令穰)	〈임우승호장청하도(臨右丞湖莊淸夏圖)〉	『화지(畫旨)』
33	송(宋)	조백구(趙伯駒)	〈춘산독서도(春山讀書圖)〉	『화원(畫源)』
34	송(宋)	소식(蘇軾)	〈삼마도찬(三馬圖贊)〉	『청하서화방(淸河書畫舫)』

35	송(宋)	이공린(李公麟)	〈서원아집도(西園雅集圖)〉	『화원(畫源)』
36	송(宋)	이공린(李公麟)	〈연사도(蓮社圖)〉	『청하서화방(清河書畫舫)』
37	송(宋)	왕제한(王齊翰)	〈감서도(勘書圖)〉	『평구화(評舊畫)』
38	송(宋)	강관도(江貫道)	〈강산불진도(江山不盡圖)〉	『화원(畫源)』
39	송(宋)	강관도(江貫道)	〈강거도(江居圖)〉	『화원(畫源)』
40	송(宋)	이당(李唐)	〈도원도(桃源圖)〉	『清河書畫舫』
41	송(宋)	미불(米芾)	〈운산도(雲山圖)〉	『화원(畫源)』
42	송(宋)	미불(米芾)	〈촉소첩(蜀素帖)〉	『사호망(珊瑚網)』 권6
43	송(宋)	미우인(米友仁)	〈소상백운도(瀟湘白雲圖)〉	『초중수필(楚中隨筆)』 권4
44	송(宋)	미우인(米友仁)	〈해악암도(海嶽庵圖)〉	『초중수필(楚中隨筆)』 권4
45	송(宋)	주희(朱熹)	〈귀거래사(歸去來辭)〉	『평구첩(評舊帖)』 권1
46	원(元)	조맹부(趙孟頫)	〈동정이도(洞庭二圖)〉	『화원(畫源)』
47	원(元)	조맹부(趙孟頫)	〈고산유수도(高山流水圖)〉	『화원(畫源)』
48	원(元)	조맹부(趙孟頫)	〈동정양산이십폭(洞庭兩山二十幅)〉	『화원(畫源)』
49	원(元)	조맹부(趙孟頫)	〈작화추색도(鵲華秋色圖)〉	『화원(畫源)』
50	원(元)	조맹부(趙孟頫)	〈포어도(捕魚圖)〉	『진적일록(眞迹日錄)』
51	원(元)	고극공(高克恭)	〈운학추제(雲山秋霽)〉	『평구화(評舊畫)』
52	원(元)	고극공(高克恭)	〈화거축(畫巨軸)〉	『화지(畫旨)』
53	원(元)	고극공(高克恭)	〈대도촌도(大姚村圖)〉	『화지(畫旨)』
54	원(元)	사백성(謝伯誠)	〈여산관폭도(廬山觀瀑圖)〉	『평구화(評舊畫)』
55	원(元)	오진(吳鎭)	〈대축(大軸)〉	『평구화(評舊畫)』
56	원(元)	황공망(黃公望)	〈부춘산도(富春山圖)〉	『화원(畫源)』
57	원(元)	황공망(黃公望)	〈두학밀림도(陡壑密林圖)〉	『화지(畫旨)』
58	원(元)	황공망(黃公望)	〈만학송풍(萬壑松風)〉	『청하서화방(清河書畫舫)』

59	원(元)	황공망(黃公望)	〈청만만색(晴巒晚色)〉	『청하서화방(淸河書畫舫)』
60	원(元)	황공망(黃公望)	〈임동북원하산도(臨董北苑夏山圖)〉	『진적일록(眞迹日錄)』
61	원(元)	예찬(倪瓚)	〈추림도(秋林圖)〉	『평구화(評舊畫)』
62	원(元)	예찬(倪瓚)	〈용문승일폭(龍門僧一幅)〉	『화원(畫源)』
63	원(元)	예찬(倪瓚)	〈학림도(鶴林圖)〉	『청하서화방(淸河書畫舫)』
64	원(元)	예찬(倪瓚)	〈산수소정(山水小幀)〉	『청하서화방(淸河書畫舫)』
65	원(元)	왕몽(王蒙)	〈화계어은(華溪漁隱)〉	『화원(畫源)』
66	명(明)	심주(沈周)	〈춘산욕우도(春山欲雨圖)〉	『화원(畫源)』
67	명(明)	심주(沈周)	〈방치옹부춘권(倣癡翁富春山卷)〉	『화지(畫旨)』

동기창의 소장품 중 가장 많은 부분을 차지하는 것은 송대의 작품으로 37점이었고 그중 동원(董源, 934-962)의 작품은 9점으로 다수를 차지한다. 동원과 동시대에 활동한 거연(巨然, 960-?), 이성(李成, 919-967), 범관(范寬, 약950-1032)의 작품은 각각 2점씩 포함되어 있으며 관동(關仝, ?-960)과 곽희의 작품을 1점씩 소장하였다. 곽충서(郭忠恕, ?-977)와 조영양의 작품은 각각 3점씩 소장하였으며 이공린(李公麟, 1049-1106)과 강관도(江貫道), 미불, 미우인(米友仁, 1074-1151)의 작품이 각각 2점씩이며 주희(朱熹, 1130-1200), 왕제한(王齊翰), 조백구의 작품이 각각 1점씩 포함되어 있다.

원대의 작품은 14점이 포함되어 있으며 조맹부의 작품과 황공망(黃公望, 1269-1354)이 5점으로 가장 많은 수를 차지하고 있으며 예찬(倪瓚, 1301-1374)의 작품을 4점을 소장하였고 고극공(高克恭, 1248-1310)의 작품은 3점, 왕몽(王蒙, 1308-1385)과 오진(吳

그림32. 원(元), 왕몽(王蒙), 〈화계어은도(花溪漁隱圖)〉, 비단에 채색, 124.1×56.7㎝, 타이베이 국립고궁박물원

V. 슈퍼 컬렉터: 동기창(董其昌)의 교유 관계와 서화 컬렉션 187

鎭, 1280-1354), 사백성(謝伯誠) 등의 작품이 각각 1점씩 포함되어 있다.원대의 작품은 14점이 포함되어 있으며 조맹부의 작품과 황공망(黃公望, 1269-1354)이 5점으로 가장 많은 수를 차지하고 있으며 예찬(倪瓚, 1301-1374)의 작품을 4점을 소장하였고 고극공(高克恭, 1248-1310)의 작품은 3점, 왕몽과 오진(吳鎭, 1280-1354), 사백성(謝伯誠) 등의 작품이 각각 1점씩 포함되었다.

동기창이 컬렉션한 작품 중에는 지역적으로 서로 근접해 그의 소장품이 강남 지역의 다른 컬렉터에게 전해지기도 하였는데 이는 장축의 『청하서화방』의 기록을 통해서도 확인할 수 있는데 예를 들어 수저우의 왕세정(王世貞, 1526-1590)·왕세무(王世懋, 1536-1588) 형제의 소장품이 동기창과 진계유에게 전해졌다. 조맹부의 〈수촌도(水村圖)〉는 왕세무에게서 동기창의 손에 들어갔고, 왕세정이 소장하였던 심주의 〈춘산욕우도(春山欲雨圖)〉는 후에 동기창이 소장하였다.

이는 첨경봉(詹景鳳, 1532-1602)의 『동도현람편(東圖玄覽編)』에서도 확인할 수 있는데 미불을 비롯한 송·원대 사람들의 제발이 있는 왕유(王維, 699-759)의 〈산음도(山陰圖)〉는 과거 흡현(歙縣)의 임하(臨河) 정씨(程氏)에게 있었고 허난(河南) 지역의 누군가에게 판매되었는데 지금은 송장(松江)의 동기창에게 있다는 말을 들었다고 기록하고 있다.[270] 이를 통해 작품이 지역적으로 이동하며 여러 컬렉터의 손을 거쳤음을 짐작할 수 있다.

동기창은 컬렉션하였던 작품을 다른 사람에게 판매하기도 하였는데 왕몽의 〈화계어은도(花溪漁隱圖)〉를 황개선(黃開先)에게 판매하였다.[271] 또한 원대 황공망의 작품 중에는 대표작인 〈부춘산거도(富春山居圖)〉는 만력 24년(1596) 동기창이 구입하였고 1630년 이후 의흥

---

270) 詹景鳳,『詹東圖玄覽編』卷二, '王摩詰山陰圖一卷. 後有米元章與宋元諸賢題跋 , 舊在吾歙臨河程氏 , 今聞鬻於河南. 吾郡汪司馬伯玉曾見 , 語予 , 今聞此卷歸雲間董翰林思白.' 盧輔聖 主編,『中國書畫全書』(第四冊), 上海書畫出版社, 1992, p.5.

271) 詹景鳳,『詹東圖玄覽編』卷四, 盧輔聖 主編,『中國書畫全書』(第四冊), 上海書畫出版社, 1992, p.51.

(宜興)의 오정지(吳正志)에게 1,000냥에 저당 잡힌다.[272]

　　오정지는 동기창과 같이 1589년 진사에 합격하였고 동기창이 1599년부터 1621년까지 은거하는 시기 중 그와 가장 교유가 친밀하였던 인물 중 한명이었다.[273] 오정지는 명망 있는 학자 관료의 집안에서 태어났고 예부문선사원외랑(吏部文選司員外郎) 조남성(趙南星, 1550-1627)을 변호한 후 파직 당하였다. 오정지 역시 컬렉터로 그의 소장품 중 일부는 동기창의 것으로 예로 들 수 있는 소장품으로는 〈작화추색도〉와 〈부춘산거도〉가 있다.[274]

그림33. 원(元), 황공망(黃公望), 〈부춘산거도(富春山居圖)〉 부분, 종이에 수묵, 33× 636.9cm, 타이베이 국립고궁박물원

　　황공망의 이 작품들은 청대 초기까지 오정지의 집안에서 대대로 소장되었고 그의 아들 오홍유(吳洪裕)에게 전해진 후 순치(順治) 7년 (1650)에 두 부분으로 나누어져 현재 한 점은 타이베이 국립고궁박물

---

272) Clunas, C., *Superfluous Things : Material Culture and Social Status in Early Modern China*. Cambridge : Polity Press, 1999, p.181.

273) 〈輞川詩冊〉, '過荊谿, 訪吳澈如年丈, 出楮素屬余書右丞輞川絶句, 澈如愛右丞詩, 且學之欲逼人, 愧余書不能學右丞也. 董其昌庚子暮春識.' 黃惇 主編, 『中國書法全集54』, 榮寶齋, 1992, p.254.

274) 李慧聞, 「董其昌政治交遊與藝術活動的關係」(黃惇 主編), 『中國書法全集54』, 榮寶齋, 1992, p.26.

그림34. 원(元), 황공망(黃公望), 〈잉산도(剩山圖)〉, 종이에 수묵, 31.8×51.4cm, 저장성박물관

원(國立故宮博物院),에 다른 한 점은 저장성박물관(浙江省博物館)에 소장되어 있다. 일반적으로 〈부춘산거도〉의 비교적 긴 뒷부분은 〈무용사권(無用師卷)〉이라 불리고 앞부분은 〈잉산도(剩山圖)〉라 부른다.

오기정(吳其貞)은 그의 『서화기(書畵記)』에서 황공망의 〈부춘산거도〉가 이렇게 두 부분으로 나뉘게 된 것에 대해 다음과 같이 기술하고 있다.

> 그림 뒤에는 심주(沈周), 주천구(周天球), 왕치등(王穉登), 동기창(董其昌), 추지린(鄒之麟) 등의 제발이 있다. 이는 원래 6장의 종이로 되어 있었고 길이는 3장(丈) 6척(尺)이었다. 예전 소장자 의흥(宜興) 오문경(吳問卿)의 병이 위독하자 이를 태워 함께 묻기를 명하였다. 조카 문사(文俟)는 오문경이 잠시 눈을 돌린 사이 빠르게 다른 것을 넣고 불속의 것을 바꾸어 꺼내었다. 이미 전반부 4척 정도는 검게 타버렸다. 오늘날 앞의 검게 탄 종이 1장을 떼고도 여전히 5장이 있었고 길이는 3장이었다. 단양(丹陽) 장범(張範)이 소장하였다.……내가 임진(壬辰)년 5월 24일 장담암(莊淡庵)과 비록 해가 졌지만 손에서 놓기 아쉬웠다. 그 그림은 그을린 종이를 떼어내고 1척 5, 6촌(寸)이 남아 있었고 산수 언덕과 골짜기 풍경이 전부 잘려진 것 같지 않았다. 오늘날 내가 소유하게 되었고 이름하여 잉산도(剩山圖)라 하였다.[275]

오기정의 기록에 따르면 동기창을 비롯한 명대의 유명한 서화가와 문학가의 제발이 있는 〈부춘산거도〉는 원래 10미터가 넘었는데 6장의 종이 중 전반부의 1미터 정도가 그을리고 이 중에 50㎝ 정도가 남게 되었다. 오기정은 이를 남을 '잉(剩)'자를 사용해 '잉산도'라 이름하였고 1652년에 소장하였다. 이후 이 작품은 휘저우 지역 컬렉터 왕

---

275) 吳其貞, 『書畵記』卷3, "卷後有沈石田周公瑕王百谷董思白鄒臣虎等題跋. 此卷原有六張紙, 長三丈六尺, 曩爲藏卷主人宜興吳問卿病篤命焚以殉. 其從侄子文俟問卿目稍他顧迅將別卷從火中易出. 已燒焦前段四尺餘矣. 今將前燒焦一紙揭下仍五紙長三丈. 爲丹陽張範我所得.……予於壬辰五月二十四日借莊淡庵往謁借觀. 雖日西落猶不忍釋手. 其圖揭下燒焦紙尙存尺五六寸而山水一丘一壑之景全不似裁切者. 今爲予所得. 名爲剩山圖." 盧輔聖 主編, 『中國書畵全書』(第八冊), 上海書畵出版社, 1994, pp.58-59.

정빈(王廷賓)이 소장하였고 마지막에는 오호범(吳湖帆, 1894-1968)의 소유가 되었다가 청대 초기에는 북방지역의 6대 수장가 중 한명인 안기(安岐, 1683-약 1744이후)의 컬렉션이 되었다.

동기창의 서화 컬렉션 활동은 서화이본 형성에도 영향을 미치게 되는데 이는 그의 서화 연구와도 연결하였다고 볼 수 있다. 특히 동기창은 '남북종론(南北宗論)'[276]에서 남종(南宗)은 왕유가 처음으로 물과 담묵의 번짐을 이용한 선담법(渲淡法)을 사용해 구작(鉤斫)의 법을 일변시킨 이후 그것이 전하여 장조, 형호, 관동, 동원, 거연, 곽충서, 미불·미우인 부자가 되었다가 원사대가에 이르렀다고 하였다.[277]

또한 문인화(文人畵)를 추종하여 문인화의 시조가 왕유이고 이성, 범관, 미불·미우인 부자가 동원과 거연에서 나왔다고 하며 문인화를 남종화라 하여 남종을 숭상하였다.[278] 여기서 우선 그의 견해의 옳고 그름을 떠나 이러한 견해는 단순히 상상에 의해 등장한 것이 아니고 이는 자신이 소장하고 있던 고대의 서화 작품에 대한 오랜 경험과 평가에서 나온 것이라 할 수 있다.

다시 말해, 동기창은 남종 문인화를 높게 평가하였고 당대 왕유를 시조로 장조와 오대의 형호, 관동, 동원 그리고 북송대 곽충서, 거연과 미불, 남송대 미우인, 원대 황공망, 예찬, 왕몽, 오진에게 이어져 명대

---

276) 동기창의 '남북종론(南北宗論)'은 '화정삼명사(華亭三名士)'로 활동한 막시룡(莫是龍, 1539-1587)에 의해 제창된 이후 동기창과 진계유(陳繼儒, 1558-1639), 심호(沈顥, 1586-1661)에게 널리 받아들여져 명말 더욱 절대적인 개념으로 발전하게 된다. 자세한 내용은 최병식, 『수묵의 사상과 역사』, 동문선, 2008, pp.97-128참조.

277) 董其昌,『畵禪室隨筆』卷二「畵源」, '禪家有南北二宗, 唐時始分 ; 畵之南北二宗, 亦唐時分也. 但其人非南北耳. 北宗則李思訓父子着色山水, 流傳而位宋之趙幹, 趙伯駒, 伯驌以至馬, 夏輩. 南宗則王摩詰始用渲淡, 一變鉤斫之法. 其傳爲張盤, 荊, 關, 董, 巨, 郭忠恕, 米家父子以至元之四大家, 亦如六祖之後有馬駒, 雲門, 臨濟兒孫之盛而北宗微矣. 要之摩詰所謂雲峰石迹迥出天機, 筆意縱橫, 參乎造化者. 東坡贊吳道元, 王維畵壁亦雲 : 吾于維也無間然. 知言哉.' 盧輔聖 主編,『中國書畵全書』(第三冊), 上海書畵出版社, 1992, p.1016.

278) 董其昌,『畵禪室隨筆』卷二「畵源」, '文人之畵, 自王右丞始. 其後董源, 巨然, 李成, 范寬爲嫡子. 李龍眠, 王晉卿, 米南宮及虎兒皆從董, 巨得來. 直至元四大家黃子久, 王叔明, 倪元鎭, 吳仲圭, 借其正傳. 我朝文, 沈, 則又遠接衣鉢. 若馬夏及李唐, 劉松年, 又是大李將軍之派, 非吾曹所宜學也.' 盧輔聖 主編,『中國書畵全書』(第三冊), 上海書畵出版社, 1992, p.1016.

심주와 문징명에게로 전해지며 마지막에는 동기창 자신에게 이어진 것인데 이는 그의 컬렉션 경향에도 영향을 미친 결과였다.

만약 동기창이 제시한 남북종론으로 종파를 구분한다면 '북종(北宗)'은 이사훈(李思訓, 651-716), 이성, 범관, 조백구 등이 있고 '남종(南宗)'에는 왕유, 관동, 곽충서, 동원, 거연, 미불, 미우인 및 '원사대가(元四大家)' 등이 포함된다. 그의 소장품 규모로 볼 때 남종화로 구분되는 동원과 거연의 작품이 모두 13점인 것을 비롯하여 모두 33점으로 다수를 차지한다.

동기창은 동원을 중심으로 위로는 왕유를, 아래로는 황공망과 왕몽을 중시하였고 여기서 남종화의 체계를 세웠다고 할 수 있다. 그는 『화선실수필』에서 거연은 동원을 배웠고 황공망은 동원을 배웠으며 예찬은 동원을 배웠고 미불은 동원을 배웠으니 모두 동원을 배웠지만 각각 닮지 않고 자신만의 화법을 완성하였다고 하였다.[279] 또한 동기창은 '왕유가 문인화의 시조'로 회화사에서 왕유의 평가를 중시하였다는 것을 알 수 있다. 또한 '남종은 왕유가 처음으로 선담법을 사용해 구작의 법을 일변시켰다'고 하였는데 이는 왕유가 화법상에서 미친 영향을 보여주는 것이기도 하다.

동기창은 경사(京師) 양태화(楊太和)의 집에서 송대 휘종(徽宗) 황제의 어제가 왼쪽에 있는 왕유의 작품을 보았는데 그는 『선화화보(宣和畫譜)』를 찾아 〈산거도(山居圖)〉라 하였다. 그 작품의 솔잎과 돌의 질감은 송대 이후 사람의 화법이 아니고 왕유의 것임을 의심하지 않는다고 하였다.[280] 그는 여기서 왕유의 화법이 송대 이후 사람의 것과 다름을 인정하고 있다.

---

279) 董其昌, 『畫禪室隨筆』 卷二 「畫源」, '巨然學北苑, 黃子久學北苑, 倪迂學北苑, 元章學北苑, 一北苑耳, 而各各不相似.' 盧輔聖 主編, 『中國書畫全書』(第三冊), 上海書畫出版社, 1992, p.1017.

280) 董其昌, 『畫禪室隨筆』 卷二 「畫源」, '京師楊太和家, 所藏唐晉以來名迹甚佳. 余借觀, 有右丞畫一幀, 宋徽廟御題左方, 筆勢飄動, 眞奇物也. 撿宣和畫譜, 此爲山居圖. 察其圖中松針石脉, 無宋以後人法, 定爲摩詰無疑.' 盧輔聖 主編, 『中國書畫全書』(第三冊), 上海書畫出版社, 1992, p.1016.

동기창의 '남북종론(南北宗論)'은 당시 화가들과 이론가들의 호응을 얻었으며 많은 사람들이 이러한 관점을 수용하였다. 예를 들어, 그와 동시대에 활동한 진계유, 첨경봉, 장축, 당지계(唐志契, 1579-1651), 심호(沈顥, 1586-1661) 등이 이를 따랐다. 이로 미루어볼 때 당시 강남 지역의 컬렉터들의 서화 컬렉션 경향에도 영향을 미쳤을 것이다. 실제로 장축의 소장품을 살펴보면 '북종'으로 구분되는 작가의 작품은 마원(馬遠, 1160-1225)의 것이 1점 포함되어 있고 이와 달리 '남종'으로 분류되는 작품은 모두 14점이 있다. 즉, 왕유를 비롯한 미불·미우인 부자와 황공망, 오진, 왕몽 등 '원사대가'의 작품이 포함되어 있다.

4. 동기창의 서화 형성에 미친 영향

동기창의 회화 기법은 세 가지로 나눌 수 있다. 첫 번째는 아름답고 우아한 색채로 설색(設色)한 화법으로 동원과 거연의 작품을 연구하고 색채와 조형적 노력을 더한 것이다. 두 번째는 황공망, 동원, 거연을 배워 먹색과 준법(皴法)을 위주로 하는 화법, 세 번째는 미점(米點) 산수를 배워 모방한 것이다.[281] 이러한 다양한 화법의 형성은 그의 집에 소장한 작품과 그가 본 작품들에서 그 기초를 찾을 수 있다.

동기창의 소장품을 보면 그는 동원과 이성, 오진, 황공망, 예찬, 왕몽의 '원사대가'를 주요 컬렉션 대상으로 삼았고, 그 중에서 황공망의 작품을 숭상한 것은 어렵지 않게 찾아볼 수 있다. 특히 원사대가들의 시조라 할 수 있는 동원의 작품을 평생 수집한 것은 그의 회화 작품 창작에 영향을 미쳤을 뿐 아니라 동기창의 화론의 형성에도 도움이 되었을 것이다. 이러한 이론은 이후 청대화단에 까지 영향을 미치게 된다.

---

281) 謝稚柳 主編, 『中國書畵鑒定』, 東方出版中心, 1998, pp.149-150.

동기창은 평생 동원의 화법을 배우고 그의 작품을 수집하였다. 그는 동원의 네 폭 산수, 즉 〈소상도(蘇湘圖)〉, 〈계산행려도(溪山行旅圖)〉 〈용숙교민도(龍宿郊民圖)〉, 〈하산도(夏山圖)〉를 컬렉션하여 서재를 '사원당(四源堂)'이라 이름 하기도 하였다. 현재 타이베이 국립고궁박물원(國立故宮博物院)에 소장되어 있는 〈용숙교민도〉의 제발에서 동기창은 다음과 같이 말하고 있다.

　　나는 정축(丁丑)년 3월 그믐날(晦日) 저녁에 등불을 켜고 산수화를 시험 삼아 제작하였는데 이날부터 다시 그것을 즐기게 되었다. 고중방(顧仲芳)의 집을 때때로 방문하여 고인(古人)들의 작품을 보았는데 특히 원사대가(元四大家)의 작품을 많이 감상하였다. 고중방(顧仲芳)은 특히 황공망(黃公望)을 스승으로 하였고 무릇 여러 해가 걸쳐 이루었다. 장안(長安)의 호사가(好事家)에게 그림을 빌려서 임모하였는데 그 내용은 송대 사람의 진적(眞蹟)이 대부분이며 마원(馬遠), 하규(夏圭), 이당(李唐)의 작품이 가장 많았고 원대의 그림은 매우 드물었다. 신묘(辛卯)년에 휴가를 청하고 고향으로 돌아와 내 고향 사가(四家)의 발묵(潑墨)을 대량으로 수집하였으며 그 원천을 거슬러 올라가니 하나같이 동원(董源)을 스승으로 삼았다. 그런데 동원(董源)의 그림은 매우 드물다고 할 수 있는데 〈계산행려도(溪山行旅圖)〉를 얻을 수 있었다. 이는 심주(沈周)가 평생 소장하였고 일찍이 여러 번 임모하였고 강남에 전해졌다. 그것을 화사(畵史)에서 조사해보니 동원(董源)이 채색한 청록산수는 이사훈(李思訓)과 매우 유사하다고 하였고 〈계산행려도(溪山行旅圖)〉를 연구하였는데 동원의 화법을 다하지 못하였다. 정유(丁酉)년에 장시(江西)에서 시험관을 맡고 돌아오는 길에 상하이의 반윤단(潘允端)에게서 〈용숙교민도(龍宿郊民圖)〉를 다시 얻을 수 있었고 여기서 조금 만족하였다.[282]

---

282) '余以丁丑年三月晦日之夕, 燃燭試作山水畵, 自此日復好之. 時往顧中舍仲芳家, 觀古人畵, 若元季四大家, 多所賞心. 顧獨師黃子久, 凡數年而成, 旣解褐. 於長安好事家借畵臨倣, 惟宋人眞蹟馬夏李唐最多, 元畵寥寥也. 辛卯請告還里, 乃大搜吾鄕四家潑墨之作, 久之謂當溯其原委, 一以北苑爲師. 而北苑畵盒不可多得, 得溪山行旅. 是沈啟南平生所藏, 且曾臨一再, 流傳江南者. 而考之畵史, 北苑設色靑綠山水, 絶類李師訓, 以所學行旅圖, 未盡北苑法. 丁酉典試江右歸, 復得龍秀郊民圖於上海潘光祿, 自此稍稱滿志.' 동기창의 〈용숙교민도(龍宿郊民圖)〉 제발.

동기창은 만력 5년(1577) 그의 나이 23세부터 산수화를 다시 시작하였다. 황공망을 배운 고정의(顧正誼, 16-17세기)의 집을 방문해 그가 소장한 '원사대가'의 작품을 감상하였고 베이징에서 마원, 하규(夏珪, 1195-1224), 이당(李唐, 1066-1150) 등 송대 사람들의 작품을 보았다. 만력 19년(1591) 그의 나이 37세에는 고향에서 '원사대가'의 작품을 다시 수집하였고 그 원천이 동원임을 알았다. 만력 25년(1597) 그의 나이 43세에 반윤단(潘允端, 1526-1601)에게서 〈용숙교민도〉를 얻었고 이사훈의 청록산수의 채색과 유사함을 깨닫게 된다.

동기창의 저서에서도 동원에 대한 컬렉션 기록을 확인할 수 있다. 그는 『화선실수필』의 「화원(畫源)」 첫 부분에서 '나의 집에 동원의 취하는 바가 무슨 의미인지 알지 못한다'고 하였다. 또한 '동원(董源)의 〈촉강도(蜀江圖)〉, 〈소상도(瀟湘圖)〉가 모두 자신의 집에 있는데 필법이 두 사람의 손에서 나온 것 같다'고 하였고 그가 소장하고 있는 동원의 많은 작품이 같은 것이 하나도 없으니 '그림 중의 용(龍)이라 할 만하다'고 하였다.[283]

그림35. 송(宋), 동원(董源), 〈소상도(瀟湘圖)〉, 비단에 채색, 50×141.4㎝
베이징 고궁박물원

---

283) 董其昌, 『畫禪室隨筆』 卷二 「畫源」, '吾家有董源龍宿郊民圖. 不知所取何義 , 大都簞壺迎師之意 , 蓋宋藝祖下江南時所進御者. 畫甚奇 , 名則詭矣. 董北苑蜀江圖 , 瀟湘圖 , 皆在吾家. 筆法如出二手. 又所藏北苑畫數幅 , 無復同者. 可稱畫中龍.' 盧輔聖 主編, 『中國書畫全書』(第三冊), 上海書畫出版社, 1992, p.1015.

또한 '원사대가' 중 동기창이 본 황공망의 그림은 적어도 30점 이상으로 그 중에서 〈부만난취도(浮巒暖翠圖)〉가 제일이라고 하였다.[284] 동기창은 그가 소장한 많은 작품에 의존해 개인의 학식과 안목으로 작품을 감정하고 소장해야 한다는 견해를 기초로 필묵도 중요하지만 고대 사람들이 작품을 많이 보아야 한다는 창작 이론을 제시하였다. 그는 「논용필(論用筆)」에서 '자(字)의 정교한 부분은 용필(用筆)과 특히 용묵(用墨)에 있지만 고대 사람들의 진품을 많이 보지 않으면 이 비결을 말하는 것으로는 족하지 않다'[285]라고 하였다.

결론적으로 동기창의 서화 컬렉션은 자신의 예술적 성과와 이론을 높이는 결과를 가져왔다. 그는 당대의 여러 유명한 컬렉터들과 교류하면서 고대 서화 감상의 기회와 안목을 높일 수 있었고 뿐만 아니라 당시 서화 연구와 서화 컬렉션 풍조를 활성화하는데 노력하였으며 그의 작품과 이론은 이후 화단에 까지 영향을 미치게 된다.

동기창을 대표로 하는 '송강화파'는 '절파'와 '오파'의 단점과 폐단을 지적하고 오직 옛것을 배우는 '송강화파'만이 버릴 것은 버리고 취할 것은 취해 독창적인 면모를 이룰 수 있는 능력이 있다고 한다. 비록 '송강파'가 사생을 중시하지 않고 고인을 배우는 것을 숭상하였지만 동기창은 완전히 옛 화가들의 화의를 그대로 옮겨오지는 않았고 그림이라는 것은 마땅히 예술적인 가공을 거쳐야 비로소 고대 사람들과 다른 면모를 만들어 낼 수 있다고 여겼다.

16세기 명대 중기 이후 문징명을 중심으로 한 '오파'는 많은 화가들이 문징명의 화법을 답습하며 필묵은 세밀하고 건조하게(細緻乾枯)하고, 구도는 층층이 쌓아올려 번잡하게(堆砌繁瑣) 변하였다. 이는 사람들의 불만을 일으켰으며 오파의 세력이 점차 쇠퇴하고 동기창을 중심으로 법고(法古)와 복고(復古)와 방고(倣古) 사상이 크게 확대되었다.

---

284) 董其昌, 『畫禪室隨筆』卷二「畫源」, '黃子久畫以余所見不下三十幅. 要之浮巒暖翠爲第一, 恨景碎耳.' 盧輔聖 主編, 『中國書畫全書』(第三冊), 上海書畫出版社, 1992, p.1016.

285) 董其昌, 『畫禪室隨筆』卷一「論用筆」, '字之巧處在用筆, 尤在用墨, 然非多見古人眞迹, 不足與語此竅也.' 盧輔聖 主編, 『中國書畫全書』(第三冊), 上海書畫出版社, 1992, p.1000.

17세기를 전후하여 동기창이 내세운 이러한 회화 사상의 핵심은 '필묵(筆墨)'을 강조한 것이다. 동기창은 오대와 북송으로 거슬러 올라가 형호, 관동, 동원, 거연을 숭상하였다. 이후 원대의 이성, 곽희, 미불, 조맹부, 고극공, 조지백(曹知白) 등과 '원사대가'의 황공망, 오진, 예찬, 왕몽을 따랐고 이들을 주요 대상으로 하여 그들의 필묵법을 배웠다.

그림36. 명(明), 동기창(董其昌), 〈완연초당도(婉孌草堂圖)〉, 종이에 수묵, 111.3×36.8㎝, 개인소장

동기창은 1597년에 제작한 〈완연초당도(婉孌草堂圖)〉에서부터 기본적으로 모두 일종의 필묵의 이상적인 형식을 찾고 있었다. 이러한 형식은 왕유와 황공망 등 고대 대가들의 풍격을 배우는 것에서 왔고 마지막에는 그와 자연의 내재적 생명력의 소통을 증명하였다. 그는 고대의 대가들과 같은 경지에 이르고 또한 자연과 같이 다시 각종 변화를 드러냈다.[286]

동기창의 현재까지 전해지는 작품은 타이베이 국립고궁박물원의 〈하목수음도(夏木垂陰圖)〉, 〈봉경방고도(葑涇訪古圖)〉, 〈기봉백운도(奇峰白雲圖)〉, 〈전강초당도(剪江草堂圖)〉, 난징박물관(南京博物館)의 〈승산도(昇山圖)〉 등이 있다. 그

286) 石守謙, 「以筆墨合天地 : 對十八世紀中國山水畫的一個新理解」『國立臺灣大學美術史研究集刊』(26), 2009.5, pp.4-5.

의 작품은 당대의 왕유에서 동원, 거연을 따랐으며 '원사대가'를 주체로 삼았고 다시 미불, 미우인 부자의 '미가산수(米家山水)'와 융합하여 새롭게 창조한 것이라 할 수 있다. 동기창의 〈봉경방고도〉는 1602년 그의 나이 48세에 제작한 것으로 세로가 80㎝, 가로가 29.8㎝로 동원의 필법을 배운 것이다. 피마준(披麻皴)을 사용하였고 담묵과 건필(乾筆), 습필(濕筆)을 혼용하였다.

동기창의 〈청변도(靑弁圖)〉는 정사(丁巳)년, 즉 만력 45년(1617) 여름에 제작한 것으로 동원의 필법을 모방한 것이라고 기록하고 있다. 그러나 이 작품은 동원 외에 황공망과 왕몽의 산수 형식

그림37. 명(明), 동기창(董其昌), 〈계산월관도(溪山樾館圖)〉, 종이에 수묵, 158.4×72.1㎝, 미국 클리블랜드 미술관(Cleveland Museum of Art)

을 포함하고 있다. 특히 이 작품은 왕몽의 〈청변은거도(靑卞隱居圖)〉를 생각나게 하는데 실제로 동기창은 왕몽의 이 작품을 컬렉션한 적이 있

다.

16-17세기 서화 컬렉션은 사대부화가들뿐만 아니라 화공출신의 화가들에게는 더욱 보편적인 학습 가치가 되었다. 남영(藍瑛)은 평민 출신으로 처음에는 원체 화풍의 사실적인 기법이었지만 이후 다른 문인화가들이 컬렉션하고 있는 작품을 감상하였고, 특히 동기창에게 서화를 배웠으며 그의 집에 소장된 서화 작품을 감상하였다. 남영은 또한 조영양(趙令穰)의 〈강향청하도(江鄕淸夏圖)〉를 임모하였는데 이는 동기창의 소장품이었고 남영은 그의 집에서 이를 보고 그렸을 것이다.[287]

청대 화가 왕휘(王翬, 1632-1720)와 운수평(惲壽平, 1633-1690)은 비록 컬렉터로 이름을 알리지는 않았지만, 화가 왕시민(王時敏, 1592-1680)이 소장하고 있던 희귀 도서 판본을 두 사람에게 임모하도록 하였고, 이들은 당시 여러 컬렉터들과 깊이 왕래하였고 그들이 소장한 명화를 보고 배움으로써 후에 대가로 성장할 수 있었다. 소위 '그 크게 이루어진 것을 모아서 스스로 내면의 기축(機軸), 정서에서 드러난다(集其大成, 自出機杼)'는 것과 '먼저 고대 사람을 배우고 후에 자연을 배운다(先師古人, 後師造化)'는 것은 명·청대 서화가들에게 있어 서화의 기초는 서화 컬렉션과 무관하지 않음을 보여주는 것이다.[288]

다시 말해, 명대 말기 강남 지역의 서화 컬렉션은 지역적으로 서화가들의 활동을 활성화하여 자신들의 예술적 성과를 높이는 결과를 가져왔다. 즉 서화가들은 수저우뿐 아니라 그 주변 지역의 여러 유명한 컬렉터들과 교류하면서 고대서화 감상과 학습의 기회를 높였고 이는 서화 연구와 창작에 까지 영향을 미치게 된다.

---

287) 董其昌, 『畫旨』, '趙令穰江鄕淸夏卷, 筆意全倣右丞. 余從京邸得之. 日閱數過, 覺有所會.' 于安蘭 編, 『畫史叢刊』(上), 華正書局, 1984, p.77.

288) 李怡, 「傳統書畫收藏的文化價値」 『華夏文化』(1), 2005, p.43.

5. 맺음말

명대 말기 강남 지역의 경제 발전은 서화시장의 발달과 동시에 회화 예술의 번영을 가져왔고 문인 서화가들은 생계를 위해 공개적으로 자신의 시문과 서화를 판매하게 되었다. 이러한 개인 서화 컬렉션은 풍조는 당시의 정치, 경제적 기복에 따른다고 할 수 있다. 사회가 안정되고 경제적으로 번성할 때는 정부가 소장한 서화 작품이 개인이 소장한 것 보다 양적으로나 질적으로 우수하였고, 반대인 경우에는 개인이 소장한 서화가 정부가 소장한 것보다 좋은 경우가 많았다. 이는 당시 활동한 개인 컬렉터들의 작품 수집을 통해서도 짐작해 볼 수 있다.

예를 들어, 명 왕조가 멸망한 후 황실 내부의 소장품은 대부분 명 말청초의 컬렉터 손승택(孫承澤, 1592-1676)의 집에 소장되었다가 청대 건륭(乾隆, 1735-1795) 연간 중기에 황실에 다시 소장되었다. 다시 말해, 개인 컬렉션은 황실의 내부 컬렉션을 보존하는 역할을 하는 동시에 이후 황실 내부의 컬렉션을 보충할 수도 있어 광범위한 의미에서 개인 컬렉션 없이 황실 컬렉션의 확장도 불가능하다고 할 수 있다.

17-18세기 강남 일대는 개인 컬렉터들의 활동이 활발하게 집중되는 곳으로 동기창 이전에 송장 지역 역시 적지 않은 컬렉터들이 있었지만 그들은 대부분 수저우를 중심으로 활동하였다. 동기창은 30세 이후 벼슬에 오른 후 사회적으로 지위가 높아지고 경제적으로 안정되면서 서화 컬렉터로 활발히 참여하였고 강남 각지에서 활동한 컬렉터들과 서로 밀접하게 교류하였다. 그는 컬렉터와 서화가의 신분을 동시에 가지고 있었으며 그가 인연을 맺은 다른 컬렉터들의 작품 열람과 수집은 그의 서화 창작의 원동력이 되었다.

다시 말해, 명대 말기 서화 컬렉션은 새로운 서화 양식의 출현과 전개의 배경이 되었고 중국 서화사 발전에 영향을 미쳤으며 고대의 서화를 컬렉션하는 것은 회화 이론의 발전과도 연결된다. 이러한 이론은 고대의 작품을 감상하고 연구하는 것에서 나온 것이고 서화 창작은 이론 완성의 결과를 가져왔으므로 서화 컬렉션과 작품 창작 및 이론은 서로 연결되어 있다. 특히 명대 회화의 특징 중 하나로 이론의 발전을 빼놓을 수 없었고 명말 회화 이론은 동기창을 중심으로 이루어졌다고 해도 과언이 아니다.

결국 명대 말기 사회·경제적 변화로 사람들이 문화를 대하는 의식 수준도 향상되었으며 이에 따라 문인들의 전유물이었던 서화 컬렉션에 대한 욕구도 증가시켰다. 이는 한편으로 당시 화가들에게 다양한 작품을 제작할 수 있는 기회와 동기를 제공하였을 뿐 아니라 그들의 시각적 경험을 풍부하게 해주었으며 명나라 말기 미술계의 회화관과 감식관 형성에도 도움이 되었다는 것에서 서화 컬렉션 활동은 큰 의미를 가진다.

VI. 슈퍼 컬렉터: 항원변(項元汴)의 서화 컬렉션

1. 머리말

명대 후기의 서화가이자 감상가였던 첨경봉(詹景鳳, 1520-1602)
은『동도현람편(東圖玄覽編)』에서 자신이 직접 본 역대의 소장품과 그
작품의 주인들에 대해 언급해 두었다. 그중에는 성국공(成國公) 주희
충(朱希忠, 1516-1573), 수저우(蘇州)의 한세능(韓世能, 1528-1598)
과 왕세정(王世貞, 1526-1590)·왕세무(王世懋, 1536-1588) 형제,
자싱(嘉興)의 항원변(項元汴, 1525-1590), 화정(華亭)의 고종덕(顧
從德)·고종의(顧從義, 1523-1588) 형제와 막시룡(莫是龍, 1539-
1587), 하량준(何良俊, 1506-1573), 그리고 서촉(西蜀)의 곽구계(郭
衢階) 등이 있었는데 이들은 높은 관직을 가졌거나 컬렉터로 이름을
알렸다.

그중 항원변은 저장(浙江) 자싱 지역의 유명한 컬렉터 집안에서
태어나 대대로 서화 컬렉션에 참여하였으며 그 컬렉션 규모가 방대하
였다.『무성시사(無聲詩史)』에서는 항원변을 다음과 같이 기록하고 있
다.

> 항원변(項元汴)의 자는 자경(子京)이고 호는 묵림(墨林)이며 집안이
> 안정되고 재물이 넉넉한 것은 거의 춘추전국(春秋戰國) 시대 부유한
> 상인 도주공(陶朱公), 백규(白圭)와 견줄 만하며 부차적인 부분은 서
> 화를 구입하였고 상아 표식(標識)인 아첨(牙籤)을 달아놓은 서적의 풍
> 부함은 청비(淸閟)와 같다.[289]

여기서 '청비(淸閟)'는 원대의 서화가 예찬(倪瓚, 1301-1374)이
서적과 서화, 골동을 소장하고 시를 짓고 서화를 제작하였던 공간인
'청비각(淸閟閣)'을 가리키는 것으로 항원변 역시 집안에 '천뢰각(天籟

---

289) 姜紹書,『無聲詩史』卷3, "項元汴, 字子京, 號墨林, 嘉興人, 家固饒資, 幾與陶白方駕, 出
其緒餘以購法書名畫, 牙籤之富, 埒於淸閟." 盧輔聖 主編,『中國書畫全書』(第四冊), 上海書畫出
版社, 1992, p.851.

閣)'을 짓고 서화 작품과 서적을 소장하였다.

항원변은 선대부터 전해 내려온 서화 컬렉션 활동을 계승하였으며 대량의 서화 작품을 구입하거나 직접 작품 제작을 의뢰하기도 하였다. 그는 명대 중기 이후 강남 지역에서 상업에 종사하는 여러 명의 컬렉터 중 자금 사정이 가장 좋아 고대의 진품을 다수 소장할 수 있었다. 그는 특히 고개지(顧愷之, 345-406), 한간(韓幹, 약706-783), 왕희지(王羲之, 303-361) 등 고대의 많은 진품을 소장하였는데 그의 서화 소장품이 제일이었음은 현존하고 있는 서화 작품에 남겨진 그의 소장 인장을 통해 쉽게 발견할 수 있다.

항원변의 사후 그의 소장품은 가족들과 현지의 컬렉터들에게 전해졌고 타이후(太湖) 유역의 다른 컬렉터들에게도 흩어져 소장되었다. 따라서 항원변의 서화 소장품을 분석함으로써 당시 컬렉터들의 시각적 경험과 컬렉션 경향을 짐작할 수 있다. 그의 이러한 서화 컬렉션 행위는 명대 말기 주변 지역 개인 서화 컬렉터들의 안목을 확대하였을 뿐 아니라 서화가들의 서화 창작에도 영향을 미쳤다. 본고에서는 명대 항원변의 서화 컬렉션 활동을 분석하고 그의 서화 컬렉션이 가지는 미술사적 의미를 고찰하고자 한다.

2. 항원변의 서화 컬렉션

1) 서화 컬렉션 동기와 목적

항원변은 명대 말기 서화가이자 컬렉터로 평생 서화 수집을 즐거움으로 삼았다는 것은 동기창(董其昌, 1555-1636)이 남긴 '항원변묘지명권(項元汴墓志銘卷)'의 기록을 통해서도 짐작할 수 있다.

공(公)은 가업을 물려받았지만 부귀(富貴)와 이익(利達)을 좋아하지 않고 금석(金石) 유문(遺文)과 도회(圖繪) 명작을 수집하는데 치중하

였다.[290]

항원변과 동시대에 그의 가문과 교류한 자싱 출신 서화가이자 컬렉터인 이일화(李日華, 1565-1635)도 그의 『미수헌일기(味水軒日記)』에서 항원변에 대해 다음과 같이 평하였다.

이 분의 예사(藝事)는 갖가지의 멋이 있고 많은 재물을 가짐으로써 장후(江湖) 지역에 그가 소장하기를 좋아한 일이 전해졌다.[291]

항씨(項氏) 집안의 컬렉션 활동은 항원변의 부친 항전(項詮)에서부터 시작되었다. 항원변의 나이 20세에 부친 항전이 병으로 세상을 떠난 이후 항전의 재산은 세 아들 항원기(項元淇, 1500-1572)[292]와 항독수(項篤壽, 1521-1586),[293] 항원변에게 상속되었으며 이들은 모두 서화 컬렉션에 참여하였다.

항원변의 형 항독수는 1562년 벼슬에 나가 형부주사(刑部主事)와 병부낭중(兵部郎中)에 오르지만 항원변은 관직에 오르기보다 부친이 남긴 재산을 바탕으로 서화 컬렉션을 계속하였다. 항원변의 서화는 미술시적으로 크게 주목을 받지 못했지만 역사, 문화, 예술적 정보를 담고 있는 작품으로 그의 작품을 포함한 컬렉션 작품의 규모는 오늘날까지 크게 인정을 받고 있다.

이렇듯 항원변이 평생 많은 서화 작품을 컬렉션하였던 것은 선조 때부터 이어진 집안의 소장품이 후대에까지 잘 전해지기를 바라는 마

---

290) 董其昌,「項元汴墓志銘卷」, "公蒙世業, 富貴利達, 非所好也, 盍以收金石遺文圖繪名跡." 黃惇 主編,『中國書法全集54』, 榮寶齋, 1992, p.271.

291) 李日華,『味水軒日記』卷2, "此君藝事, 種種有味, 以其挾多貲, 故江湖間止傳其收藏好事耳." 李日華, 屠友祥 校注,『味水軒日記』, 上海遠東出版社, 1996, p.80.

292) 항원기(項元淇)의 자는 자첨(子瞻), 호는 소악(少嶽), 소악산인(少嶽山人)이다. 楊廷福 · 楊同甫 編,『明人室名別稱字號索引』(下), 上海古籍出版社, 2002, p.464.

293) 항독수(項篤壽)의 자는 자장(子長)이고 호는 소계(少谿), 목석거(木石居), 만권당(萬卷堂) 등이었으며 저서로는 『소사마진장(小司馬秦章)』, 『금헌비유(今獻備遺)』 등이 있다. 그는 서책을 좋아해 장서가로도 활동하며 '만권누(萬卷樓)'를 세웠다.

음에서 시작되었을 것이다. 특히 항원변은 자신이 소장한 작품이었음을 알 수 있는 많은 소장 인장을 남긴 것으로도 유명한데 그중에는 자신의 호나 이름 외에 '자손세창(子孫世昌)', '자손영보(子孫永保)'와 같은 인장에는 자손대대로 세대를 거듭하며 오랫동안 유지되기를 희망하였던 마음이 담겨 있었을 것이다. 실제로 이후 항씨 집안은 명·청대에 이르기까지 자손들이 계속해서 서화 컬렉션과 작품 창작을 이어갔다.

항원변은 항덕순(項德純), 항덕성(項德成), 항덕신(項德新), 항덕명(項德明), 항덕홍(項德弘), 항덕달(項德達)의 여섯 아들을 두었고 그중 항덕순, 항덕신, 항덕홍 등은 모두 서화에 뛰어났다. 항원변의 집에 소장되어 있던 작품은 그의 아들에게 전해졌고 주로 그가 구입한 작품을 지속적으로 소장하였다. 예를 들어, 그가 세상을 떠난 후에 다섯 째 아들인 항덕홍(項德弘)이 소장한 작품으로 원대 조맹부(趙孟頫, 1254-1322)의 〈작화추색도(鵲華秋色圖)〉, 현재 랴오닝성박물관(遼寧省博物館)에 소장되어 있는 당대 장욱(張旭, 675-750)의 초서(草書) 〈고시사첩권(古詩四帖卷)〉 등은 이어졌다.[294] 이외에도 회소(懷素, 725-785)의 〈고순첩(苦筍帖)〉을 예로 들 수 있다.

또한 항원변의 손자인 항가모(項嘉謨)와 항휘모(項徽謨), 항성모(項聖謨, 1597-1658)[295] 역시 서화가로 이름을 알렸는데, 서심(徐沁,

---

294) 黃惇 主編, 『中國書法全集54』, 榮寶齋, 1992, pp.255-256.

295) 항성모(項聖謨, 1597-1658)의 부친이 누구인지에 대한 논쟁은 다음의 세 가지 견해가 있다. 첫째, 항원변의 셋째 아들 항덕신(項德新)의 아들이라는 설은 비교적 초기의 견해였다. 두 번째, 덕신의 아들이 아니라는 설로 양신(楊新)은 『항성모(項聖謨)』에서 "항원변이 여섯 아들이 있었고 이름은 덕순(德純), 덕명(德明), 덕신(德新), 덕성(德成), 덕달(德達), 덕홍(德弘)이라 하였다.……항성모의 부친이 그들 중 누구인지 알 수 없고 성모의 각종 전기에는 그 조부가 누구인지만 있고 부친에 대해서는 알려지지 않았다.……항성모는 24세에 현재 쑤저우박물관(蘇州博物館)에 소장되어 있는 《산수난죽책(山水蘭竹冊)》을 제작하였고, 두 번째 '묵죽(墨竹)'에서 제발을 남겼는데 항성모는 항덕신을 '큰아버지'라 하고 있다. 이는 그의 부친이 항덕신보다 어리다는 것을 알 수 있다"고 하였다. 양신은 비록 항덕신이 항성모의 부친이 아니라고 하였지만 누가 항성모의 부친인지는 밝히지 않았다. 세 번째, 항원변의 여섯 째 아들 덕달의 아들이라는 견해로 왕스칭(汪世淸)은 『동기창의 교유(董其昌的交游)』에서 항성모는 덕달의 장자라고 하였는데 이는 출처가 없었다. 여기서는 마지막 견해를 따른다. 陸昱華, 「關於項聖謨的父親」 『中國書畵』(4), 2009, pp.76-77 참

VI. 슈퍼 컬렉터: 항원변(項元汴)의 서화 컬렉션 209

1626-1683)의 『명화록(明畵錄)』에 수록된 명대 화가 약 820명[296] 중에는 심주(沈周, 1427-1509), 문징명(文徵明, 1470-1559), 동기창과 함께 항원변과 항원변의 셋째 아들 항덕신, 항원변의 손자 항성모의 이름도 포함하고 있다. 특히 항성모는 조부를 존경하여 서화 인장에 자주 '천뢰각중문손(天籟閣中文孫)'이라는 글을 새겼다. 이외 항원변의 사촌동생인 항복초(項復初)와 항독수의 아들인 항덕(項德)도 컬렉터로 이름을 알렸다. 따라서 명·청대 항씨의 자손들은 계속에서 화단에 출현하였고 세대를 걸쳐 컬렉터로도 이름을 알리며 서화계를 이끌었다.

자싱(嘉興) 항씨 집안은 명대 중기 이후 병부상서(兵部尙書) 항충(項忠, 1421-1502)에서부터 현지의 명망 있는 가문이 되었지만 이후 정치, 사회적으로 항씨 집안이 이름을 알리는 일은 드물었다. 항독수와 항원변이 생활한 16-17세기 가정(嘉靖, 1522-1566), 만력(萬曆, 1573-1619) 연간은 자싱 항씨가 다시 한 번 흥성한 시기로 그들은 당시 귀족과 부호, 관료를 비롯해 많은 재산을 가진 17집안 중 하나로 나열하였다.[297]

항원변의 집안은 전당포를 가지고 있어 경세석으로 집안이 안정되었고 자금 사정이 좋았다. 명대 전당업(典當業)은 당시 상업 자본과 관료, 지주들의 중요한 투자처였다.[298] 만력 연간 전당포를 중심으로 한 사업은 강남 지역 뿐 아니라 전국에서 성행하였으며, 항원변은 이러한 넉넉한 자금을 바탕으로 많은 작품을 구입할 수 있었다. 그는 여러 경로를 통해 서화를 구입하였는데 원래 자신의 소장품이었거나 형인 항독수에게 구입한 것, 그리고 당시 교류가 있었던 컬렉터나 서화가 왕가옥(汪珂玉, 1587-1645), 문팽(文彭, 1498-1573), 문가(文嘉,

조.

---

296) 서심(徐沁)의 『명화록(明畵錄)』은 전체 8권으로 되어 있다. 제왕과 귀족, 도석인물화가, 산수화가, 동물, 화조 화가 및 묵죽(墨竹), 묵매(墨梅), 야채와 과일 등을 그리는 화가를 분야별로 나누어 수록하고 있다. 于安蘭 編, 『畵史叢書』(第三冊), 上海人民美術出版社, 1982, pp.1-17.

297) 馮志潔, 「明代江南望族譜牒中的祖先建構-以嘉興項氏爲例」 『學海』(4), 2014, p.185.

298) 吳量愷 等著, 『中國經濟通史』(第7卷), 湖南人民出版社, 2002, pp.535-537.

1501-1583) 등에게 구입한 작품도 있었다. 그는 매번 보기 드문 작품을 얻을 때면 가격을 따지지 않았고 이로 인해 강남 지역의 유명한 작품들은 그의 손에 들어가는 경우가 많았다.

명대 중기 이후 사회의식의 변화로 상인의 지위 향상 및 문인, 관료의 상인화와 상인의 문인화 현상이 출현하였다. 항원변은 이러한 시대적 배경 아래 문인화된 상인형 컬렉터로 구분할 수 있으며, 개인적인 이익을 취하는 것을 기본 원칙으로 하고 서화 컬렉션을 그 수단으로 삼았다. 예를 들어, 나용문(羅龍文)이 중개상인을 통해 1,000냥에 구입하였던 당대 회소의 〈자서첩(自敍帖)〉을 항원변은 600냥에 주금의(朱錦衣)에게서 구입하였고, 이를 자신이 구입한 가격보다 400냥이 높은 1,000냥에 다시 휘저우의 정계백(程季白)에게 판매하여 이익을 남겼다.

이렇게 서화 매매로 경제적 이익을 창출할 수 있었던 것은 당시 사회, 경제적 결과를 반영한 것으로 사치풍조와 미술품 애호 정신이 성행한 것과 관련이 있다. 즉, 송탑(宋搨)의 《정무난정시서(定武蘭亭詩序)》를 홍무(洪武) 8년(1375) 진진(陳眞)은 100냥에 판매하였는데 항원변이 활동한 16세기 중반에 그것의 가치는 420냥에 이른다고 하였다.[299] 여기서 그 작품의 가치가 네 배 가까이 증가한 것을 알 수 있다.

또한 항원변이 서화 컬렉션을 경제적 가치로 측정한 것은 구입한 서화 작품에 '원가(原價)'나 '정가(定價)' 등의 기록을 남기고 있는 것을 통해서도 짐작할 수 있다. 왕가옥의 『산호망(珊瑚網)』을 보면, 석연년(石延年, 994-1041)의 〈고송시(古松詩)〉를 항원변은 원가 15냥이라고 하였고, 왕안석(王安石, 1021-1086)의 〈능엄경요지(楞嚴經要旨)〉와 회소의 〈천문(千文)〉은 각각 정가 30냥과 1,000냥이라고 적었다. 다시 말해, 서화 컬렉션은 항원변 자신의 개인적인 취미를 위한 것이기도 하였지만 경제적 이윤을 고려한 하나의 방법이자 활동이었다.

이렇듯 항원변은 많은 재산을 기반으로 경제적으로는 비록 성공

---

299) 葉康寧, 「明代中晚期的社會風氣對書畵交易的影響」『南京藝術學院學報』(4), 2009, p.55.

하였지만 전통적인 문인 관료적 위치나 명예를 얻어 이름을 알리지는 못했다. 따라서 항원변에게 서화 컬렉션은 한편으로 자신의 안목과 문화적 소양을 나타낼 수 있는 하나의 방식이 되었을 것이다. 즉, 그에게 있어 서화 컬렉션은 전통적인 문인들의 관습인 골동이나 서화를 만지고 감상하는 '완고(玩古)' 풍조, 좋아서 즐기는 '완호(玩好)'의 행위를 통해 무엇보다 작품 감상 지식을 높이고 고상하고 우아한 문인적 품격과 정취, 그리고 문인사대부 정신을 유지하기 위한 것을 목적으로 삼았을 것이다.

2) 항원변의 서화 컬렉션 규모와 성격

항원변의 서화 소장품의 규모가 대단하였음은 사조제(謝肇淛, 1567-1624)의 『오잡조(五雜組)』의 내용을 통해서도 짐작할 수 있다.

> 항씨(項氏)의 소장품, 예를 들어, 고개지(顧愷之)의 〈여잠도(女箴圖)〉, 염립본(閻立本)의 〈빈풍도(豳風圖)〉, 왕유(王維)의 〈강산도(江山圖)〉는 모두 세상의 가격을 알 수 없는 보물로 당대 이사훈(李思訓) 이후의 소폭(小幅)은 그 수를 알 수 없고 보는 사람들은 몇 개월이 걸려도 다 볼 수 없다.[300]

항원변의 소장품은 '천자문(千字文)' 중의 한 글자씩을 사용해 일련번호를 남긴 것과 이러한 일련번호에 나열하지 않은 것으로 나눌 수 있는데 이를 모두 포함하며 항원변의 서화 소장품은 대략 2,190점에 이르는 것으로 추정한다.[301]

그가 컬렉션한 서화로는 왕유(王維, 699-759)의 〈산음도(山陰圖)〉, 한간의 〈목마도(牧馬圖)〉, 노릉가(盧楞枷)의 〈육존자상(六尊者

---

300) 謝肇淛, 『五雜組』卷7, 「人部三」, "項氏所藏, 如顧愷之《女箴圖》, 閻立本《豳風圖》, 王摩詰《江山圖》, 皆絶世無價之寶, 至李思訓以下小幅, 不知其數, 觀者累月不能盡也." 謝肇淛, 『五雜組』, 上海書店出版社, 2001, p.138.

301) 翁同文, 「項元汴千文編號書畫目考」『東吳大學中國藝術史集刊』(9), 1979, p.176.

그림38. 원(元), 왕몽(王蒙), 〈청변은거도(靑卞隱居圖)〉, 종이에 수묵, 140.6×42.2㎝, 상하이박물관

像)〉, 장훤(張萱, 약713-755)의 〈괵국부인유춘도(虢國夫人游春圖)〉 등의 당나라 때 작품과 북송대 화가 혜숭(惠崇, 965-1017)의 〈추포쌍원도책(秋浦雙鴛圖冊)〉, 연숙(燕肅)의 〈한암적설도축(寒岩積雪圖軸)〉, 소식(蘇軾, 1037-1101)의 〈묵죽권(墨竹卷)〉, 〈언송도(偃松圖)〉, 〈고목소황(古木疏篁)〉, 그리고 남송대에 활동한 문인화가 양무구(揚無咎, 1097-1169)의 〈사매도(四梅圖)〉 등과 원대 오진(吳鎭, 1280-1354)의 〈묵죽도책(墨竹圖冊)〉, 예찬의 〈기수추풍도(琪樹秋風圖)〉, 왕몽(王蒙, 1308-1385)의 〈청변은거도(靑卞隱居圖)〉, 왕탁(王鐸, 1592-1652)의 〈양죽서소상(楊竹西小像)〉 등이 있다.

항원변의 집안에서 흩어진 소장품은 청대 초기의 컬렉터인 안기(安岐, 1683-약1744년 이후)의 손에 들어갔고 특히 일부는 청 황실로 유입되었는데 명대 말기에서 청대 초기의 황실 소장품 중 항씨 집안의 것이 많았다. 항원변의 소장품을 살펴보면, 한대 장지(張芝, ?-192)의 작품 〈지여첩(知汝帖)〉 1점과 진대의 왕희지(王羲之), 고개지(顧愷之)

등의 작품 13점, 당대의 왕유(王維)와 회소(懷素), 안진경(顔眞卿), 한황(韓滉) 등의 작품 19점, 송대의 작품은 47점으로 가장 많은 부분을 차지하며, 원대의 작품 21점, 명대 작품은 8점 등이 포함되어 있다.

그의 소장품은 연대가 올라갈수록 고가에 이르는 진·당·송대의 작품이 다수 포함되어 있는데 진대 작품 중에는 당시 고가의 서예 작품에 해당하는 왕희지의 작품이 9점으로 가장 많은 부분을 차지하고 있으며 왕헌지(王獻之, 344-386)의 작품 2점, 색정(索靖, 239-303)과 고개지의 작품을 각각 1점씩 포함하고 있다. 특히 당대의 서예 작품에는 회소의 작품이 5점으로 가장 많고, 안진경(顔眞卿, 709-785)의 작품 2점을 소장하였으며 장욱, 손과정(孫過庭, 646-691), 구양순(歐陽詢, 557-641)의 작품이 각각 1점씩 포함되어 있다. 이외 왕유의 작품 3점과 위지을승(魏遲乙僧), 한황(韓滉, 723-787), 한간의 작품 각각 1점씩을 소장하였다.

송대의 작품 중에는 '송사대가(宋四大家)'로 불리는 소식, 황정견(黃庭堅 1045-1105), 미불(米芾, 1051-1107), 채양(蔡襄, 1012-1067)의 작품이 다수 포함되어 있다. 즉, 채양과 미불의 작품이 각각 6점이며, 소식의 작품이 7점, 황정견은 9점으로 가장 많다. 이는 모두 당시 회화 작품보다 높은 가치를 가졌던 서예 작품이다. 이외에도 송대 산수화가로 잘 알려진 곽희(郭熙, 1023-1085), 왕선(王詵, 1036-1093), 이성(李成, 919-약967), 유송년(劉松年, 약1131-1218) 등의 작품이 포함되어 있다.

원대의 소장품은 조맹부의 작품이 7점으로 가장 많은 부분을 차지하고 있으며 이외에 서예가 장우(張雨)의 작품 4점과 왕몽의 작품 3점을 소장하였다. 또한 오진의 작품은 2점, 고극공(高克恭, 1248-1310), 황공망(黃公望, 1269-1354), 예찬, 가구사(柯九思, 1290-1343)의 작품이 각각 1점씩 포함되어 있다. 명대의 작품에는 구영(仇英, 1498-1552)의 작품이 3점으로 가장 많고 심주와 문팽(文彭, 1498-1573)의 작품은 각각 2점씩을 소장하였으며 축윤명(祝允明,

1460-1526)의 작품도 1점 포함되어 있다.

항원변을 명대 문단의 거장이자 저명한 장서가였던 왕세정과 비교하기도 하였다. 왕세정의 장서는 3만 권에 이르렀고 송대 판각본은 더욱 많아 '천하일품(天下一品)'이라 하였다. 그러나 당시 사람들은 항원변의 소장품을 따르려면 멀었다고 하였으며 이는 항원변이 소장한 작품 수량이 매우 많았음을 짐작할 수 있다.[302] 아쉬운 것은 이러한 그의 소장품에 대한 기록이 전하지 않고 현존하는 작품에서 그의 소장 인장이나 다른 소장 기록서 등을 통해 그 수를 통계할 수 있을 뿐이다.

항원변을 명대 문단의 거장이자 저명한 장서가였던 왕세정과 비교하기도 하였다. 왕세정의 장서는 3만 권에 이르렀고 송대 판각본은 더욱 많아 '천하일품(天下一品)'이라 하였다. 그러나 당시 사람들은 항원변의 소장품을 따르려면 멀었다고 하였으며 이는 항원변이 소장한 작품 수량이 매우 많았음을 짐작할 수 있다.[303] 아쉬운 것은 이러한 그의 소장품에 대한 기록이 전하지 않고 현존하는 작품에서 그의 소장 인장이나 다른 소장 기록서 등을 통해 그 수를 통계할 수 있을 뿐이다.

항원변은 소장품에 전서나 행해서체로 작품 제작자와 제목을 쓰고, 작품의 좌우 아래쪽 모서리에 '천자문(千字文)' 중의 한 글자씩을 사용해 일련번호를 매겼으며 구입 가격을 적어 그 가치를 알 수 있도록 하는 습관이 있었다. 예를 들어, 당대 한황의 〈오우도(五牛圖)〉는 '차(此)'자 번호가 있다. 오대 서예가 양응식(楊凝式, 873-954)의 〈신선기거법첩(神仙起居法帖)〉에는 '마(摩)'자 번호가, 원대 왕몽의 〈갈치천이거도(葛稚川移居圖)〉에는 '성(聖)'자 번호가 있다.[304] 이외에도 원대 전선(錢選, 1239-1301)의 〈연강대도도(煙江待渡圖)〉에는 '운(運)'자 있고, 조맹부의 〈이양도(二羊圖)〉에는 천자문 중 626번째의 '문(門)'자가 있다.

---

302) 胡建君,「項子京與收藏十斛明珠娉麗人」『大美術』(3), 2005, p.32.

303) 胡建君,「項子京與收藏十斛明珠娉麗人」『大美術』(3), 2005, p.32.

304) 葉三寶 主編,『中國書畫投資與收藏』, 上海人民美術出版社, 2003, p.394.

그림39. 당(唐), 한황(韓滉), 〈오우도(五牛圖)〉부분, 종이에 채색, 20.8×139.8㎝
베이징 고궁박물원

그림40. 원(元), 조맹부(趙孟頫), 〈이양도(二羊圖)〉, 종이에 수묵, 25.2×48.4㎝
프리어미술관(Freer Gallery of Art)

　　그의 소장품 중에는 송대의 유명한 컬렉터였던 주밀(周密, 1232-
1298)[305]이 소장했던 작품을 후에 구입하게 되었는데 그는 이를 '득밀
(得密)'이라는 인장을 사용해 기념하였다. 이는 한편 주밀의 컬렉션이
뛰어났음을 증명하는 것이기도 하다.

　　항원변이 작품에 남긴 소장 인장은 수량뿐 아니라 그 내용도 다양
하다. 예를 들어, '항자경정완인(項子京精玩印)', '자경진비(子京珍祕)',
'항묵림부비급인(項墨林父祕笈印)', '항자경가진장(項子京家珍藏)', '묵
림비완(墨林祕玩)', '항묵림감상장(項墨林鑑賞章)', '자경소장(子京所
藏)', '(項元汴氏審定眞迹)', '천뢰각(天籟閣)', '기오(寄傲)', '정인암주

---

305) 주밀(周密, 1232-1298)의 자는 공근(公謹)이고, 호는 초창(草窓), 변양노인(弁陽老人) 등
　　이다. 역성(歷城) 사람으로 『운연과안록(雲烟過眼錄)』의 저서에는 중국의 첫 번째 개인 컬렉터들
　　의 소장품 기록서로 모두 43명의 컬렉터들의 소장품과 남송 황실의 일부 소장품을 기록하고 있
　　다. 주밀의 『운연과안록』은 소유자별 소장품을 기록하고 있다. 盧輔聖 主編, 『中國書畫全書』(第二
　　冊), 上海書畫出版社, 1992, pp.135-175 참조.

(淨因庵主)’, ‘(檇李項氏世家寶玩)’, ‘항묵림부비급지인(項墨林父祕笈
之印)’, ‘신품(神品)’, ‘신유심상(神游心賞)’, ‘도화원리인가(桃花源里人
家)’, ‘자경부인(子京父印)’, ‘항묵림감상장(項墨林鑑賞藏)’, ‘항숙자(項
叔子)’ 등이다.[306]

항원변은 소장품의 애호 정도에 따라 감상과 소장 인장을 더 많
이 찍었는데 작품의 앞뒤에 많게는 수십 개 이상의 컬렉션 인장을 남
기는 등 역대 컬렉터 중 가장 많은 인장을 기록하였다. 역대 서화 작품
중 항원변의 소장 인장이 가장 많은 것은 당대 노홍(盧鴻)의 〈초당십지
도(草堂十志圖)〉로 100개에 가까운 인장이 남겨져 있으며 당대 회소의
〈자서첩〉에는 70여개가 있다.[307] 이는 모두 현재 타이베이 국립고궁박
물원(國立故宮博物院)에 소장되어 있다.

타이베이 국립고궁박물원에 소장되어 있는 또 다른 작품 중 258
㎝에 이르는 송대 소식의 〈전적벽부권(前赤壁賦卷)〉에는 54개의 인장
이 있다. 그 인장을 자세히 살펴보면 다음과 같다.

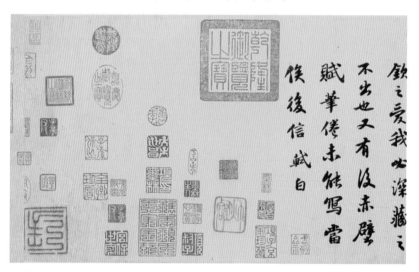

그림41. 송(宋), 소식(蘇軾), 〈전적벽부권(前赤壁賦卷)〉부분, 1083년, 종이에 먹
23.9×258㎝, 타이베이 국립고궁박물원

---

306) 林申淸, 『明淸著名藏書家. 藏書印』, 北京圖書館出版社, 2000, pp.25-32 참조.
307) 鄭銀淑, 『項元汴之書畵收藏與藝術』, 文史哲出版社, 1984, p.66.

이외에도 가로가 280㎝에 이르는 송대 미불(米芾)의 〈촉소첩(蜀素帖)〉에는 '항원변인(項元汴印)', '천뢰각(天籟閣)', '항묵림부비급지인(項墨林父祕笈之印)', '항묵림감상장(項墨林鑑賞藏)', '자손세창(子孫世昌)', '자경부인(子京父印)', '묵림비완(墨林祕玩)', '자경소장(子京所藏)', '신품(神品)' 등 항원변의 인장이 34개가 있다.

청대 초기의 컬렉터인 손승택(孫承澤, 1592-1676)은 『경자소하기(庚子消夏記)』에서 항원변이 작품에 가격을 적어두는 것을 비웃으며 "항원변의 소장 인장은 너무나 많고 뒷면에 또 구입한 가격을 기재하였다. 속됨이 지나치다"[308]고 하였다. 실제로 이러한 소장 인장은 종종 작품을 망치는 결과를 가져오기도 했지만 그는 높은 안목을 갖추고 있어 그의 소장인은 작품에 대한 신뢰성을 높이고 품질을 보장할 수 있는 기준이 되었으며 한편으로는 작품 가격을 높이는 효과도 가져왔다. 순치(順治) 2년(1645) 청군이 남하하여 항씨 집의 소장품은 거의 전부 빼앗기고 흩어져 일부는 자싱의 이일화가 소장하였고, 또 일부는 청대의 유명한 컬렉터 양청표(梁清標, 1620-1691)와 안기가 소장하였다가 청 황실에 소장된다.

3. 항원변 서화 컬렉션의 미술사적 의의

항원변은 대대로 고대의 여러 서화와 명대 서화 작품을 소장하였으며 서화에도 뛰어났다. 산수는 원대 황공망과 예찬을 배웠으며 특히 예찬에 심취하였으며 난과 대나무, 소나무와 돌 역시 묘품(妙品)에 이르렀다. 집안에 소장하고 있는 고대의 작품을 오랫동안 학습하여 스스로 마음가는대로 붓을 움직일 수 있었다.[309] 현재까지 전하는 몇몇 작

---

308) 孫承澤, 『庚子消夏錄』, "項墨林收藏之印太多, 後又載所買價值. 俗甚." 盧輔聖 主編, 『中國書畫全書』(第七冊), 上海書畫出版社, 1994, p.756.

309) 姜紹書, 『無聲詩史』卷3, "其所畵山水學元季黃公望倪雲林, 尤醉心於倪, 得其勝趣. 每作繼素, 自爲韻語題之, 蘭竹松石亦入妙品. 蓋其留神翰繪, 家藏旣多, 薰習之久, 亦能自運." 盧輔聖 主

품 중 타이베이 국립고궁박물원에 소장되어 있는 1580년 작 〈방소식수성도(倣蘇軾壽星圖)〉는 그의 대표작이다.

그는 매우 광범위한 교유 관계를 형성하였는데 문징명, 문가, 문팽, 구영, 동기창, 진순(陳淳, 1482-1544) 등 소주의 여러 서화가들을 비롯해 화하(華夏, 1494-1567), 진계유(陳繼儒, 1558-1639), 왕계미(汪繼美 ?-약1628)·왕가옥 부자 등 강남 지역의 이름 있는 컬렉터들과도 교류하였다. 특히 상하이를 대표하는 컬렉터 동기창은 진계유와 막여충(莫如忠, 1508-1588)·막시룡(莫是龍) 부자와 교류하였는데 동기창은 『화선실수필(畫禪室隨筆)』에서 항원변의 셋째

그림42. 명(明), 항원변(項元汴), 〈방소식수성도(倣蘇軾壽星圖)〉, 비단에 채색, 56.8×29.2 ㎝, 타이베이 국립고궁박물원

아들 항덕신의 집에서 남송대 화가 조백구(趙伯駒, 1127-1162)의 작품을 감상한 일을 다음과 같이 기록하였다.

> 항우신(項又新)의 집에 조백구(趙伯駒)의 작품 4폭이 있었고 천리(千里)라는 두 글자는 금서(金書)인데 나와 진계유(陳繼儒)가 그것을 자세히 살피니 원대 안휘(顔輝)의 필(筆)이었다.[310]

編, 『中國書畫全書』(第四冊), 上海書畫出版社, 1992, p.851.

310) 董其昌, 『畫禪室隨筆』卷2, 「畫原」, "項又新家, 趙千里四大幅, 千里二字金書, 余與仲醇諦審之, 乃顔秋月筆也." 盧輔聖 主編, 『中國書畫全書』(第三冊), 上海書畫出版社, 1992, p.1016.

이러한 기록은 진계유의 『니고록(妮古錄)』에서도 찾아볼 수 있다.[311] 이는 이들이 함께 작품을 감상하고 기록하였음을 짐작할 수 있는 부분이다. 항원변이 소장한 많은 작품들은 그와 왕래하였던 이들에게 영향을 미쳤다. 특히 '명사대가(明四大家)' 중 한 명인 구영은 자주 그의 집에 손님으로 초대되었고 그가 소장한 많은 고대의 서화 명작들을 임모할 수 있는 기회를 가졌다.

청대 오승(吳升)은 『대관록(大觀錄)』에서 구영은 많은 작품을 소장하였던 항원변의 집에서 10여년을 거주하면서 작품을 감상하였다고 밝히고 있다.[312] 구영은 항원변의 집에서 대량의 송·원대 명작을 보고 안목을 높였으며 고대 여러 대가들의 표현기법을 섭렵할 수 있었다. 당시 컬렉터들은 수저우, 우시, 자싱 등지의 여러 서화가 및 컬렉터들과 교류하였는데 항원변은 수저우의 대표적인 서화가인 문징명과도 밀접한 관계를 형성하였다.

문징명은 심주의 제자였고 이응정(李應禎, 1431-1493), 오관(吳寬, 1435-1504)에게도 서화를 배웠으며 또한 이들은 당시 저명한 장서가였다. 문징명은 왕세정·왕세무 형제와 우시 지역의 유명한 컬렉터 화하와 교유하였고 문징명의 아들 문팽과 문가는 부친을 이어 서화가로 활동하였다.

명대 말기 청대 초기에 창수(常熟) 지역의 유명한 장서가였던 전증(錢曾, 1629-1701)의 『독서민구기(讀書敏求記)』에 따르면 항원변은 문징명의 아들 문팽, 문가와도 관계가 매우 밀접하였다.

항원변(項元汴)은 매번 송각(宋刻)본을 얻으면 바로 문팽(文彭)과 문가(文嘉)를 초대해 그것을 감별하도록 하였는데 장서(藏書)는 모두 정

311) 陳繼儒, 『妮古錄』卷4, "項又新家, 趙千里四大幅, 千里二字金書, 玄宰與余諦審之, 乃顏秋月筆也." 盧輔聖 主編, 『中國書畫全書』(第三冊), 上海書畫出版社, 1992, p.1054.

312) 吳升, 『大觀錄』, "樵李項子京收藏甲天下, 館餼十餘年, 歷代名蹟資其浸灌." 盧輔聖 主編, 『中國書畫全書』(第八冊), 上海書畫出版社, 1994, p.575.

묘하고 뛰어났다.[313]

　문팽은 항원변의 큰형 항독수와도 교류가 있었으며 당시 항씨 집안에 방문해 그들의 소장품을 감상하였을 것이다. 항원변은 동기창과 교류를 지속하였는데 동기창 역시 젊은 시절에 항원변의 집에서 가정교사를 하며 그가 소장하고 있던 많은 고대의 서화 작품을 접하며 안목을 키울 수 있었다.[314] 이후 항원변의 소장품은 손자 항성모에게 전해졌다.

　항원변의 손자 항성모는 조부인 항원변과 같이 권세를 가까이 하지 않고 서화가이자 컬렉터로 활동하였다. 『명화록(明畵錄)』에 따르면 항성모는 "자가 공창(孔彰)이고 그의 산수는 원대 사람의 기운을 겸비하였다"[315]고 평하였다. 청대 중기 문인화가 장경(張庚, 1685-1760)의 『국조화징록(國朝畵徵錄)』에서는 항성모를 다음과 같이 기록하고 있다.

　　항성모(項聖謨)는 그림에 뛰어났고 초기에는 명대 문징명(文徵明)을 배웠으나 이후 송대의 작품까지 확대하였고 원대의 기운을 취하여 화초와 소나무, 대나무, 나무, 돌을 그림에 있어 특히 정교하고 묘함에 이르렀다.[316]

　동기창도 그의 산수가 원대의 기운(氣韻)을 겸하여 문인화의 사기(士氣)를 형성하여 자신만의 독창적인 성과를 이루었다고 평하였다.

---

313)　錢曾, 『讀書敏求記』卷4, "然我聞墨林項氏, 每遇宋刻卽邀文氏二承鑒別之, 故藏書皆精妙絶倫." 錢曾, 丁瑜 點校, 『讀書敏求記』, 書目文獻出版社, 1983, p.148.

314)　董其昌, 「項元汴墓志銘卷」, "憶予爲諸生時, 游檇李, 公之長君, 德純, 實爲夙學, 以是日詣於公. 公每稱擧, 先輩風流, 及書法繪品, 上下千載, 較若列眉. 余永日忘疲, 則公亦引爲同味, 謂相見晩也." 黃惇 主編, 『中國書法全集54』, 榮寶齋, 1992, p.271.

315)　徐沁, 『明畵錄』卷4, "項聖謨, 字孔彰, 秀水人. 元汴孫也. 山水兼元人氣韻." 于安瀾 編, 『畵史叢書』(第三冊), 上海人民美術出版社, 1982, p.55.

316)　張庚, 『國朝畵徵錄』卷上, "善畵, 初學文衡山, 後擴於宋而取韻於元, 其花草松竹木石尤精妙……董文敏跋其畵冊雲……而山水又兼元人氣韻, 所謂士氣作家具備" 于安瀾 編, 『畵史叢書』(第三冊), 上海人民美術出版社, 1982, p.4.

여기서 항성모의 회화 수업이 송·원대에 까지 확대되었다는 것은 여러 대가들의 작품을 통해 자신의 화법을 창조하게 되었다는 것을 알 수 있다.

항성모는 동기창과 진계유, 이일화 및 청나라 때 컬렉터 조용(曹溶, 1613-1685) 등과 비교적 밀접하게 교류하였는데 이는 천계(天啓) 5년(1625) 항성모가 제작한 〈초은도영(招隱圖咏)〉의 뒤에 동기창, 진계유, 이일화가 남긴 제발에서도 확인할 수 있다. 이 제발에서 동기창은 그의 작품이 왕유와 형호(荊浩, 약880-940), 관동(關仝, ?-960), 동원(董源, 934-962), 거연(巨然, 960-?)을 배웠다고 하였다. 진계유는 항원변의 집에 소장된 노홍(盧鴻)의 〈초당도(草堂圖)〉가 명품인데 항성모의 〈초은도영〉이 그 영향을 받았다고 하였다. 이일화 역시 항성모의 필법이 노홍의 〈초당도〉, 왕유의 〈망천(輞川)〉, 관동의 〈설잔(雪棧)〉, 이성의 〈한림(寒林)〉에서 왔다고 하였다.[317]

그림43. 명(明), 노홍(盧鴻), 〈초당십지도(草堂十志圖)〉 중 부분, 종이에 수묵, 29.4×600㎝, 타이베이 국립고궁박물원

이일화의 『미수헌일기』 만력 37년(1609) 5월 23일의 일기에서는 항원변의 셋째 아들 항덕신(項德新)에 대해 대나무를 잘 그리며 자

---

317) 劉運峰,「項聖謨交游考」『榮寶齋』(2), 2006, pp.41-45.

신의 서화 친구라고 하였다.[318] 항덕신의 전하는 작품 중에는 1602년
과 1607년에 제작한 〈암정청천도(岩亭廳泉圖)〉와 〈동음기오도(桐陰寄
傲圖)〉가 있다.[319] 이일화는 또한 항원변의 넷째 아들 항덕명(項德明)
과 다섯 째 아들 항덕홍(項德弘) 형제와 자주 교류하였다. 항덕명의 자
는 회부(晦夫), 호는 감대(鑑臺)라 하였다.[320]

만력 38년(1610) 11월 29일 항덕명은 소장하고 있던 노홍의 〈숭
산십지도(嵩山十志圖)〉를 꺼내 이일화와 감상하였다. 이외에도 이날
조맹부의 〈낙화유어도(落花游魚圖)〉와 왕몽의 〈화계어은도(花溪漁隱
圖)〉, 조백구의 〈원헌옹유도(原憲甕牖圖)〉를 감상하였다. 그리고 이때
항덕홍의 집에 걸려있는 원대 오진의 그림 한 점을 이일화 자신의 집
에 있는 〈송석천학도(松石泉壑圖)〉와 비교할 수 있는데 그 우열을 가리
기 어렵다고 하였다.[321]

이일화의 『미수헌일기』에는 항원변의 손자인 항맹황(項孟璜)이라
는 이름이 자주 등장하는데 그의 집에 초대되어 서화를 감상하고 정원
에서 모임을 가지기도 하였다. 이일화는 만력 38년(1610) 10월 19일
항맹황의 서재에서 작품을 감상한 일을 기록하기도 하였다.

주본음(周本音), 허광문(許廣文), 고원아(高元雅), 만신오(萬藎吾), 심
존생(沈尊生), 육효렴(陸孝廉)과 함께 항맹황(項孟璜)의 서재에 모여
안진경(顔眞卿)의 〈심위첩(深慰帖)〉, 양응식(楊凝式)의 〈신선기거법
(神仙起居法)〉, 저수량(褚遂良)이 임모한 〈난정(蘭亭)〉, 당구(唐鉤)의
〈만세통천첩(萬歲通天帖)〉, 고한(高閑)의 〈초서천문(草書千文)〉을 보

318) 李日華, 『味水軒日記』卷1, "又新, 子京先生第三子, 善竹枝寫生, 余書畫友也." 李日華, 屠
友祥 校注, 『味水軒日記』, 上海遠東出版社, 1996, p.24.

319) 徐邦達, 『歷代流傳書畫作品編年表』, 中華書局, 1974, p.93.

320) 楊廷福・楊同甫 編, 『明人室名別稱字號索引』(下), 上海古籍出版社, 2002, p.465.

321) 李日華, 『味水軒日記』卷二, "過項晦甫玄度昆季. 晦甫出觀盧浩然《嵩山十志圖》……玄度出
觀趙吳興《落花游魚圖》……又王叔明《花溪漁隱圖》……又趙千里《原憲甕牖圖》……玄度堂懸梅道
人畫一軸.……可與余家《松石泉壑圖》竝珍." 李日華, 屠友祥 校注, 『味水軒日記』, 上海遠東出版
社, 1996, pp.148-150.

앉고 모두 내가 평소 두 세 번 본 것이었다.[322]

이일화는 이 작품들을 이전에도 여러 번 보았고 이외에도 그가 본 작품에는 당대 양영찬(梁令瓚)의 〈오성이십팔숙신형도(五星二十八宿神形圖)〉, 이성의 〈송천유려(松泉游旅)〉, 미불의 〈전당춘조(錢塘春眺)〉 등이 있다.[323] 서화를 감상한 것 외에 1613년 항맹황은 이일화에게 장인의 생신을 축하하기 위한 시와 그림을 부탁해 〈송천지학도(松泉芝壑圖)〉를 제작해 주었다.[324] 이러한 사실은 모두 이일화와 항원변 집안의 밀접한 관계를 말해주는 것이다.

이렇게 명대 강남 지역의 컬렉터들은 서화라는 공통된 문화적 취미를 교류 매체로 삼고 고대의 많은 작품들을 서로 빌려보거나 감상하며 서로 작품에 제발을 남기고 바꾸어 소장하기도 하면서 교유하였다. 이로써 명대 말기 지역적으로 가장 광범위한 컬렉터 그룹을 형성하고 명대 말기 강남 지역의 화파 형성에도 일정부분 영향을 미쳤을 것이다.

특히 구영은 초기에 남송대 원체(院體) 화풍을 배웠지만 이후 문인화 풍격을 결합하였다. 이러한 변화는 당시 그가 교류한 서화가뿐 아니라 항원변 등과 같은 컬렉터들과도 연관이 있다. 이들이 소장한 작품은 구영에게 학습 재료가 되어 평생 수많은 고대 작품을 임모(臨摹)하였는데 문징명과 합작한 〈모이공린연사도(摹李公麟蓮社圖)〉를 비롯해 〈임송인화책(臨宋人畵冊)〉, 〈임이당산수권(臨李唐山水卷)〉 등 당·송·원대 여러 대가들의 작품을 들 수 있다. 그가 이렇게 작품 임

---

322) 李日華, 『味水軒日記』卷2, "同周本音, 許廣文, 高元雅, 萬薔吾, 沈尊生, 陸孝廉集項孟璜齋頭, 出觀顔魯公《深慰帖》, 楊凝式《神仙起居法》, 褚摹《蘭亭》, 唐鉤《萬歲通天帖》, 高閑《草書千文》, 皆余平日再三經目者." 李日華, 屠友祥 校注, 『味水軒日記』, 上海遠東出版社, 1996, p.139.

323) 李日華, 『味水軒日記』卷7, "偶過項孟璜, 値其裝潢卷軸, 得觀梁令瓚《五星二十八宿神形圖》. 陳喜《雪竹鵪鶉》. 李營丘《松泉游旅》. 米南宮《錢塘春眺》." 李日華, 屠友祥 校注, 『味水軒日記』, 上海遠東出版社, 1996, p.501.

324) 李日華, 『味水軒日記』卷5, "(萬曆 41年 7月)十九日, 項孟璜乞詩畵, 壽其嶽陸澹園水部, 余爲寫松泉芝壑圖." 李日華, 屠友祥 校注, 『味水軒日記』, 上海遠東出版社, 1996, p.330.

그림44. 명(明), 구영(仇英), 〈도촌
초당도(桃村草堂圖)〉, 비단에 채색,
150×53㎝, 베이징 고궁박물원

모를 많이 할 수 있었던 것은 길게는 10년씩 항원변의 집에 머무르며 그의 집에 소장된 고대의 작품을 감상하였던 것과 밀접하다.

구영은 항원변을 위해 가정 25년 (1546)에 송대 화가 왕서(王瑞)의 〈효경도(孝經圖)〉를 임모한 작품 〈효경도〉와 〈임소조고종중흥서응도(臨蕭照高宗中興瑞應圖)〉를 제작하였으며 〈도촌초당도(桃村草堂圖)〉는 항원변의 형인 항원기(項元淇)를 위해 제작한 것이다.[325] 〈도촌초당도〉는 구영의 청록산수를 대표하는 작품으로 그는 그림에서 자신이 '소악선생(少嶽先生)' 즉, 항원기를 위해 제작한 작품임을 밝히고 있다. 또한 구영에게 고대의 작품을 임모해 줄 것을 부탁하였는데 송대 조백숙(趙伯驌)의 〈도원도(桃源圖)〉를 진품처럼 모사해주고 50냥을 받았다[326]고 기록하고 있다.

이외에도 항원변의 요구에 부응하기 위해 구영이 그린 작품에는 가정(嘉靖) 26년(1547)의 〈수선납매도(水仙臘梅圖)〉와 타이베이 국립고궁박물원에 소장되어 있는 〈임송원육경책(臨宋元六景冊)〉과 〈송계횡적도(松溪橫笛圖)〉,

325) 呂友者,「探究仇英的繪畫風格及特點」『東方收藏』(4), 2011, pp.67-68.

326) 張丑,『淸河書畵舫』,"趙伯驌桃源圖……此圖舊藏宜興吳氏, 嘗請仇實父摹之, 與眞無異, 其家酬以五十金." 盧輔聖 主編,『中國書畵全書』(第四冊), 上海書畵出版社, 1992, p.263.

그림45. 명(明), 구영(仇英), 〈적벽도(赤壁圖)〉, 종이에 채색, 23.5×129㎝

〈초음결하도(蕉蔭結夏圖)〉, 〈동음청화도(桐蔭淸話圖)〉 등이 있다.[327]

한편 구영은 당시 강남 지역의 여러 문인사대부들과의 교류를 통해 시문 방면의 부족함을 보충할 수 있었다. 예를 들어, 구영의 〈적벽부(赤壁賦)〉는 송대 소식의 '후적벽부(後赤壁賦)'의 시의에서 나온 것이다. 이외에도 현재까지 볼 수 있는 구영의 〈적벽도〉는 두 점이 더 있다. 구영(仇英)의 〈적벽도(赤壁圖)〉 한 점은 현재 상하이박물관(上海博物館)에 소장되어 있고, 다른 한 점은 2007년 11월 6일, 중국쟈더(中國嘉德) 가을 경매에서 7,952만 위안(한화 약 96억 6,600만원)에 낙찰되었다.

구영의 〈자허상림도〉, 〈검각도(劍閣圖)〉의 소재도 역시 한시와 산문 등 시사가부(詩詞歌賦)에서 취한 것으로 이는 분명 장기간 보고 들은 고대의 서화 작품으로 문화적 수양을 쌓은 것에서 나온 것이라 할 수 있다.[328] 즉, 많은 문인들이 존경한 송대 소식의 '적벽부'는 그가 황주(黃州) 부근의 적벽(赤壁)을 유람하며 지은 글로 후대의 많은 서화가들은 이를 주제로 작품을 남겼다. '자허상림(子盧上林)'은 한대에 문인 창작의 주요 방식이었던 부(賦) 중 서한(西漢) 시기 사냥과 수렵을 주제로 한 대표 작품인 「자허부(子盧賦)」와 「상림부(上林賦)」는 한대의 강하고 부귀함을 높이 기린 작품이다.

송·원대 이후 문인사대부들이 시서화의 결합을 중시하며 그들의 학문적 소양과 인품 및 품격을 드러낼 수 있는 문인화가 흥성하였다. 명대 중기 이후에는 문인화가뿐 아니라 직업화가들도 이를 따르며 문인화가의 직업화 현상과 직업화가의 문인화 경향을 더욱 가속화시켰다. 이러한 변화는 당시 강남 지역의 경제적 성장과 아울러 서화 컬렉션 문화가 활발해지면서 서화에 대한 수요자 계층의 확대와 문인화가 과거 문인들의 여기(餘技)와 유희(遊戲)를 위한 활동에서 벗어난 것과 관련이 있다.

---

327) 單國强, 『明代繪畫史』, 人民美術出版社, 2001, p.97참조.

328) 林水, 「仇英 : 寄居收藏之家的傳奇」『東方藝術』(1), 2008, pp.154-155.

4. 맺음말

16-17세기 명대 말기 강남 지역을 중심으로 서로 다른 지역의 컬렉터들이 서화 컬렉션이라는 공통된 연결고리를 가지고 밀집하였다. 명대 저장의 유명한 컬렉터 항원변을 비롯한 그 자손들은 대대로 서화 작품을 컬렉션한 것으로 유명하였는데 휘저우(徽州)의 첨경봉과 상하이(上海)의 동기창 등은 자싱(嘉興)으로 항원변을 방문해 그의 소장품을 감상하였고 항원변은 각 지역의 여러 문인들과 교류하였다.

명대 말기 서화가들은 컬렉터에 의해서 이름을 알렸고 컬렉터는 강남 지역의 지리적 특성으로 편리하게 뛰어난 서화 작품을 찾을 수 있었다. 다시 말해, 서화 컬렉션은 개인적으로 즐기고 감상하는 취미에서 출발하였지만 어떤 이들에게는 순수한 감상을 넘어 재화의 가치를 가진 활동이 되었으며, 명대 말기 강남 지역의 경제 성장과 함께 서화의 상품화와 대중화로 이어졌다.

또한 서화 매매를 통한 서화 컬렉션의 확대는 과거의 작품을 직접 감상하고 전통을 배울 수 있다는 것에서 작품 창작을 위한 중요한 수단이 되었다. 따라서 명말 서화 매매가 활발해지고 서화 감상과 컬렉션에 대한 욕구가 확대됨에 따라 당시 서화가들에게 다양한 작품을 제작할 수 있는 기회와 동기를 제공하였다. 특히 구영은 항원변의 집에서 기거하며 고대 작품을 감상하였고 그 외 주육관(周六觀), 진관(陳官) 등 당대 유명한 컬렉터들과 교류하며 문인적 취향을 갖추었다. 즉, 고대 사람들의 필묵에 대한 연구는 시대를 초월하여 작품을 감상하고 컬렉션하는 것을 통해서 이루어질 수 있었다.

이러한 컬렉션 활동은 지역적으로 서화가들의 예술적 성과를 높이고 문화 예술에 대한 사람들의 의식 수준도 향상시켰다. 다시 말해, 서화 컬렉션은 역대의 서화 작품과 문헌에 대한 비교·연구·분석 및 진위 판단을 진행할 수 있고 과거의 작품을 직접 감상하고 전통을 배울 수 있다는 것에서 작품 창작을 위한 중요한 수단이 된다.

따라서 항원변이 살았던 시대 서화 컬렉션의 활성화와 감상 계층의 확대는 단순한 사회적 현상을 넘어 실천으로 연결될 수 있는 문화적 현상이라는 점에서 중요한 역사적, 학술적 가치를 지닌다. 더 나아가 서화의 공급자는 수요자가 되고 수요자는 공급자의 역할을 하기도 하면서 서화 수집열과 서화 유통을 더욱 촉진하였고 감상자이자 애호가로 서화가들에게 실제 작품을 제공하며 문화 후원의 역할을 담당하였다는 것에서 의미가 있다.

Ⅶ. 19세기 중반 이후 상하이(上海)
　　미술 시장과 미술사

1. 머리말

상하이(上海)는 19세기 중반 이후 중국 근대 미술 시장의 형성과 미술품 컬렉션의 중심지가 되었는데 이는 청나라 말기 민국 초기의 특수한 사회, 경제적, 문화적 배경에 의해 형성되었다. 아편전쟁(阿片戰爭, 1840-1842) 이후 중국은 광저우(廣州), 상하이, 샤먼(廈門) 등을 포함한 5개 통상 항구를 개항하였다. 특히 상하이는 이들 중 가장 먼저 해외에 개방하였고 20세기 초반까지 대량의 외국 자본과 서양 문명이 상하이의 외국인 거주지인 조계지(租界地)로 유입되었다. 1850년대 이미 금융 중심지이자 중국 대외 무역 도시로 성장한 상하이는 당시 청나라 정부의 법령과는 무관하게 모든 영역의 산업에서 독립된 지역으로 빠르게 근대화되었다.

또한 청나라가 아편전쟁에 패한 후 만주족이 세운 청나라를 타도하고 한족을 부흥시키는 새 왕조를 건설할 목적으로 일어난 농민운동인 태평천국운동(太平天國運動, 1851-1864)의 혼란함을 피해 전국에서 대량의 이민들은 외국인이 자유롭게 거주하며 치외법권(治外法權)을 누릴 수 있는 상하이로 이동하였다. 이들 중에는 일반 백성들 외에 수저우와 항저우의 부유한 상인과 지주, 관원들이 포함되었는데 대부분 19세기까지 중국 경제의 기반이 되었던 강남 지역을 중심으로 돈을 모은 이들로 많은 자금을 상하이로 가지고 들어와 중국 경제를 움직이는 주도적인 역할을 하였으며 이로써 상하이는 청나라 말기 새로운 상업 도시가 되었다.

이러한 경제적 성장과 지속적인 자본 유입은 상하이 지역의 소비문화에도 변화를 가져왔고 문화에 대한 관심은 신흥 시민계층을 중심으로 새로운 문화 소비 계층을 형성하였다. 특히 아편전쟁 이후 청나라 황실의 예술 후원이 약화되면서 이 자리를 새롭게 채우고 미술 문화에 대한 상인 계층의 후원이 중요한 역할을 담당하게 되었다. 이들의 다양한 취미와 강한 소비 능력은 각지에서 서화가들을 모이게 하였고 상하이를 중심으로 한 미술 시장의 확대를 이끌었다.

그 결과 상하이를 중심으로 '해상화파(海上畵派)'가 형성되었는데 이는 청나라 중기 이후 양저우 지역을 중심으로 형성된 '양주화파(揚州畵派)'를 계승하는 것으로 상하이는 근대 이후 양저우 지역을 뛰어넘는 문화 예술의 중심지로 발전하였으며 중국 근대 회화사상 하나의 시작점이자 중요한 전환점이 되었다. 본문에서는 19세기 중반 이후 상하이의 정치, 사회적 변화와 경제적 성장 배경을 통해 상하이의 미술 시장과 문화적 후원에 대해 살펴보고 20세기 이후 중국의 미술 시장 형성과 전개에 미친 영향을 가늠해보고자 한다.

2. 상하이의 미술 시장 형성 배경

1) 서양 자본의 유입과 지역 밀집 현상

1840년 아편전쟁 이후 상하이는 정식으로 서구 열강에 항구를 개항하면서 서양 자본이 대량으로 유입되었고 상업의 발전과 소비욕구가 넘치는 경제적 변화를 맞이하게 되었다. 19세기 중반 이후부터 상하이에는 점차 근대적 상공업 시스템이 정착하게 되었으며 중국에서 2천여 년 동안 이어진 농업을 중심으로 한 경제구조 해체와 상업을 억압하는 사상이 점차 사라지기 시작하였고 이로써 사람들은 근대적 의식을 형성하게 되었다.

이러한 변화의 배경에는 상하이라는 유리한 지리적 조건 외에 1842년 아편전쟁의 결과로 체결한 영국과의 난징조약(南京條約) 이후 설치된 상하이의 외국인 거주지역인 조계(租界)의 형성 및 1851년부터 1864년까지 10년 넘게 이어진 태평천국운동을 중요한 요인으로 들 수 있다.

당시 청나라를 타도하고 사회 악습 폐지와 남녀평등, 토지 균등 분배 등을 주장한 최대 농민운동인 태평천국운동은 대중의 지지를 받았고 이를 피해 상하이 조계로 이동한 중국인은 1862년 약 150만 명으로 증가하였다. 1869년 상하이 조계의 시스템은 점차 체계적인 형태를 갖추었고 이곳은 해외에 있는 지방자치정부에 상당하며 치외법권을 유지하였다.

1911년 신해혁명(辛亥革命) 이후 청나라가 무너지고 중화민국(中華民國)이 성립되었지만 조계는 이전과 같이 서양 각국의 공사관이 관할하고 민국 정부의 관할을 받지는 않았다. 따라서 민국정부와 합작을 원하지 않는 청나라의 관료 사대부들에게 조계는 가장 안전한 지역이었다. 당시 중국의 조계는 23개가 존재하였고 조계지의 유민들은 상하이(上海), 톈진(天津), 칭다오(靑島)에 가장 집중되어 있었다.[329]

이로써 상하이는 대외 무역 중심지와 상업, 금융 중심지인 동시에 전국 인구 최대의 도시가 되었다. 또한 상하이는 제국주의 열강의 침략과 서양 문명의 충돌로 형성된 근대화 대도시로 서양의 과학 기술 설비, 즉 철도, 운송, 비행기, 전화, 인쇄, 신문, 사진 등이 차례로 유입되었으며 서양 상인이 설립한 은행과 회사로 도시화 현상이 가속화되었다.[330]

특히 19세기 중반 이후 중국 전역에서 상하이로 이동한 부유한 지주와 상인들로 인해 대량의 자금을 예금할 수 있는 전장(錢莊), 즉 개인이 운영하던 금융기관과 은행이 점차 증가하게 되었다. 이 기회를 놓치지 않고 서양에서 들어온 은행이나 지점의 설립이 확대되었는데 이는 당시 상하이의 상업적 번성과 이후의 경제 발전에 깊은 영향을 미쳤다. 도시 경제의 발전은 상업 자본가들의 민간 후원을 위한 기초를 제공하였다.[331]

---

329) 王票,「空間的想像和經驗-民初上海租界中的遜淸遺民」『杭州師範學院學報』(1), 2006, p.33.

330) 單國强,「試析"海派"含義」『故宮博物院院刊』(2), 1998, pp.45-46.

331) 石莉,「淸末民初上海商人階層的藝術贊助」『美術』(3), 2007, p.121.

1937년 중일전쟁 이전 금융업 투자의 79.2%와 공업 투자의 67.1%, 부동산 투자의 76.8%가 대부분 상하이에 집중되어 있어 근대 중국의 경제 중심지이자 대외무역 중심지가 되었다. 1945년 직전까지 상하이는 이미 전 세계 거의 100여개 국가와 지역, 300여개 항구와 경제 교류와 왕래가 있었다. 1894년과 1933년, 1936년에 상하이는 각각 전국 대외 무역의 절반 이상인 53.44%, 53.37%, 55.56%를 차지하였다. 또한 상하이는 해외에서 투자한 은행 외에 해외 화교가 투자한 은행도 높은 비중을 차지하였다. 1936년 해외 화교가 투자한 은행은 58곳이었는데 이는 전국 총수의 35%를 차지하는 것으로 전국 공업 중심지였다.[332]

　　상하이의 경제가 발전함에 따라 더욱 더 많은 서화가들이 상하이로 몰려들었는데 양일(楊逸)의 『해상묵림(海上墨林)』에 따르면, 청나라 말기 전후하여 상하이에 모인 서화가들은 671명에 이르렀다.[333] 실제로 근대 중국의 많은 서화가들은 과거 산속에서 조용히 숨어 살며 작품을 제작하는 방식에서 벗어나 베이징(北京), 상하이, 항저우(杭州), 수저우(蘇州) 등지의 시장이 번성한 대도시로 이동하였다. 이러한 변화의 주요 목적은 다양한 고객을 확보하기 위함이었고 서화 판매점과의 소통 및 교통이 편리하였기 때문이었다. 사실 유명한 서화가들 역시 서화점이나 중개인을 통해 작품을 선전하는 것은 자신을 알릴 수 있는 길이 되었으며 예술가로서 경제적, 사회적 가치를 실현할 수 있었다.[334]

　　명대와 청대 때 왕이나 관료에 의존하는 봉건적 의식에서 벗어났으며 20세기 이후 전통적인 과거제는 폐지되었고 문인사대부들은 과거를 통해 벼슬에 오르고 이름을 알려 권력과 부를 얻을 수 있는 길을

---

332) 熊月之,「論上海租界的雙重影響」『史林』(3), 1987, pp.105-106.

333) 呂友者,「探究民國時期書畵家的潤例」『收藏投資導刊』, 2013.6.17. http://collection. sina.com.cn/zgsh/20130617/1026116962.shtml

334) 王徵,「近代中國書畵市場上的書畵莊與書畵家-從藝術經濟學視野的考察」『西南民族大學學報』(7), 2010, p.169.

상실하게 되었다. 따라서 19세기 이후 상업에 종사하며 부를 추구한 상인과 신흥 시민계급이 성장하면서 사회 구조가 변화하였다. 사회 구조의 변화는 지역 문화 예술에도 영향을 미쳤으며 시민 문화의 흥성을 이끌면서 자신들의 일상이나 정서에 부합하는 문화를 발전시켰다. 이러한 관념은 서화가들이 시장으로 들어와 부를 쫓게 하였다.

특히 상하이의 미술 시장은 강남의 다른 지역과 비교해 더욱 빠르게 발전하였고 작품 거래도 활발하였으며 이때 상하이는 화가들에게 사람이 넘치고 다양한 경향의 예술이 소비될 수 있는 거대한 문화 예술시장으로 자리잡았다. 상하이는 경제적 발전 이후 각지의 화가와 컬렉터들이 모였으며 중국의 새로운 문화 중심지가 되었다. 이러한 새로운 생존 환경에서 만들어진 취업의 기회와 안정적 생활은 화가들을 흡수하였다. 전통적 가치관이 붕괴되는 새로운 시대에 화가는 자신의 의지와 달리 점차 시장으로 유입되는 시대적 흐름을 거부할 수 없었다.

2) 신흥 시민계급의 성장

고대 중국에서 서화에 대한 향유와 관심은 일반적으로 무이사대부를 중심으로 한 특권 계층이 주를 이루었다. 그러나 청대 이후 상인들의 사회적 지위가 점차 상승하였고 일부 문인사대부들 외에 미술 시장에서 중요한 소비계층으로 성장하였다. 상인들을 중심으로 한 이들 신흥 시민계급은 사회의 새로운 부유층으로 미술품 컬렉터와 구매자가 되었다. 특히 상하이는 경제 발전과 자본주의 문화 형태 속에서 근대적 상인과 해외의 미술품 구매자들이 빠르게 증가하면서 거대 미술 시장을 형성하였고 미술품 구매 열풍을 이끌었다.

청나라 말기 사회구조의 변화와 도시 발전으로 인해 새롭게 시민 계층이 성장하였고 이들의 개방적 사고와 풍부한 경제력은 근대 상하이 미술 시장 중 강력한 소비계층으로서의 힘을 발휘하였다. 우선 부유한 상인과 관리들은 예술을 위해 고가의 미술품을 소비하는 가장 주요 그룹이 되었다. 명대 이후부터 장수(江蘇)와 저장(浙江) 지역에서 부를 형성한 상인들은 미술품을 소장하였을 뿐 아니라 예술과 상업을 겸하며 직접 작품 창작에도 참여하였고 근대 상하이의 미술 후원에 있어서도 중요한 역할을 남낭하였다. 새로운 화파를 개척하거나 미술계를 이끄는 리더가 되기도 하였다.[335]

그림46. 20세기 초 상하이의 상업거리 풍경 ⓒ Twgreatdaily.com

이러한 강남 지역의 상인들 외에 근대 공업의 출현과 함께 나타난 노동자나 지방의 재산가, 기업가, 은행가, 기자, 매판(買辦), 즉 중국에 상주하는 외국 상인이 처음 중국 상인과의 거래와 중개를 위해 고용한 중국인 등은 모두 도시 발전에 따라 등장한 신흥계층이었다. 따라서 당시 미술 시장의 영향력은 더욱더 확장되었다. 미술문화를 후원하는 이들의 숫자와 구성은 과거와 비교하여 큰 변화가 있었는데 이 역시 생계를 도모하기 위해 상하이로 모인 다양한 화가들을 끌어들일 수 있는 중요한 요인 중 하나가 되었다.[336] 상하이의 경제 발전과 번성은 사

---

335) 付滌非,「論淸末民初上海藝術市場的形成與海派繪畵的"世俗性"」『美與時代(下)』(5), 2016, pp.50-51.

336) 付滌非,「論淸末民初上海藝術市場的形成與海派繪畵的"世俗性"」『美與時代(下)』(5),

람들에게 더 많은 가능성과 기회를 제공하였고 서화가들의 지위와 사회적 명성을 높였고 이에 따라 작품 가격도 상승하였다.

시민계급이 미술품 구매의 중요한 역량이 됨에 따라 미술계에서도 변화가 일어났는데 그중 가장 분명한 것은 산수화의 몰락과 화조화의 흥성이었다. 고대 이후 산수화는 문인사대부의 고상한 정서를 드러내는데 중요한 창작 소재로 문인화를 대표하는 것이었고 화조화는 종종 장인들이 제작하는 화목으로 여겨졌다. 그러나 20세기 초에 이르러 이러한 인식은 바뀌게 되었다.[337]

다시 말해, 상하이 지역의 사회 환경적 요소와 일반 대중의 심미 취향은 예술 문화 발전에 있어서 중요한 영향을 일으켰는데 특히 상하이를 대표하는 '해상화파' 화가들의 작품에 나타난 대중성과 세속성은 상하이의 다원적 문화 성질과 밀접한 관련이 있다. 19세기 중엽 개항 이후 상하이에는 대량의 외국인이 이주하였고 이때 유입된 서양 문화에 영향을 받은 것이다. '해상화파' 화가들은 시민계층의 심미 취향과 감상에 부합하기 위해 그 소재에 있어 문인들이 자주 그리던 매난국죽 등 사군자에 국한되지 않고 민간에서 좋아하고 즐기는 길상과 관련한 주제나 소설 속 고사 등을 대상으로 삼았다.[338]

상하이에는 지속적으로 전국에서 관료, 지주, 문인, 상인 등 각 계층의 컬렉터들이 유입되어 미술 작품을 소비하였다. 작품에 대한 시민계급의 안목이나 이해는 과거의 문인사대부를 따르지는 못했지만 풍부한 자금을 바탕으로 다양한 작품을 거래할 수 있었다. 이는 단순히 작품을 구매하는 것이 아니라 문화를 소비하고 그 가치를 따르는 활동이 되었다. 작품을 제작하며 구매자를 찾는 작가들에게 시민계급의 성장은 생계를 유지할 수 있는 유리한 조건이자 기회가 되었고 이들도 과거와 달리 적극적으로 작품 판매하고 대중들에게 자신을 선전하였다.

2016, p.50.

337) 陶小軍, 謝建明,「民國前期書畫市場與社會變遷」『文藝研究』(8), 2014, p.144.

338) 岳金鳳,「簡析淸末海派繪畵的世俗性特徵」『美與時代(中)』(10), 2015, p.51.

3. 상하이 미술 시장과 컬렉션 양상

1) 서화가의 인식 변화와 서화단체 결성

근대 이후 중국에서 상하이를 중심으로 형성된 미술 시장에서는 서화가 스스로가 미술 시장을 인식하며 적극적으로 작품을 판매하기 시작하였다. 19세기 중반 이후 상하이는 상품 경제의 발전에 따라 미술 시장이 점차 형태를 갖추기 시작하였고 미술품 거래 역시 점점 더 보편화되었다.

이러한 변화는 명대 이후 강남 지역을 중심으로 한 상업의 발달과 함께 시작되었고 이를 통해 청대 중기에 이르러 서화가들의 상업적 태도는 과거 전통적 중국 사회에서 문인서화가들이 중시하였던 정신적 가치 추구에 비해 더욱 대담해졌다.[339] 이는 19세기 중반 이후 상하이로 이주한 대부분의 화가들에 이르러 더욱 두드러지게 되었다. 상하이라는 상업 도시에 적응하며 자신의 작품을 적극적으로 판매하기 시작하였고 판매를 위한 표준화된 작품 거래 가격도 정해졌다.

당시 작품 가격은 서화가 스스로 정하거나 다른 사람이 대신 정하기도 하였는데 이러한 명확한 가격 표기와 공개 판매의 방식은 거래의 투명성을 보장하는 것이었다. 이로써 미술품 소비에 대한 상하이의 강력한 구매력을 짐작할 수 있었고 또한 작품의 가격차는 시장에서 작가의 인지도를 반영한 것이었다. 미술 시장의 번영에 따라 19세기 말에서 20세기 초 상하이에는 새로운 형태의 화회(畫會)나 서화단체가 출

---

339) '양주화파(揚州畫派)' 중 한 명인 정섭(鄭燮, 1693-1765)과 같이 청대 중기 양주(揚州)에서 활동한 문인서화가들 중에는 대외적으로 자신의 작품 가격을 언급하였다. 1759년 정섭은 자신의 서화 작품가격 표준을 '대폭은 6냥, 중폭은 4냥, 소폭은 2냥이고 문이나 기둥 양쪽에 붙이는 대련(對聯)은 1냥이며 부채와 두방(斗方), 즉 가로와 세로가 25-30㎝의 네모난 서화 작품은 5전(錢)'이라고 밝히며 예물이나 음식을 보내는 것은 모두 돈으로 주는 것만 못하다고 밝히고 있다. https://kknews.cc/culture/26ma8er.html

현하였는데 이는 중국 근대미술사에서 하나의 독특한 특징이 되었다. 한편 상하이의 개방적 정치 환경과 경제 조건 역시 이러한 새로운 단체의 등장에 영향을 미쳤으며, 이들 단체는 미술문화 연구와 보존을 목적으로 하였지만 작품 거래를 위한 경제적 목적도 포함하였다.

즉, 서화단체의 출현은 서화가와 미술 시장 사이의 연결고리를 형성하였고 서화단체 가입과 회원들 간의 상호 교류를 통해 그들의 예술 수준을 상승시키는데 도움을 주었을 뿐 아니라 지명도를 높이고 사회적 영향력을 확대하였다. 또한 외부의 다양한 정보를 얻을 수 있었고 서화가들은 서화단체를 통해 작품을 판매하였으며 이러한 의미에서 근대의 많은 서화단체는 일정한 상업적 성격을 가지며 서화가들 공동의 이익을 보호하였다.[340]

근대 중국의 서화단체는 비교적 경제가 발전한 강남 지역에 집중되어 있었고 특히 상하이의 서화단체는 전국의 절반에 가까운 수를 차지하였다. 이는 지리적 위치와 근대 이후 경제 발전과 문화 중심지라는 조건에 영향을 받은 결과였다.[341] 근대적 의미에서 서화단체는 일정부분 공통의 목적과 관계, 지위를 가진 인물들이 조직한 단체로 내부 구성원이 정한 회칙과 조직 체계 등을 조건으로 사무기구를 함께 설치하였다. 청대 상하이에서 비교적 이른 시기의 서화단체인 '평원산방서화집회(平遠山房書畵集會)', '오원서화집회(吾園書畵集會)', '소봉래서화집(小蓬萊書畵集)' 등은 전통적인 서화가 모임이었다.[342]

---

340) 喬志强,「近代書畵社團的地域分布和主要活動」『華夏文化』(1), 2004, p.50.

341) 허지호(許志浩)의 『중국미술사단만록(中國美術社團漫錄)』에 수록된 청대 초기부터 1949년 신중국 설립 이전의 중국 서화, 목각, 만화, 조소 및 종합적 성격의 각종 미술 단체는 모두 341개였다. 이 통계는 실제 수차와 차이가 있으며 빠르게 흩어지기도 하였다. 어떤 단체는 규모가 크지 않고 상세한 문헌 기록을 남기지 않고 사라지기도 하였다. 이중에서 중국 서화와 종합적 성격의 미술 단체는 모두 268개였다. 구체적 지역 분포를 보면 상하이(上海)가 93개, 장수(江蘇) 32개, 베이징(北京) 26개, 저장(浙江) 20개, 광둥(廣東) 21개, 쓰촨(四川) 13개, 홍콩과 타이완이 각 9개, 산시(陝西) 6개, 푸젠(福建) 5개, 안후이(安徽)와 산둥(山東)이 각 4개였다. 이는 당시 중국내 서화 단체가 흥성한 상황에 대한 근거를 제공하고 있다. 喬志强,「近代書畵社團的地域分布和主要活動」『華夏文化』(1), 2004, p.50.

342) 陳永怡,「近代書畵社團的經濟性質與功能」『新美術』(3), 2005, p.36.

20세기 초까지 상하이에는 적어도 11개 정식 미술단체가 설립되었다. 1874년 창립한 '비단각서화회(飛丹閣書畵會)'와 각각 1909년과 1910년에 설립한 '예원서화선회(豫園書畵善會)'와 '해상제금관금석서화회(海上題襟館金石書畵會)' 등을 예로 들 수 있다. 이러한 단체는 그 활동이나 내용상에서 단순하게 예술에 대해 토론하고 연구하는 것만이 아니라 협력을 강조하였으며 미술 시장을 개척하고자하였다. 이들은 정도의 차이는 있었지만 작품 중개와 함께 작가의 시장 진입을 위한 교량 역할을 하였다. 또한 작품 제작과 교류 등 각종 활동을 통해 이익을 챙기는 한편 독립된 집단으로 성장하였다.[343]

1911년부터 1926년 사이 활동한 '해상제금관금석서화회(海上題襟館金石書畵會)'는 광범위하게 직업화가와 서예가, 전각가를 포함하였고 작품 교류와 감상 외에 작품의 상업적 거래와 대리 예약, 주문, 작품 가격 표준화 및 선전 등에 치중하였다. 골동상인들은 자주 이곳에 들러 작품을 거래하였고 외지에서 처음 온 서화가들도 이곳에서 서화가들과 교류하며 작품을 판매하고자 하였다. 회장인 왕쉰(汪詢, ?-1915)은 오늘날 장수(江蘇) 창저우(常州) 사람으로 서예와 전각에 뛰어났으며 화훼를 잘 그렸다. 부회장 우창쉬(吳昌碩, 1854 - 1927)는 서화와 전각으로 유명하였고 왕쉰이 1915년 세상을 떠난 후 회장이 되었다.[344]

'해상제금관금석서화회'는 상하이에서 서화가이자 사업가로 활동한 왕이팅(王一亭, 1867-1938)이 설립한 것으로 그는 '해상화파'를 대표하는 우창쉬와 함께 상하이 미술계를 이끄는 핵심 인물이었다. 청나라 말기 상하이에 있던 외국 상품을 취급하는 외국상사를 운영하면서 상업과 예술에서 모두 성공을 거두었고 우창쉬의 해외 시장 개척과 작품 판매를 도왔다.

왕이팅은 '해상제금관금석서화회' 외에 20세기 초반까지 여러

---

343) 付滌非, 「論淸末民初上海藝術市場的形成與海派繪畵的"世俗性"」『美與時代(下)』(5), 2016, p.51.

344) 單國强, 「試析"海派"含義」『故宮博物院院刊』(2), 1998, p.47.

그림47. 우창숴(吳昌碩), 〈송매도(松梅圖)〉, 1915, 종이에 수묵채색,
135.6×67.8㎝, 텐진예술박물관(天津藝術博物館)

서화 단체를 설립하였는데 1910년 '상하이서화연구회(上海書畵硏究會)', 1922년 '상하이중국서화보존회(上海中國書畵保存會)', 1929년 '청원예사(淸遠藝社)', 1930년 '관해담예사(觀海談藝社)', 1936년 '역사(力社)' 등을 예로 들 수 있다. '해상제금관금석서화회'와 함께 그가 설립한 비교적 초기 단체로 '예원서화선회(豫園書畵善會)'는 사회자선 활동을 중시하였고 동시에 생활이 어려운 화가들을 개인적으로 지원하였다. 이들 화회의 설립 초기 회원은 약 100여 명이었다.[345] 이곳의 회원들은 정기적인 모임을 가졌고 작품 감상과 교류, 전시를 진행하였으며 회비를 걷고 작품 가격을 만들어 정하고 작품 예약을 받는 등 서화가들의 작품 창작과 상업적 이익에 모두 관여하였다.

'예원서화선회'의 회원들 중 특히 우창숴의 작품은 컬렉터들의 주목을 받았다. '해상화파' 화가였던 왕거이(王個簃, 1897-1988)는 다음과 같이 말했다.

> 나는 1933년 전후 행복방(幸福坊)으로 이사하였는데 찾아오는 사람들 중에는 중개상들이 많았다. 그들은 우창숴(吳昌碩)의 그림을 가져와 감정을 해달라고 하였고 어떤 이들은 내가 우창숴의 그림을 수집하는 것을 알고 그의 작품을 가져오기도 하였다. 하루에도 몇 번씩 찾아왔는데 내가 소장한 우창숴의 몇몇 작품은 거의 대부분 이들 중개인의 손에서 구입한 것이다.[346]

우창숴의 작품은 중국뿐 아니라 해외에서도 인기가 좋아 일반적인 표준 가격보다 더 좋은 가격에 작품을 판매하기도 하였다. 특히 일본 서화 컬렉터들은 비슷한 심미 취향을 가지고 중국 서화에 주목하였는데 우창숴의 작품이 일본에서 유행할 수 있었던 것은 특히 1913년

---

345) 설립 초기의 회원으로 전길생(錢吉生), 고옹지(高邕之), 우창숴(吳昌碩), 양패부(楊佩父), 포작영(蒲作英), 양동산(楊東山), 요백홍(姚伯鴻), 풍몽화(馮夢華), 반숙화(潘叔和), 김공백(金鞏伯), 양요공(楊了公), 주영상(朱榮翔), 정요생(程瑤笙), 장선자(張善子), 서납보(徐鈉甫) 등 당시 상하이에 거주하는 대부분의 서화가들이 포함되었다. 石莉, 「淸末民初上海商人階層的藝術贊助」『美術』(3), 2007, pp.121-122.

346) 林歷, 「近代書畵市場中的仲介機構」『藝苑』(3), 2013, pp.41-42.

이후 왕이팅(王一亭)과의 교류와 관련이 있다. 왕이팅은 상하이에 일본인이 오픈한 일식당에서 일본 정계와 문화계 주요 인사들에게 우창쉬를 소개하였다. 이후 우창쉬는 1920년대 4차례 일본 나가사키와 오사카에서 전시를 가졌고 일본에서 화첩을 출간하였다.[347)

왕이팅은 초기에 임백년(任伯年, 1840-1896)의 화풍에 깊은 영향을 받았다. 왕이팅은 34세에 일본 오사카상선(大阪商船)의 매판(買辦)으로 중국과 일본의 교류에 있어 중요한 역할을 담당하게 되었다. 왕이팅은 우창쉬와의 교류 이후 그의 화풍에 영향을 받았는데 우창쉬는 꽃과 나무를 잘 그렸고 왕이팅은 인물화와 불상에 뛰어났다. 그는 일찍이 '일청기정회사(日淸汽艇會社)', '일본대판우선주식회사(日本大阪郵船株式會社)'의 매판, 일본이 설립한 '상하이제조견사사(上海制造絹絲社)'의 사장 등을 맡았으며 '상하이총상회(上海總商會)'의 위원장에 두 차례 추천되었다. 이외에도 그는 미술학교와 서화 단체, 전시, 출판 등에서 참여하였다.[348)

19세기 말부터 20세기 초까지 상하이를 중심으로 설립된 각종 서화 조직에는 상하이에서 활동한 대다수의 서화가들이 참여하였고 서화가들의 생존을 위한 상업 활동공간을 제공하였다. 이러한 단체의 설립은 자본주의 상업경제의 발전에 따라 서화 작품이 가지는 상품으로서의 가치와 유통을 반영하였다. 이로써 화가와 사회의 관계를 더욱 강화하였으며 서화회나 단체를 통해 공통된 풍격을 형성하는 것과 동시에 풍부한 도시 문화와 세속적이면서 개성적 경향을 포함하게 되었다.

2) 작품 거래 방식의 변화와 가격 형성

19세기 중반 이후 상하이의 도시 경제 발전과 소비계층의 확대는

---

347) 陶小軍, 「近代日本對中國書畫市場的影響-以吳昌碩、濟白石爲例」『藝術百家』(6), 2015, pp.254-255.

348) 萬靑力, 「中國商人中有影響的藝術家:1700-1948」『美術觀察』(10), 2002, p.51.

미술품 수요와 거래의 증가로 연결되었다. 미술 시장의 확대와 작품 거래는 서화가들을 중심으로 구성된 각종 서화 단체 외에 오늘날 화랑과 같은 역할과 경영 방식을 하였던 서화점(書畵店), 그림을 그리거나 편지를 쓸 수 있는 좁은 편지지와 부채를 판매하기 위한 장소인 전선장(牋扇莊), 그리고 표구사나 중개인 혹은 화가에게 직접 구매하는 방식으로 작품을 거래하였다.

그림48. 민국(民國)시기 상하이의 전선장(牋扇莊) ⓒ 書法藝術網

서화점은 일종의 오래된 예술 경영기구이지만 근대의 미술 시장에서도 여전히 효과적인 중개 방식이었고 오늘날 화랑과 유사하였다. 근대의 상하이는 서화와 골동, 공예 등의 점포가 모여 있는 지역으로 구시가지 지역인 예원(豫園) 일대에만 원래 노점상들이 복잡하게 밀집되어 있었는데 1860년 이후 서화, 필묵, 골동 등의 점포 설치를 허가하며 영국과 미국의 공공 조계(租界) 일대에까지 전선장과 필묵장(筆墨莊) 등이 세워졌고 크고 작은 상가들이 100여개 있었다. 전선장은 근대 미술 시장의 발전을 대표하는 곳으로 원래 고급 편지지나 부채, 종이·붓·먹·벼루를 전문적으로 취급하는 상점이었지만 서화 공급자와 소비자 사이의 중요한 중개 역할을 담당하기도 하였다.[349]

청대에 활동한 갈원희(葛元熙)가 1843년 정식 개항이후 40여년 동안의 상하이 행정과 교통, 인물, 음식, 풍속 등을 소개한 자료인『호유잡기(滬游雜記)』의 기록에 따르면 1909년 상하이의 전선장은 109곳에 이르렀다. 이곳의 주요 업무 중 하나가 바로 당시 서화 작품을 대

---

349) 林歷,「近代書畵市場中的中介机構」『藝苑』(3), 2013, pp.41-42.

그림49. 우창숴(吳昌碩), 〈동풍이 매화 꽃술을 흔든다(東風吹作梅花蕊)〉, 1910, 종이에 수묵 채색, 174.6×47.2㎝

신 구하는 일과 화가가 생계를 유지하고 이름을 알릴 수 있게 돕는 업무를 담당하였다. 이곳의 경영방식은 대체로 세 가지로 나눌 수 있는데 첫 번째는 상점 주인이 주동적으로 판매하는 것, 둘째는 주인이 화가를 고용해 작품을 제작하게 하고 이윤을 취하는 것이다. '해상화파' 중 한명인 허곡(虛谷, 1823-1896)은 '구화당(九華堂)'에서 이런 일을 담당하였다. 셋째는 서화 중개인과 주인 사이에 암거래로 다른 사람이 산 것을 재구입해 이익을 취하기도 하였다.[350]

1900년에 설립된 대표적인 전선장 '뒤윈쉔(朵雲軒)'을 예로 들면, 처음에는 부채와 서화 용품을 주로 취급하였는데 이후에는 화가들이 자신의 작품 가격표를 삭성해 섬뽀 내에 걸어두고 고객들이 가격을 확인할 수 있게 하였다. 서화 구매자가 상점 직원에게 자신이 사려는 작품과 크기를 알려주면 점원이 직접 화가에게 금액을 지불하였고 거래가 마무리된 이후 작품 값의 10-20%의 수수료를 받았다. 이러한 방식은 시장이 확대됨에 따라 상점 주인이 화가에게 작품을 받아 상점에 놓아두고 대신 판매한 후 일정 수수료를 받는 것으로 변하였다. '대리 판매'나 '위탁 판매'를 통한 수수료 수

---

350) 付滌非, 「論淸末民初上海藝術市場的形成與海派繪畫的"世俗性"」『美與時代(下)』(5), 2016, p.51.

입 외에 오늘날 화가가 화랑과 계약하는 것과 같이 화가를 고용해 상점 안에서 작품을 제작하게 하고 직접 판매해 이익을 취하는 것도 전선장의 경영 방식 중 하나였다.[351]

　　19세기 중반 이후 상하이는 서화가들은 각종 경로를 통해 다양한 방식으로 생존을 모색하였다. 호원(胡遠, 1823-1886)은 금융인의 후원을 받았으며 임웅(任熊, 1823-1857)과 같이 친구 집에 기거하며 그림을 제작하였는데 그는 여러 차례 주한(周閑, 1820-1875)의 집에서 작품을 제작하였다. 어떤 이들은 서화 상점에서 예약을 받아 작품을 판매하였는데 임백년(任伯年, 1840-1895)은 처음 상하이에 왔을 때 호원의 소개로 '고향실전선점(古香室箋扇店)'에서 부채 그림을 그렸다. 이외에 허곡(虛谷, 1823-1896)처럼 길거리에 좌판을 벌여 그림을 판매하기도 하였다. 그러나 이들 화가들을 연결하는 중요한 역할은 서화회가 담당하였고 '상하이서화회(上海書畵會)'의 활동은 화가들을 위해 모임과 교류의 기회를 만들었고 작품 판매와 시장 개척의 중요한 장소를 제공하였다.[352]

　　1890년대부터 서화가 개인의 서화 가격표가 공개적으로 신문에 게재되는 것이 유행하기 시작하였다. 당시 상하이를 대표하는 '해상화파'의 서화가들도 작품 가격이 형성되어 있었지만 크게 높지 않았다. 일류 해파 서화가의 작품은 그 크기가 대략 30.3㎝에 해당하는 1척(尺)당 1에서 2위안 정도였는데 당시 5인 가족의 생활비가 18위안 정도였던 때이다. 특히 제1대 '해상화파' 서화가로 대표되는 임백년의 작품 가격은 1척당 3위안 정도로 가장 높았고 당시 1위안은 대략 85위안으로 환산된다.[353]

　　두 번째로 '해상화파'를 이끈 우창숴는 1890년부터 상하이에 정

---

351) 포화(蒲華)는 상하이에 막 도착했을 때 희홍당(戱鴻堂)에서 기거하며 작품을 제작하였고, 임백년(任伯年)도 고향실(古香室)에 고용되었다. 허곡(虛谷) 역시 '구화당화전선(九華堂畵箋扇)'에 머무르며 생계를 유지하였다. 林歷, 「近代書畵市場中的仲介機構」 『藝苑』(3), 2013, pp.41-42.

352) 單國强, 「試析"海派"含義」 『故宮博物院院刊』(2), 1998, p.46.

353) 張天羽, 楊莉萍, 「由"潤例"看海派書畵家對藝術市場的影響」 『藝術市場』(1), 2008, pp.104-105.

착하기 시작하였는데 이때 우창숴의 나이는 47세였다. 이는 현재까지 전해지는 우창숴의 작품 가격표 중 가장 이른 시기에 만들어진 것과 같은 해이다. 이전까지 우창숴는 여러 차례 상하이를 오가며 당시 상하이화단의 상황에 대해 잘 이해하고 있었는데 1909년 '예원서화선회(豫園書畵善會)' 설립 이후 그의 작품 가격은 변화하기 시작하였다.

이 예원서화선회는 상하이 미술계에서 '해상화파' 형성에 중요한 역할을 하였던 곳으로 서화가들의 작품 가격을 책정하고 작품 예약도 받았으므로 작품 가격표는 필수적이었고 작품 판매 후 작품 값의 절반은 서화가에게, 나머지 절반은 서화선회가 가져갔다.[354] 우창숴의 나이 60세가 되는 1913년 직접 작품 가격에 대해 다음과 같이 기록하였다.

> 현판은 20냥이고 서재에 거는 편액은 8냥이다. 3척 길이 대련은 3냥이고, 4척은 4냥, 5척은 5냥, 6척은 8냥이다. 가로 세로의 온전한 한 장의 작품은 4척이 8냥, 5척이 12냥, 6척이 16냥이며 서화는 일률적이다. 세로로 된 족자는 온전한 한 장의 절반으로 본다. 특별히 세로로 좁고 긴 족자는 4냥이고 서화는 일률적이다. 서화첩과 접이식 부채는 각 작품마다 2냥이고, 1척을 한도로 하며 폭에 따라 순차적으로 가격이 올라간다. 위의 기록은 1냥마다 은냥(銀兩)에 따라 1위안(元) 4각(角)이다.[355]

6년 뒤인 1919년 우창숴가 두 번째로 정한 작품 값에서는 동일한 내용이지만 가격이 거의 두 배로 증가한 것을 확인할 수 있다. 1척은 30.3㎝로 4척은 121.2㎝가 되는데 당시 가로 세로 폭이 4척인 것은 18냥, 5척인 것은 24냥, 6척인 것은 32냥이 되었다. 다시 1년이 지난 1920년 우창숴의 작품 가격은 또 한 번 변화하는데 가로 세로가 4척

---

354) 林想, 謝菁菁, 「論吳昌碩制訂潤格」 『美術大觀』(12), 2012, p.46.

355) '堂匾念兩, 齋畵八兩. 楹聯三尺三兩、四尺四兩、五尺五兩、六尺八兩、橫直整張, 四尺八兩、五尺十二兩、六尺十六兩、書畵一例, 條幅視整張減半, 琴條四兩, 書畵一例, 册頁紈摺扇, 每件二兩, 一尺爲度, 寬則遞加, 上記每兩依大洋一元四角.' 胡志平, 「民國時期書畵潤例的制定與刊布形式」 『綏化學院學報』(5), 2006, p.170 재인용.

인 작품 한 점은 18냥에서 30냥이 되었고 5척인 작품은 24냥에서 40
냥이 되었다.

<표9> 오창석의 연도별 작품 가격표(단위:은냥)

작품 종류와 크기		연도		
		1913	1919	1920
서재에 거는 편액		8	20	20
대련	3척(90.9cm)	3	5	6
	4척(121.2cm)	4	6	8
	5척(151.5cm)	5	8	10
	6척(181.8cm)	8	12	14
가로, 세로 완전 한 한 장	4척(121.2cm)	8	14	18
	5척(151.5cm)	12	16	30
	6척(181.8cm)	16	24	40

이를 보면 60세 후반부터 70세 이후 우창쉬에 대한 작품 수요와
가격이 크게 증가한 것을 짐작할 수 있다. 특히 19세기 말에서 20세기
초반은 '해상화파'의 작품이 성숙해진 시기로 우창쉬의 작품 거래나
가격은 매우 높은 편에 속했고 작품 수요를 감당하지 못하면 제자에게
대필을 시키고 낙관만 찍는 경우도 있었다.
　실제로 우창쉬의 작품은 당시 거래가 매우 좋았고 작품 가격도
20세기 초반에 이미 상위에 속해 있었다. 1920년대 일본 사람들이 상
하이에 와서 그의 작품을 구입할 때 처음 부르는 값이 100냥에서 부
터였다. 그의 나이 70세 이후부터 지속적으로 작품 가격이 상승하
였는데 4척 크기 그림 한 점을 예로 들어 당시 위안으로 환산해보면
1913년 8냥은 대략 11위안(元) 4각(角)에 해당하고, 1919년 18냥은
대략 25위안 2각, 1920년 30냥은 대략 42위안으로 이때 작품 값으로
는 상당한 수준이었다. 즉, 1914년 상하이에서 1위안으로는 44근(斤)
의 쌀을 구입할 수 있었고, 5명이 중급 정도의 식당에서 양식 한 끼를

먹을 수 있었다.[356]

　1980년대 이후 우창쉬의 작품은 해외 경매시장에도 진입하였고 1980년대 중반 10만 위안을 뛰어넘기 시작하였으며 1990년에는 우창쉬의 『화과서화첩(花果書畵冊)』이 소더비 경매에서 132만 홍콩달러(한화 약 2억 317만원)에 낙찰되었다.[357] 30년이 지나 2020년 아트프라이스(Artprice)의 아트마켓 트렌드를 보면, 우창쉬의 전체 낙찰 총액은 4,185만 3,439달러(한화 약 455억 3,650만원)였고 그중 최고가에 거래된 작품은 787만 3,970달러(한화 약 85억 6,687만원)였다.[358] 이는 2년 전인 2018년 그의 최고 거래가인 259만 177달러(한화 약 28억 9,240만원)를 초과하는 가격이었다.[359]

　이러한 결과에는 20세기 초반까지 상하이라는 상업 도시가 보여준 잠재력을 바탕으로 서화가들의 수익을 보장할 수 있는 미술품 거래라는 상업 활동에 있어 중요한 장소를 제공한 것과 20세기 후반부터 근대 이후 중국 서화가들의 해외 판로가 확장되며 국내외 컬렉터의 지속적인 주목과 연결된다.

4. 상하이 미술 시장이 미술계에 미친 영향

　명대 이후 장수(江蘇)와 저장(浙江) 지역은 상인들이 밀집하며 부가 형성되었고 중국의 전통문화를 후원하였으며 서화 컬렉션을 위한 중요한 역할을 하였다. 따라서 이 지역은 화가들이 모여 문화와 예술이 융성하였으며 청대 중반 이후 이들 대부분은 정치, 사회적 상황에 따라 상하이로 활동지를 옮기며 근대 미술사상 '해상화파'를 형성하였

356) 司玉花, 劉淸揚, 「吳昌碩的人物畵藝術及市場行情」『美術研究』(8), 2015, p.53.

357) 朱浩雲, 「吳昌碩的藝術與作品市場行情」『美術觀察』(1), 2002, p.70..

358) Artprice.com. https://www.artprice.com/artprice-reports/the-art-market-in-2020/the-art-market-in-2020

359) Artprice.com. https://www.artprice.com/artprice-reports/the-art-market-in-2018

그림50. 우창쉬(吳昌碩), 〈선지천죽도(仙芝天竹圖)〉, 1919
종이에 수묵채색, 147.3×80㎝, 메트로폴리탄 미술관

는데 핵심 인물이 되었고 상하이 미술계의 발전에 영향을 미쳤다. 즉, 서로 다른 전통적 근원과 풍격으로 모여 상하이라는 지역의 특수한 도시문화를 반영하며 융합적이면서 개성적 경향을 포함하였다.

상하이에서 미술 단체를 조직하고 미술계를 이끌었던 이들은 상하이 현지의 화가들이 아니라 저장과 장수 출신 화가들이 대부분이었다. 이들은 19세기 중반 이후부터 상하이와 그 인근의 수저우 등지로 이동하면서 근대 중국화 발전에 영향을 미쳤다. 임웅(任熊, 1823-1857), 임훈(任薰, 1835-1893), 임백년(任伯年, 1840-1895), 우창쉬는 일찍이 수저우와 상하이를 왕래하였다. 장수 출신 화가로 상하이에서 활약한 이들로는 류하이수(劉海粟, 1896-1994), 하톈젠(賀天健, 1891-1977), 왕거이(王个簃, 1897-1988), 장한팅(江寒汀, 1903-1963) 등이 있고 이들은 오랫동안 미술교육에 종사하였다.[360] 당시 상하이로 서화가들이 이동한 것은 상하이의 경제적 번영과 연결되며 이는 상하이에서 '해상화파'가 형성되고 발전하는데 중요한 배경이 된다.

'해상화파'는 아편전쟁이후 부터 20세기 초반까지 약 100년 가까이 미술계를 이끌었다. 19세기 후반부터 상하이는 부유한 상인과 시민계층의 성장으로 문화에 대한 수요가 지속적으로 증가하였고 이에 따라 미술 시장이 활발히 조성되었다. 금융과 상업이 주도하는 상하이의 특수한 사회, 경제적 환경과 맞물려 각지에서 대량의 예술가들이 모여들었고 미술의 상업화 경향을 확산시켰다. 이렇게 형성된 '해상화파'는 중국 근대 회화의 시작점이 되어 중국화가 전통에서 현대로 이행하는 과정에서 중요한 역할을 하였다.

1843년 상하이에 조계와 은행이 설립되고 각지의 부유한 상인들이 유입되면서 상하이는 중국에서 가장 번화한 상업 도시가 되었다. 경제적 발전은 서화의 흥성을 위한 기본이 되었고 양저우(楊州)의 상업적 발전이 '양주화파'를 일으킨 것과 같이 상하이의 경제적 번영은

---

360) 李松,「二十世紀前期中國畵家集群的地域分布及社團活動」『美術』(5), 1994, pp.37-38.

'해상화파'를 탄생시켰다. 근대 상하이 회화의 상업적 경영은 주로 미술품 거래 중개인과 고급 편지지와 부채를 판매하는 상점, 서화가들의 단체였던 미술사단(美術社團), 신문잡지 선전 등의 방식으로 진행되었는데 이는 작품 제작에도 영향을 미쳤다.[361]

　이러한 방식은 과거의 여러 화파들과 비교해 '해상화파' 화가들의 작품 제작이 더욱 더 직업화되어 생계를 위한 작품 판매를 가속화시켰다. 이는 해파 화가들의 직업과도 연결된다. 우창숴(吳昌碩)와 함께 '해상화파'의 대표적인 두 거장이라고 불리는 왕이팅(王一亭)과 같이 상업과 예술에서 이름을 알린 것처럼 19세기 말 20세기 초 근대 중국의 상인들 중에 화가나 출판인으로 상업에 종사하거나 장사를 하는 이들이 포함되어 있었다. 이들은 직업적으로 상인이라고 규정하기보다 예술가로 활동하며 이름을 알리는 경우가 더 많았다.

　20세기 초 산수화 대가였던 황빈훙(黃賓虹, 1865-1955)은 휘저우(徽州) 상인 집안 출신으로 직접 상업 활동에 참여하기도 하였는데 이는 중국 근대사회의 전형을 반영한 것이라 말할 수 있다. 20세기 초에 이르러 서화가이면서 상업에 종사한 이들의 수는 셀 수 없을 정도였고 황빈훙을 비롯해 쉬종하오(徐宗浩, 1880-1957), 순쉐니(孫雪泥, 1888-1965), 정우창(鄭午昌, 1894-1952), 장샤오으(江小鵝, 1894-1939), 예루저우(葉潞洲, 1907-1994) 등을 예로 들 수 있다. 이외에 서화에 뛰어났지만 상업에 더욱 열중하며 대부분 그림 판매나 서화에 대한 성과보다 컬렉터로 더 잘 알려지기도 하였다.[362]

　'해상화파' 화가들은 시대적 특징과 자신의 개성을 반영하였고 문인사대부보다 일반 대중과 서민들에게 접근하면서 전통적 서화와 달리 세속화, 상업화, 다원화 특성을 보였다. 회화는 더 이상 전통 문인화적 정서에 국한되지 않았고 산수는 유람할 수 있고 거주할 수 있는 것이 아니라 사람들에게 친밀하게 느껴지는 풍경이 되었다. 화조화는 더 이상 사군자에 머무르지 않았으며 길상적, 상징적, 대중적 소재를

---

361) 楊薇, 「近代海上畫派的商業運營模式及其藝術促動力」『榮寶齋』(9), 2015, p.257.

362) 萬青力, 「中國商人中有影響的藝術家:1700-1948」『美術觀察』(10), 2002, p.51.

담게 되었고 구매자를 위한 작품을 목표로 그들의 취향과 수요를 고려하였다. 그래서 자주 볼 수 있었던 소재는 매난국죽 외에 소나무, 연꽃, 등나무, 파초, 복숭아꽃, 목단, 석류, 원앙, 공작, 학, 사슴, 고양이 등이었다.[363]

화가들의 작품 경향이 더욱 통속적으로 변화하였던 것은 근대 도시 시민문화 속에서 상업도시를 기반으로 신흥 시민계층이라는 새로운 구매자를 위한 것이기도 하였지만 또 한편으로 많은 화가들이 서양화를 배우고 흡수한 것과도 관련된다. 18세기 이후부터 황실을 중심으로 확산된 중서 절충양식을 구사하면서 서양화의 입체 음영, 투시 원근을 이용한 사실주의 경향을 적극적으로 반영한 결과였다.

19세기 중반 이후 상하이라는 도시가 가진 외부적 조건은 '해상화파' 화가들이 서양화를 받아들이고 그것을 자신만의 방식으로 발전시킬 수 있는 공간을 제공하였다. 상업이 발전하고 신흥 서민계층이 성장한 상하이에서 사실을 기반으로 한 서양화는 중국의 전통적인 사의(寫意)적 문인화 작품들에서 강조한 내면적인 정신성보다 대중적 취향을 더욱 반영한 것으로 작품의 상업적 가치를 실현하기에 편리하였다. 따라서 '해상화파' 화가들은 자신들의 민족적 전통을 기반으로 외부에서 유입된 또 다른 문화적 전통인 서양화를 흡수하였다.

이러한 '해상화파' 화가들의 작품은 상업적이라 논쟁을 남겼고 특히 우창숴, 임백년의 말년 작품 속에서 형식적인 습관을 자주 찾아볼 수 있는데 이는 그들의 회화가 중년기 이후 개성적 풍격 창조를 위한 정신을 잃어버렸다는 논의를 피할 수 없게 하였다. 화풍은 안정적으로 변화하였지만 이는 서화 작품의 상품화가 가져온 폐단이라고 말하지 않을 수 없다. 그러나 '해상화파'는 당시의 시대적 분위기에 적응하였고 이들의 화풍은 전국으로 확산되며 다른 지역의 화가들에게 영향을 미쳤고 이러한 특징은 중요한 미술사적 의미를 가진다.[364]

'해상화파'의 화풍은 20세기 초반 중국 현대미술을 대표하였던

363) 王飛, 「海派繪畫的商業化由來」 『美術觀察』(10), 2006, p.108.

364) 楊薇, 「近代海上畫派的商業運營模式及其藝術促動力」 『榮寶齋』(9), 2015, p.263.

치바이스(齊白石, 1860-1957)에게도 영향을 주었다. 치바이스는 전통적인 문인화 정신과 인물, 초충, 매화, 새우, 배추 등 대중적 소재에 자신만의 독특한 개성을 반영하였는데 특히 그의 매화 가지는 서예의 필선을 닮았고 중국 고대의 전통적인 문인화에서는 볼 수 없었던 강하고 화려한 붉은 색을 잘 사용한 것으로 유명하였다. 그는 우창쉬와 함께 국외에서 중국 근·현대 미술을 인식할 수 있게 한 다리 역할을 하였다.

그림51. 기본적으로 국가에서 운영하는 중국 최대 규모의 화랑인 롱바오자이(榮寶齋)

1949년 신중국(新中國) 성립 초기 치바이스의 작품은 베이징 류리창(琉璃廠)에 설립한 300년이 넘은 화랑인 롱바오자이(榮寶齋)와 상하이 둬윈쉔(朵雲軒) 등에서 판매되었고 일반적으로 구입 가격은 5-6위안에서 10위안 정도였다.[365] 최근 아트프라이스(Artprice)는 2020년 아트마켓 트렌드 보고서에서 미술품 경매총액 상위 500위까지의 순위를 발표하였는데 여기에는 중국의 고대부터 현대, 동시대까지 다양한 시대의 작가들을 아우르고 있었으며, 1위부터 50위 사이에 모두 18명의 중국 작가들이 포함되어 있었다.[366]

---

365) 北京京海墨韻書畵院,「他的畵從無人問津到9.3億天價拍出，懂藝術和收藏的人未來更富有」, 2020.6.30. https://www.sohu.com/a/404898778_99991181

366) 순위에 포함된 이들은 명대 말기 상하이를 중심으로 활동한 동기창(董其昌, 1555-1636)

그중 치바이스의 전체 총 거래 낙찰가는 1억 1,210만 8,753달러(한화 약 1,219억 7,430만원)로 8위를 차지하였다.[367] 지금까지 치바이스의 작품 중 최고가는 2017년 거래된 〈산수12조병풍(山水十二條屏)〉작품이다. 이는 그의 나이 62세(1925)에 제작한 것으로 1억 4,080만 달러(한화 약 1,504억 4,440만원)에 낙찰되었고 그의 2011년 최고가를 뛰어넘는 새로운 기록이 되었다.[368]

그림52. 치바이스(齊白石), 1925, 〈산수12조병풍(山水十二條屏)〉, 종이에 먹, 채색, 180x47㎝(x12). 2017.12.17. 베이징 바오리(北京保利)경매, 낙찰가 1억 4,080만 달러(한화 약 1,653억 6,960만원). ⓒ 再生補破網

이러한 결과는 중국 근·현대 서화가 중 치바이스의 명성을 확인할 수 있는 기록으로 특히 이 작품은 12폭으로 이루어진 그의 보기 드문 산수 작품이라는 점에서 사람들의 주목을 받았다. 치바이스는 평생 그림을 팔아 생활하였기 때문에 오랫동안 광범위한 고정 컬렉터를 가지고 있었으며 1900년대 초기부터 중국 뿐 아니라 해외에서도 컬렉터

과 오빈(吳彬, 약1568-1620)을 제외하면 대부분 1900년대 중국 미술계에서 이름을 알린 우창쉬, 황빈훙(黃賓虹, 1865-1955), 장다첸(張大千, 1899-1983), 쉬베이훙(徐悲鴻, 1895-1953), 판톈서우(潘天壽, 1897-1971), 린펑몐(林風眠, 1900-1991), 푸바오스(傅抱石, 1904-1965), 리커란(李可染, 1907-1989), 우관중(吳冠中, 1919-2010) 등이었다.

367) 이 보고서는 아트프라이스(Artprice)와 아트론(Artron/雅昌藝術網)이 분석한 자료로 2020년 1월 1일부터 12월 31일까지의 전 세계 미술품 경매 결과를 기초로 하였다. Artprice. https://imgpublic.artprice.com/pdf//zh-the-art-market-in-2020.

368) 2011년 5월 22일, 중국 자더(中國嘉德)경매에서 제백석(齊白石)의 1946년 작 〈송백고립도·전서사언련(松柏高立圖·篆書四言聯)〉이 4억 255만 위안(한화 약 729억원)에 낙찰되면서 당시 중국 근·현대 서화 경매 중 최고가로 알려진 바 있다. 이는 중국의 슈퍼 컬렉터 류이첸(劉益謙, 1963-)의 소장품으로 처음에 그는 이 작품을 2,000만 위안에 구입하였다.

층을 형성해왔다.

그림53. 후난성(湖南省) 샹탄시(湘潭市)에 위치하고 있는 1984년에 설립되었고 2004년 재건된 치바이스기념관(齊白石紀念館). 치바이스의 회화, 목조, 인장, 시문 등이 전시되어있음

　이는 치바이스의 작품이 간결하면서도 활발한 필묵과 강렬한 원색의 화려한 색채를 사용하였다는 측면에서 전통과 현대를 결합하여 대중적 수요를 더욱 만족시킬 수 있었다. 따라서 근대 이후 동시대까지 중국의 아트 마켓과 컬렉션에서 독자적인 개성을 바탕으로 한 치바이스의 작품은 미술사적으로 중요한 위치를 차지하며 학술적 가치를 인정받는 결과를 가져올 수 있었다.

5. 맺음말

　19세기 중반 이후 상하이는 우수한 지리적 조건과 부유한 상업 전통에 의지하여 대외 무역의 발달은 공장 제조업이 흥성하였고 과거에는 볼 수 없었던 근대 도시로서의 면모를 보여주며 중국 근대사에서 하나의 특수한 문화 환경을 이루었다. 중국 미술품 컬렉션은 대부분 황실 내부로 제한되어 있었는데 명나라 말기 황실 내부의 컬렉션이 대량으로 유실되고 강남 지역의 도시화 과정에서 개인 서화 컬렉터들의 활동이 확대되었다.

아편전쟁이후 열린 5개 통상 항구를 중심으로 가장 먼저 자본주의적 체제를 느낄 수 있었고 자본 유입과 조계의 설립으로 이들 지역의 도시 건설 역시 점차 완비되었다. 1911년 중국의 민주주의 혁명인 신해혁명 이후 전통적인 농업경제는 황폐화되었고 도시 상업 경제의 발전으로 시민계급이 성장하였다. 서화 단체와 중개 기구의 확대는 화가 스스로의 가치를 높이고 영향력을 확립하는 것을 도울 뿐 아니라 미술작품이 하나의 문화 상품으로 전환되며 판로를 확대할 수 있었고 화가들의 이익을 보장하며 생산자와 소비자를 연결하는 연결고리를 제공하였다.

상하이의 서양 자본 유입과 명·청대 이후 강남 지역 부유한 상인들의 상하이로의 이동 및 신흥 시민계층의 성장은 상하이의 방대한 문화소비그룹을 형성하였다. 당시 상하이는 서화 작품을 구매하기 위한 비교적 안정적인 수요층을 형성하고 있었고 작품 중개상과 기구를 통한 시장경영과 작품 거래방식에서 이미 근본적인 변화가 이루어졌다. 이로써 상하이는 작가들에게 생존을 위한 경제적 안정과 함께 예술 후원 및 창작을 위한 유리한 조건을 제공하였다.

이러한 경제 발전을 기반으로 흥성한 근대 상하이의 도시문화는 풍부한 경제력을 갖춘 미술품 컬렉터들에 의해 '해상화파' 화가들을 흡수하였고 해상화파의 발전에도 영향을 미쳐 오늘날까지 이어지는 대표적인 지역 화파로 성장하였다. 다시 말해, 이 유파의 형성과 발전은 근대 이후 상하이에서 발전한 상업경제와 도시문화가 하나로 통합되어 만들어진 산물로 이는 해파가 형성된 시대와 지리적 위치의 특수함뿐만 아니라 일종의 지역적 문화 현상을 포괄한 것이다. 이렇게 19

세기 중반 이후 상하이를 중심으로 한 중국 내부의 미술품 소비그룹 형성과 화파의 발전은 새로운 미술품 컬렉터층과 구매자들을 만들었다.

　중국의 미술품 컬렉션과 문화 예술에 대한 후원이 지속되면서 중국의 주요 도시에는 대규모 사립 미술관과 예술 지구가 설치되었고 특히 중국의 슈퍼 컬렉터이자 상하이의 롱 미술관(龍美術館)을 설립한 류이첸(劉益謙, 1963-), 왕웨이(王薇, 1963-) 부부는 20년 넘게 다양한 장르와 매체의 미술품을 수집하였다. 이들의 지역과 시대, 장르를 넘나드는 미술품 컬렉션은 롱 미술관 소장품의 기반이 되었다. 즉, 중국 고대 서화 및 근·현대 회화와 공예, 가구 등을 비롯해 서양의 고대 명화 및 근대와 현대, 동시대 작품, 그리고 한국과 일본을 포함한 아시아 각국의 미술품 등을 소장하였다.

그림54. 상하이 롱미술관(龍美術館)

　해외에서도 중국 미술에 대한 관심과 연구가 높아졌고 서양에서도 중국 작가들의 작품을 소장하기 시작하였다. 특히 20세기 이후 서양에서는 송·원대 중국의 고대 서화 작품 외에 중국 근·현대 미술품에 대한 컬렉션 욕구가 확장됨에 따라 중국 미술품 컬렉션의 황금시대를 열었다. 이러한 중국 문화와 예술에 대한 관심은 오늘날 전 세계적인 경향이 되어 중국의 컬렉션 문화와 아트 마켓을 세계화하는데 촉매제 역할을 하였다.

책마무리에

중국에서 문화 예술을 컬렉션하는 전통은 송대(宋代)에 이르러 활발해졌는데 당시 문인사대부들은 자신들의 문화적 소양과 정체성을 과시하기 위한 문화적 소비가 성행하였다. 송대 사대부 문화의 중심지였던 카이펑(開封)은 북송(北宋)의 멸망과 함께 찬란한 시대의 막을 내렸고 카이펑의 뒤를 이은 것은 남송(南宋)의 수도 항저우(杭州)로의 천도는 경제적 우위를 확실하게 점하고 있던 강남 지역이 문화적 중심지로 자리 잡게 한 중요한 요인이 되었다. 이때부터 형성된 강남 지역의 문인 문화는 이민족인 원(元)의 중국지배에도 흔들리지 않고 유지되었으며 명(明)의 건국 이후 본격적으로 문화 중심지로 발전을 거듭하게 되었다.

일반적으로 명대는 1368년부터 1644년까지 100년을 기준으로 세 시기로 구분하는데, 미술사적으로 명대 초기는 저장성(浙江省) 출신의 대진(戴進, 1388-1462)을 대표로 하며 남송 시대 화원화가들에 의해 형성된 원체(院體) 화풍을 계승한 '절파(浙派)' 화가들이 화단의 중심을 이룬 15세기 중엽까지이며 명대 중기는 16세기 중반 수저우(蘇州) 지역을 중심으로 문인화가들이 형성한 '오파(吳派)'가 전성기를 이루었다. 이는 오파를 대표하는 심주(沈周, 1427-1509)와 문징명(文徵明, 1470-1559), 그리고 그 자제들이 집단을 이루며 두각을 나타낸 시기에 근거한 것이다.

명대 말기는 대략 만력(萬曆, 1573-1619)에서 숭정(崇禎, 1628-1644) 연간을 포함하는 시기로 즉, 16세기 말에서 명조가 멸망하는 17세기 중반까지 약 70여 년 동안을 가리킨다. 명대 말기는 중앙 정부의 통치가 공정성과 효율성을 상실하면서 각종 구조적 한계를 드러낸 시기로 극심한 빈부의 격차로 인한 사회적 갈등이 크게 증폭되었다. 그러나 한편으로 이러한 혼란 속에서도 막대한 부를 소유한 특정 계층에서 방대한 자본과 식견을 동원하여 서화 수집에 전력을 기울였고 그

열기를 확산시킴으로써 중국 사회의 문화적 소양을 제고한 시기이기도 하다.

중국의 컬렉션 역사에서 특히 명대 말기를 주목하는 이유는 황실을 중심으로 국가 국력에 의지해 고대의 서화 명작들을 수집·감상·보존하는 '공공 컬렉션'의 쇠퇴와 함께 관료, 사대부를 중심으로 한 '개인 컬렉션'이 성행하였기 때문이다. 중국의 컬렉션 문화는 수(隋)·당대(唐代)부터 청대(淸代)까지 황실을 중심으로 한 컬렉션 열풍이 지속되었지만 황제 개인의 기호와 외부 상황에 따라 수집과 유실이 반복되었다. 황실 컬렉션은 송대에 이르러 전례 없이 왕성하였고 소식(蘇軾, 1037-1101), 황정견(黃庭堅, 1045-1105), 이공린(李公麟, 1049-1106), 미불(米芾, 1051-1108) 등 문인사대부에 의한 개인 컬렉션도 본격화되었다. 하지만 개인 컬렉션의 질적, 양적 수준에 있어서 명대 말기의 상황은 송대와 비교할 수 없을 정도였고 황실 못지않게 중요한 비중을 차지하며 서화 수집 열풍을 전국에 확산시키는 기능을 담당하게 된다.

즉, 명대 말기 개인 컬렉션 문화가 강남 지역을 중심으로 성행한 것은 16세기 중반부터 황실 컬렉션이 민간으로 흩어지면서 강남으로 전이되는 과정에서 원인을 찾아볼 수 있다. 명 황실에는 소장품을 전문적으로 관리하는 기구가 존재하지 않았고 국고 관리가 문란하여 황실 컬렉션이 여러 경로를 통해 외부로 흩어지게 되었다. 그 결과 황실의 공공 컬렉션은 본래의 면모를 유지하기 힘들게 되었고 황실 소장품의 계속된 유실은 오히려 명대 말기 개인 컬렉터들의 작품 수집 공간과 범위를 더욱 확대할 수 있는 기회를 제공해 주었다.

이 시기 문인사대부계층을 중심으로 한 개인 컬렉션은 특별히 양쯔강(揚子江) 중·하류에 위치한 수저우(蘇州), 송장(松江), 창저우(常州), 항저우(杭州), 자싱(嘉興) 등 '강남(江南)' 지역을 중심으로 형성되었다. 강남 지역이 문인 문화의 본거지가 되어 서화 컬렉션의 중심지로 진일보할 수 있었던 것은 문인사대부들의 문예 숭상 풍조와도 관련이 있다. 강남 지역은 고대부터 자연풍광이 뛰어나 문인사대부들 사이에서 자연을 유람하고 시를 읊으며 서화를 감상하고 제작하는 등 문인사대부적 기운과 우아한 취향이 유행하였다. 또한 이 지역은 명대 중기 이후 문인화가 극대화되면서 서화가들이 활발하게 활동하였을 뿐만 아니라 이를 향유하고자 한 컬렉터의 역할도 중시되었다.

이 시기 강남 지역의 유명한 컬렉터들로는 항원변(項元汴, 1524-1590), 왕세정(王世貞, 1526-1590), 한세능(韓世能, 1528-1598), 동기창(董其昌, 1555-1636), 이일화(李日華, 1565-1635), 장축(張丑, 1577-1643) 오정(吳廷), 오기정(吳其貞) 등을 들 수 있다. 이들은 사회적으로 다양한 신분을 가졌으며 귀족과 고위관료, 신흥 귀족에서부터 상업적으로 이윤을 얻은 상인 계층에게 까지 미술품 컬렉션에 관심과 애정을 가지고 있었다. 동기창이나 항원변은 스스로 서화가이자 이론가이며 컬렉터로 광범위한 교유관계를 형성하며 다양한 작품을 수집할 수 있었다.

따라서 명대 말기 이들의 컬렉션을 살펴봄으로써 강남 지역의 컬렉션 내용과 규모 및 성격을 분석할 수 있을 뿐 아니라 당시의 문화적 상황과 미술사적 영향을 이해할 수 있다. 특히 명대 말기 강남 지역의 개인 컬렉션 문화가 더욱 활발하게 진행될 수 있었던 것은 이 지역의 경제적 발전이 문화 중심지로의 확고한 위상을 확립하게 하였다. 강남 지역의 우세한 지리적 조건은 농업 생산력 향상을 이끌었고 상업과 수공업에 대한 수요도 높아졌다. 이곳에서 생산된 농산물은 자체 소비보다는 대외 판매를 목적으로 재배되었고 다량의 농산물을 수송하기 위한 대운하를 통한 운수업의 발전은 명대의 경제 성장을 가속화하였다. 강남 지역은 전국 각지에서 상인들이 모이고 각종 정보와 문화가 교류하는 중심지가 되어 고대의 많은 예술품이 이 지역에 집중될 수 있는 구심력으로 작용하였다. 이러한 배경과 과정을 거쳐 명대 말기 강남 지역의 개인 컬렉션은 역사적으로 최고의 절정기에 이르게 되었다.

특히 수저우는 강남 수로 교통망의 중심에 위치하며 강남 지역의 경제적 발전을 이끌었으며 이는 컬렉션 문화 형성의 원동력으로 작동하여 수저우를 비롯한 그 주변 지역으로 확산되어가는 현상을 보였다. 즉, 수저우는 서화 컬렉션을 위한 중요한 요소 중 하나인 경제력에 있어서 절대적 우위를 차지하며 예술가와 컬렉터들이 밀집하였고 이들은 서로 사승관계로 연계되어 작품의 공급과 수요가 활발하게 이루어지게 하였으며 이를 풍부한 문화적 자원으로 연결시킬 수 있도록 하였다. 다시 말해, 서화의 공급자는 수요자가 되고 수요자는 공급자의 역할을 담당하면서 컬렉터들의 서화 수집 열풍과 서화 유통을 더욱 촉진하였다. 컬렉션의 주체인 컬렉터는 서화 수집을 통해 그 가치를 인식하고 분별할 수 있는 감상자이자 애호가로 서화가들과 관계를 유지하며 그들에게 실제 작품을 제공하였고 작품 구입과 후원의 역할을 담당하였다.

이렇게 전근대 사회에서 서화 컬렉션 문화가 수도를 제외한 특정 지역에서 전국으로 확산되는 문화적 현상은 이전에는 유례를 찾아보기 힘든 독특한 경향이 되어 더욱 주목되며 명대뿐 아니라 청대까지 강남 지역이 전국에서 컬렉션 풍조를 주도하는 중심지가 될 수 있는 기반이 되었다. 이에 따라 명대 말기 서화 컬렉션 활동은 더 이상 일부 계층에 국한되지 않고 고위관리나 문인사대부들을 중심으로 시작되어 부를 축적한 거상들에게까지 확대되었으며 점차 문인들의 전유물이 아닌 사회 각층에서 서화 컬렉션에 관심을 가지고 미술을 애호하는 풍조가 확대되었다. 이는 특정 계층의 심미적 문화 활동에서 시민들의 사치 문화와 관련된 문화 사업으로의 발전을 조성하였고 서화 중개를 전문적으로 담당하는 상인들이 등장하며 서화 수집 열풍을 도왔다.

따라서 명대 말기 높은 감정 수준을 구비한 컬렉터와 문화적 소양을 갖춘 상인들이 다수 등장한 것은 강남의 경제적 발전과 그것이 미친 문화적 영향에 대한 대표적인 사례이자 계층을 넘어선 문화적 확산의 좋은 본보기가 되었다. 이들은 오랜 문화적 전통과 경제적 능력을 결합해 새로운 서화 컬렉션 문화의 중심 세력을 형성하였고 황실에서 흩어진 서화 작품 상당량이 개인 컬렉터들에 의해 보관될 수 있었다. 따라서 강남 지역의 개인 컬렉션은 황실 컬렉션의 보조적인 역할을 넘어 새로운 화풍 형성 및 서화 창작과 이론 완성의 필수적인 배경이 되었다. 특히 명대 말기 동기창의 회화 이론은 중국 미술사뿐 아니라 아시아 미술 전반에 영향을 미쳤다고 해도 과언이 아니다.

동기창은 '남북분종론(南北分宗論)'을 제시하며 시서화(詩書畫) 삼절(三絶)을 강조하고 수묵 산수와 사의(寫意)적 남종 문인화를 숭상하였다. 남종 문인화를 대표하는 이들로는 동원(董源, 934-962)과 거연(巨然, 960-?)을 비롯해 황공망(黃公望, 1269-1354), 오진(吳鎭, 1280-1354), 예찬(倪瓚, 1301-1374), 왕몽(王蒙, 1308-1385)으로 대표되는 '원사대가(元四大家)'가 주를 이루었으며 이는 서화 컬렉션과 학습의 기준으로 제시되었다. 동기창의 이러한 회화 이론은 명대뿐 아니라 청대 초기에 까지 이어졌고 '사왕(四王)'화가, '사승(四僧)'화가, '금릉화파(金陵畫派)' 형성에도 영향을 미쳤다. 이들은 서화 감상과 수집을 통해 이전 사람들의 필묵을 배우고 자신의 화풍을 형성할 수 있었다.

'사왕' 화가인 왕시민(王時敏, 1592-1680), 왕감(王鑑, 1598-1677), 왕휘(王翬, 1632-1720), 왕원기(王原祁, 1642-1715)는 모두 직접적으로 동기창이 언급한 문인화가들을 계승하였고 고대 명작들을 감상하고 모방하는 과정에서 남종화법을 근거로 새로운 것을 발견할 수 있었다. 예컨대 청대 초기 독창적인 화풍을 가졌다는 평을 듣는 '사승'화가 중 한 명인 팔대산인(八大山人)은 동기창을 배웠고 석계(石谿)는 왕몽을, 홍인(弘仁, 1610-1663)은 예찬을 따랐다. 청대 중기 양저우(揚州)를 대표하는 '양주팔괴(揚州八怪)' 중 한명인 금농(金農, 1687-1763)은 베이징에서 당·송대 작품을 접할 수 있었고 이를 바탕으로 독창적이면서 자유로운 화풍을 형성하였다. 이들은 모두 전통적인 필묵을 배웠지만 화가 스스로 고대 명작의 필묵을 취사선택하였고 전통 중에서 '변화'를 실현하여 독창적인 표현을 창조하였다.

결론적으로 명대 말기 이후 대규모로 개인 컬렉터들의 손에 집중된 서화 컬렉션은 역대의 서화 명작을 수집·감정·연구·보존하는 일련의 행위를 포함한 문화 활동으로 서화가들에게 과거의 작품을 직접 감상하고 서화 창작을 위한 실물 제공의 중요한 수단이 되었다. 이러한 컬렉션 문화는 당시 서화가들에게 다양한 작품을 감상하고 제작할 수 있는 기회와 동기를 제공하였다는 것에서 서화가들에게도 깊은 영향을 미쳤다. 따라서 작품 수요자로서의 컬렉터와 공급자인 서화가들의 측면을 다각도로 연결할 수 있는 종합적인 연구 결과를 도출하였고 중국 미술사 연구에서도 중요한 의미를 지닌다.

　즉, 광범위한 개인 컬렉션 없이 황실 컬렉션은 불가능하며 개인 컬렉터들은 고대 서화를 보존, 계승하는데 있어서 적극적으로 작용하여 오늘날 베이징 고궁박물원(故宮博物院)과 타이베이 국립고궁박물원(國立故宮博物院)의 컬렉션 기초가 되었다. 그러므로 16세기 이후 중국의 슈퍼 컬렉터와 이들의 컬렉션 문화는 단순한 사회적 현상을 넘어 미술사적 이론과 실천으로 연결될 수 있는 학문이라는 점에서 중요한 학술적 가치를 가지며 동시대적 관점에서 중국 미술사는 물론 세계 미술사 연구에 시사하는 바가 크다고 하겠다.

참고문헌

단행본 · 학술지

김문기, 「明代 江南의 水利環境과 農業의 변화」 『명청사연구』(11), 1999.10.

朴元熇, 「明代中期의 徽州商人 方用彬」 『동양사학연구』(74), 2001.

벤저민 엘먼, 양휘웅 역, 『성리학에서 고증학으로』, 예문서원, 2004.

조영헌, 「康熙帝와 徽商의 遭遇 : 歙縣 岑山渡 程氏를 중심으로」 『동양사학연구』(97), 2006.12.

최병식, 『수묵의 사상과 역사』, 동문선, 2008.

홍성구, 「두 外國人의 눈에 비친 15 · 16세기의 中國」 『명청사연구』(24), 2005.10.

于安蘭 編, 『畫史叢書』(第三冊), 上海人民美術出版社, 1982.

于安瀾 編, 『畫論叢刊』(上), 華正書局, 1984.

卞利, 「無徽不成鎭 : 明淸時期的徽商與城市發展」 『社會科學』(1), 2011.

文震亨, 陳植 校注, 『長物志校柱』, 江蘇科學技術出版社, 1984.

王正華, 「從陳洪綬的〈畵論〉看晚明浙江畫壇 : 兼論江南繪畫網絡與區域競爭」(區域與網絡國際學術硏討會論文集編輯委員會編), 『區域與網絡 : 近千年來中國美術史硏究國際學術硏討會論文集』, 國立臺灣大學藝術史硏究所, 2001.

王正華, 「過眼繁華 : 晚明城市圖, 城市觀與文化消費的硏究」 『中國的城市生活』(李孝悌 編), 新星出版社, 2006.

王春瑜, 『明淸史散論』, 東方出版中心, 1996.

王飛, 「海派繪畫的商業化由來」 『美術觀察』(10), 2006.

王票, 「空間的想像和經驗－民初上海租界中的遜淸遺民」 『杭州師範學院學報』(1), 2006.

王徵, 「近代中國書畫市場上的書畫莊與書畫家－從藝術經濟學視野的考察」 『西南民族大學學報』(7), 2010.

王衛平, 「明淸時期江南地區的重商思潮」 『徐州師範大學學報』26(2), 2000.6,

白壽彝 總編, 『中國通史』(下), 上海人民出版社, 1999.

付滌非, 「論淸末民初上海藝術市場的形成與海派繪畫的"世俗性"」 『美與時代

(下)」(5), 2016.

司玉花, 劉清揚, 「吳昌碩的人物畫藝術及市場行情」『美術研究』(8), 2015.

石守謙, 「雅俗的焦慮:文徵明, 鍾馗與大眾文化」『美術史研究集刊』(16), 2004.

石守謙, 「以筆墨合天地:對十八世紀中國山水畫的一個新理解」『國立臺灣大學美術史研究集刊』(26), 2009.5

石莉, 「清末民初上海商人階層的藝術贊助」『美術』(3), 2007.

朱浩雲, 「吳昌碩的藝術與作品市場行情」『美術觀察』(1), 2002.

江兆申, 『關於唐寅的研究』, 國立故宮博物院印行, 1976.

何良俊, 『四友齋叢說』, 中華書局, 1997.

伊沛霞, 「宮廷收藏對宮廷繪畫的影響:宋徽宗的個案研究」『故宮博物院院刊』(3), 2004.

沈振輝, 「明代私人收藏家百例辨析」『東南文化』124(2), 1999.

沈振輝, 「明代蘇州地區收藏家述略」『蘇州大學學報』(1), 1999.

沈振輝, 「明代民間收藏品市場和藏品賣買」『學術月刊』(4), 1999.

沈振輝, 「明代私人收藏家百例辨析」『東南文化』(2), 1999.

沈振輝, 「元明時期的收藏學」『中國典籍與文化』(1), 1999.

沈德符, 『萬曆野獲編』, 中華書局出版社, 1997.

汪世清, 『藝苑疑年叢談』, 紫禁城出版社, 2002.

巫仁恕, 『品味奢華:晚明的消費社會與士大夫』, 中華書局, 2008.

巫仁恕, 「江南園林與城市社會:明清蘇州園林的社會史分析」『中央研究院近代史研究所集刊』(61), 2008.9.

余英時, 「明清變遷時期社會與文化的轉變」『中國歷史轉型時期的知識份子』, 聯經出版公司, 1993.

吳量愷 等著, 『中國經濟通史』(第7卷), 湖南人民出版社, 2002.

吳量愷, 「明代私人收藏家百例辨析」『東南文化』124(2), 1999.

吳量愷, 「明代蘇州地區收藏家述略」『蘇州大學學報』(1), 1999.

吳琴, 「明清蘇州商品經濟與文物藏家郡體」『東南文化』145(5), 2001.

呂友者, 「探究仇英的繪畫風格及特點」『東方收藏』(4), 2011.

呂友者, 「明末清初的杭州書畫鑒藏家群體」『東方收藏』(3), 2011.

呂友者, 「明末清初杭州書畫鑒藏家往事」『收藏』(5), 2011.

呂友者, 「山川秀美數江南文人墨客賦新篇:明末杭州畫家群體淺議」『收藏界』(3), 2011.

李日華, 屠友祥 校注, 『味水軒日記』, 上海遠東出版社, 1996.

李伯重 · 周生春 主編, 『江南的城市工業與地方文化』, 清華大學出版社, 2004.

李怡, 「傳統書畫收藏的文化價值」 『華夏文化』(1), 2005.

李栩, 『戒庵老人漫筆』, 中華書局出版社, 1982.

李松, 「二十世紀前期中國畫家集群的地域分布及社團活動」 『美術』(5), 1994.

李勇華, 「明代項元汴私人收藏研究」, 吉林大學考古學及博物館學碩士學位論文, 2009.

李慧聞, 「董其昌政治交遊與藝術活動的關係」(黃惇 主編), 『中國書法全集54』, 榮寶齋, 1992.

岳金鳳, 「簡析淸末海派繪畫的世俗性特徵」 『美與時代(中)』(10), 2015.

周暉, 『金陵瑣事 續金陵瑣事 二續金陵瑣事』, 南京出版社, 2007.

周振鶴, 『中國歷史文化區域研究』, 復旦大學出版社, 1997.

林木, 『明淸文人畫新潮』, 上海人民美術出版社, 1991.

林水, 「仇英:寄居收藏之家的傳奇」 『東方藝術』(1), 2008.

林申淸, 『明淸著名藏書家. 藏書印』, 北京圖書館出版社, 2000.

林利隆, 『明史研究叢刊11』, 樂學書局有限公司, 2005.

林想, 謝菁菁, 「論吳昌碩制訂潤格」 『美術大觀』(12), 2012.

林歷, 「近代書畫市場中的仲介機構」 『藝苑』(3), 2013.8

胡志平, 「民國時期書畫潤例的制定與刊布形式」 『綏化學院學報』(5), 2006.

胡建君, 「項子京與收藏十斛明珠娉麗人」 『大美術』(3), 2005.

胡建君, 「玩物不喪志－董其昌與收藏」 『大美術』(4), 2005.

胡建君, 「藝術皇帝宋徽宗」 『大美術』(1), 2005.

胡應麟, 『少室山房筆叢』(卷4), 「經籍會通四」, 中華書局出版社, 1958.

兪崑 編著, 『中國畫論類編』(上), 華正書局, 1984.

兪崑 編著, 『中國畫論類編』(下), 華正書局, 1984.

修銀, 『墨戲與逍遙』, 文津出版社, 1995.

徐邦達, 『歷代流傳書畫作品編年表』, 中華書局, 1974.

華人德 主編, 『歷代筆記書論彙編』, 江蘇教育出版社, 1996.

袁陽春, 「晚明文人社團經費來源研究」 『江西教育學院學報』(6), 2006.

高濂, 『遵生八箋校注』(趙立勛 校注), 人民衛生出版社, 1994.

翁同文,「項元汴千文編號書畵目考」『東吳大學中國藝術史集刊』(9), 1979.

郭因,『元明繪畫美學』, 金楓出版社, 1987.

郭英德,「明代人文結社說略」『北京師範大學學報』(4), 1992.

郭繼生,「新安商人與新安畵派」『藝術史與藝術批評』, 書林, 1998.

陸宇澄,「明代商品經濟對吳門畵派的影響」『東華大學學報』(4), 2002

梁江,「隋唐時期的書畵收藏」『中國書畵』(4), 2009.

梁江,「宋元宮廷祕藏書畵撮要」『美術觀察』(12), 2003.

梁江,「宮廷庋藏蔚爲大觀－明淸時期的美術鑒藏」『美術觀察』(1), 2001.

常建華,「論明代社會生活性消費風俗的變遷」『南開學報』(4), 1994.

崔爾平 選編,『歷代書法論文選』, 上海書畵出版社, 1979.

陳林,「明淸之際徽商資助新安畵家的方式及其動因」『南京藝術學院學報』(2),
　　2004.

陳萬益,『晚明小品與明季文人生活』, 大安出版社, 1997.10.

陳永怡,「近代書畵社團的經濟性質與功能」『新美術』(3), 2005.

陳冠至, 「明代江南藏書家崇尙隱逸的動因」『白沙歷史地理學報』(6),
　　2008.10.

陸宇澄,「明代商品經濟對吳門畵派的影響」『東華大學學報』(4), 2002.

陸昱華,「關於項聖謨的父親」『中國書畵』(4), 2009.

陶小軍, 謝建明,「民國前期書畵市場與社會變遷」『文藝研究』(8), 2014.

陶小軍,「近代日本對中國書畵市場的影響－以吳昌碩、濟白石爲例」『藝術百
　　家』(6), 2015.

張天羽, 楊莉萍,「由"潤例"看海派書畵家對藝術市場的影響」『藝術市場』(1),
　　2008.

張荷,『吳越文化』, 遼寧教育出版社, 1995.

張岱,『陶庵夢憶 西湖夢尋』(卷7), 上海古籍出版社, 1982.

張廷玉 等撰,『明史』, 中華書局, 1974.

張長虹,「晚明徽商對藝術品的贊助與經營：以徽商方用彬爲中心的考察」『學
　　燈』(2), 2007.

張萱,『明代傳記叢刊』(107), 明文書局印行, 1991.

張淑嫻,「明代文人園林畵與明代市隱心態」『中原文物』(1), 2006.

張瀚,『松窓夢語(明淸筆記叢書)』, 上海古籍出版社, 1986.

許承堯, 李明回・彭超・張愛琴 校點,『歙事閑譚』, 黃山書社, 2001.

黃朋,「沈周時代的蘇州書畫鑒藏家群體」『中國書畫』(1), 2005.

黃惇,『中國書法史:元明卷』, 江蘇教育, 2001.

黃惇 主編,『中國書法全集54』, 榮寶齋, 1992.

單國强,『明代繪畫史』, 人民美術出版社, 2001.

單國强,「試析"海派"含義」『故宮博物院院刊』(2), 1998.

葉三寶 主編,『中國書畫投資與收藏』, 上海人民美術出版社, 2003.

葉康寧,「明代中晚期的社會風氣對書畫交易的影響」『南京藝術學院學報』(4),
　　2009.

葉康寧,「明代中晚期的書法價格初探」『東方收藏』(7), 2010.

葉梅,「晚明私家鑒藏興盛原因考-以嘉興項氏家族爲例」『山西大同大學學報』
　　22(5), 2008.10.

傅申,「董其昌書畫船:水上行旅與鑑賞, 創作關係研究」『臺灣大學美術史研
　　究集刊』(15), 2003.

馮志潔,「明代江南望族譜牒中的祖先建構-以嘉興項氏爲例」『學海』(4),
　　2014.

喬志强,「近代書畫社團的地域分布和主要活動」『華夏文化』(1), 2004.

萬青力,「中國商人中有影響的藝術家:1700-1948」『美術觀察』(10),
　　2002.

楊廷福·楊同甫 編,『明人室名別稱字號索引』(下), 上海古籍出版社, 2002.

楊鴻勛 等著,『中國江南園林訪古』, 中國展望出版社, 1984.

楊薇,「近代海上畫派的商業運營模式及其藝術促動力」『榮寶齋』(9), 2015.

路易斯·耶華, 石莉, 陳傳席,「中國畫家與贊助人(八)-贊助人王世貞」『榮寶
　　齋』(6), 2004.

趙國英,「清初私家書畫鑒藏的特點」『收藏家』(2), 1996.

熊月之,「論上海租界的雙重影響」『史林』(3), 1987.

談晟廣,「明初期政治和明前中期江南畫壇」『國畫家』(3), 2005.

鄭銀淑,「項元汴收藏的書畫中記錄價格的情況」『當代韓國』(1), 2002.

劉炳森,『中國十大書法家墨寶全集:懷素』, 中國畫報出版社, 2001.

範鳳書,『中國私家藏書史』, 大象出版社, 2001.

樊樹志,『晚明史(1573-1644)』(上), 復旦大學出版社, 2003.

鄭利華,「明代中葉吳中文人集團及其文化特徵」『上海大學學報』4(2),
　　1997.4.

鄭威 編著,『董其昌年譜』, 上海書畫出版社, 1989.

鄭銀淑,『項元汴之書畫收藏與藝術』, 文史哲出版社, 1984.

鄭麗虹,「'蘇樣'與'蘇式':'蘇式'工藝美術的含意」『史論空間』(187), 2008.11.

劉奇俊,『中國歷代畫派新論』, 藝術家, 2001.

劉運峰,「項聖謨交游考」『榮寶齋』(2), 2006.

盧輔聖 主編,『中國書畫全書』(第二冊), 上海書畫出版社, 1992.

盧輔聖 主編,『中國書畫全書』(第三冊), 上海書畫出版社, 1992.

盧輔聖 主編,『中國書畫全書』(第四冊), 上海書畫出版社, 1992.

盧輔聖 主編,『中國書畫全書』(第五冊), 上海書畫出版社, 1992.

盧輔聖 主編,『中國書畫全書』(第七冊), 上海書畫出版社, 1994.

盧輔聖 主編,『中國書畫全書』(第七冊), 上海書畫出版社, 1994.

盧輔聖 主編,『中國書畫全書』(第八冊), 上海書畫出版社, 1994.

錢曾, 丁瑜 點校,『讀書敏求記』, 書目文獻出版社, 1983.

謝肇淛,『五雜俎』, 上海書店出版社, 2001.

謝稚柳 主編,『中國書畫鑒定』, 東方出版中心, 1998.

顧工,「張丑與明末書畫收藏, 賞鑒, 著錄之風」『中國書畫』(9), 2005.

井上充幸,「姜紹書と王越石:『韻石齋筆談』に見る明末清初の藝術市場と徽州商人の活動」『東洋史研究』64(4), 2006.3.

Clunas, C., *Superfluous Things : Material Culture and Social Status in Early Modern China*. Cambridge : Polity Press, 1999.

웹사이트

北京京海墨韻書畫院,「他的畫從無人問津到9.3億天價拍出,懂藝術和收藏的人未來更富有」, 2020.6.30. https://www.sohu.com/a/404898778_99991181

呂友者,「探究民國時期書畫家的潤例」『收藏投資導刊』, 2013.6.17. http://collection.sina.com.cn/zgsh/20130617/1026116962.shtml

看古今名家如何「賣」字畫? 2017.9.5. https://kknews.cc/culture/26ma8er.

html

雅昌藝術網. http://index.artron.net/auctionpic.php

鮑義來,「徽州收藏家吳廷和他的余淸齋」. http://www.newshs.com/fav/GW_Content.asp?Id=69

澳門藝術博物館. http://gb.artmuseum.gov.mo/showcontent2.asp?item_id=20060909010406&lc=1

再生補破網. https://www.reusebupo.com/cht/product/demonstrate/detail?s=30

http://www.confucianism.com.cn/html/lishi/1642082.html

http://xinxueshu.bokee.com/viewdiary.36113217.html

http://www.gg-art.com/identiter/index.php?newsid=7236

http://news.sc001.com.cn/info/06/20081013/031221.shtml

http://cathay.ce.cn/history/200904/17/t20090417_18833019_2.shtml

https://www.artprice.com/artprice-reports/the-art-market-in-2018

https://imgpublic.artprice.com/pdf//zh-the-art-market-in-2020

※ Ⅰ-Ⅵ장은 한국동양예술학회 『동양예술』에 수록된 논문을 보완하였음.

Ⅰ. 16-17세기 수저우(蘇州) 개인 서화 컬렉션과 미술 : 배현진,「명말(明末) 휘주(蘇州)지역의 개인 서화수장(書畵收藏)이 화단(畵壇)에 미친 영향」『동양예술』(16), 2011.2.

Ⅱ. 16-17세기 강남 지역의 서화 시장 : 배현진,「명말 강남지역의 서화 매매와 그 의미」『동양예술』(25), 2014.8.

Ⅲ. 16-17세기 중국의 도시문화 변화와 서화 컬렉션 취미 : 배현진,「명말 도시문화 변화와 서화 수장 취미 전개 양상」『동양예술』(28), 2015.8.

Ⅳ. 17-18세기 휘저우(徽州) 상인의 서화 컬렉션과 후원 : 배현진,「명말

칭초 휘주(徽州)상인의 서화수장(書畵收藏)과 문화적 후원」『동양예술』(26), 2014.12.

Ⅴ. 슈퍼 컬렉터: 동기창(董其昌)의 교유 관계와 서화 컬렉션 : 배현진,「동기창(董其昌)의 교유(交遊) 관계와 서화수장(書畵收藏) 활동 분석」『동양예술』(19), 2012.8.

Ⅵ. 슈퍼 컬렉터: 항원변(項元汴)의 서화 컬렉션 : 배현진,「항원변(項元汴)의 서화 수장과 미술사적 의미」『동양예술』(33), 2016.11.